푸른 바다의 신화,
인어의 탄생

강민경

한양대학교 국문학과를 졸업하고 『조선 중기 유선 문학 연구』로 박사논문을 썼다. 한국고전번역원을 수료했으며 대학에서 고전문학과 글쓰기를 가르치고 있다. 고전이 의미 있는 이유와 현재에 가치 있게 활용할 방법을 연구하며 강의한다. 한양대학교 인문대학 교수이며, 동화작가로도 활동하고 있다. 지은 책으로는 『조선 중기 유선 문학과 환상의 전통』, 『꿈꾸는 코끼리 디짜이』, 『장복이 창대와 함께 하는 열하일기』, 『까만 달걀』, 『조선의 여전사 부낭자』, 『아드님 진지 드세요』, 『왜관 철교』, 『인어 소년』, 『금오신화』, 『운명아 덤벼라』 등이 있다.

이 저서는 2018년 대한민국 교육부와 한국연구재단의 지원을 받아 수행된 연구임 (NRF-2018S1A6A4A01038575)

This work was supported by the Ministry
of Education of the Republic of Korea and the National Research Foundation
of Korea(NRF-2018S1A6A4A01038575)

인어의 기원부터
문화콘텐츠 스토리텔링까지

강민경 지음

푸른 바다의 신화, 인어의 탄생

PARK&JEONG

● 들어가는 말

　스타벅스 앞을 지나칠 때면 머리를 길게 늘어뜨린 젊은 여성을 그린 디자인이 눈길을 끈다. 이 로고가 서양의 인어인 세이렌임을 아는 사람들은 의외로 많지 않다. 세이렌은 그리스 신화에 나오는 인어로 배가 자신들 앞을 지나갈 때면 아름다운 노랫소리로 뱃사람들을 홀리게 하여 배를 난파시켰다고 한다. 세이렌이 노래로 선원들을 유혹했듯이 커피 향으로 모든 고객을 사로잡겠다는 의미를 담은 것이다.

　한편으로 덴마크 코펜하겐에서는 바닷가 옆에 세운 작은 인어공주 동상을 보기 위해 매년 수백만 명의 관광객이 찾아온다고 한다. 필자가 덴마크를 찾았던 때는 안데르센 탄생 200주년을 앞둔 해라서 인어공주 동상을 보러 오는 사람들로 더욱 북적였다. 폴란드 바르샤바에 갔을 때는 곳곳에 인어 문장紋章이 있다. 폴란드 사람들은 자신을 인어의 후손이라고 믿으며 건물과 가로등 버스와 택시, 심지어 길가의 휴지통에도 인어 문양을 그려 넣는다.

우리나라에도 인어가 있다. 부산 해운대 동백섬, 인천의 장봉도, 여수시 거문도, 제주도 등 전국의 바닷가 근처에는 뜻밖에도 인어 동상이 곳곳에 세워져 있다. 하지만 동상 하나만 덩그러니 놓여 있어서 지나가는 사람들은 눈길조차 두지 않으며, 많은 사람은 안데르센의 인어공주를 본떠 만든 조형물로 착각하곤 한다. 하지만 실제로는 우리나라에 전해오는 인어 전설을 본떠 만든 인어상이다.

필자가 인어에 대해 흥미를 갖게 된 건 동양 인어의 존재를 처음 소개한 정재서 교수의 『이야기 동양 신화』를 읽고 나서부터이다. 인어 하면 안데르센의 『인어공주』를 떠올리곤 했는데 우리나라에도 인어가 있었고, 많은 사람이 인어의 존재를 믿고 있었다는 사실이 신기했다. 그리하여 인어에 관한 자료를 차근차근 모아가기 시작했고, 인어의 흔적을 찾아 직접 답사하는 수고도 마다하지 않았다. 그러나 인어의 자취를 찾아 휘이휘이 달려가면 아무 흔적도 없는 곳이 허다했고 혹 흔적을 만나도 동상만 휑하니 놓여 있어 사람들은 그냥 지나치기 일쑤였다. 그렇게 발견한 우리의 인어들에게 생명을 불어넣고 싶어서 자료를 뒤지고 동서양의 인어를 비교하며 인어를 소개하는 작업을 해왔다. 이 책은 지난 십여 년간의 노력을 한 자리에 모아 선보이는 결과물이다.

책은 전체 3장으로 구성했다. 1장에서는 동서양 인어의 연원을 비롯해 동서양 인어의 특징과 차이 등을 다루었다. 동양의 인어는 『산해경山海經』 등을 비롯한 도교적 성격의 책에서 그 실체가 처음 발견되며 교인鮫人을 비롯해 능어, 저인, 해인어, 연객 등 다양한 이름으로 불렸다. 고대 동양인은 인어를 실제로 존재하는 친숙한 존재로 여겼다. 인어는 인간에게 해를 끼치지 않고 인간과 더불어 살아가기도 했으며 은혜를 갚을 줄 아는 신의 있는 존재였다. 특히 여자 인어뿐 아니라 남자 인어도 있었으며 인간과 마찬가지로 하나의 마을을 이루어 공동체 생활을 했다.

중국의 문헌에서 유입된 우리나라의 인어는 한시를 중심으로 종종 등장했다. 특히 인어의 눈물로 만든 진주인 교주鮫珠와 인어가 짜는 비단인 교초鮫綃, 인어가 사는 집인 교실鮫室은 일종의 정운의情韻意로써 즐겨 사용되었다. 인어가 사는 교실은 신선의 세계와 그다지 다르지 않았다. 선계와 용궁, 교실은 거주하는 주체만 다를 뿐 그 이미지는 엇비슷했다. 그러다가 조선 후기에 이르면 인어는 각종 야담집에 수용되어 풍부한 서사를 갖춘 채 전승되었다. 많은 사람이 인어를 바다에 실제로 존재하는 생명체로 인식하였다. 삶이 힘겨울 때나 미지의 세계를 그리워할 때면 사람들은 인어의 공간을 염원하기도 했다.

동양의 인어에서 더 나아가 서양의 인어도 살펴보았다. 오늘날 인어 하면 안데르센의 『인어공주』를 떠올리지만 서양의 인어는 본래 동양의 인어와 비교해 상대적으로 공포와 두려움을 심어주는 존재였다. 동양의 인어가 인간과 친연성을 갖고 약한 이미지로 묘사되었다면 서양의 인어는 강력한 힘을 갖는 돌연변이로써 인간과 격리된 채 살아갔다. 서양의 인어는 부정적 이미지에서 출발해 다양한 이미지로 끊임없이 재생산되었고 부정적 이미지조차 마케팅 전략으로 활용되었지만, 동양의 인어는 유교의 엄격한 합리주의와 인어공주의 이미지에 밀려 존재가 희미해지고 말았다.

이같은 문제의식 아래 지나가는 사람의 흥미도 끌지 못한 채 여기저기 세워져 있는 우리의 인어들을 새롭게 부활시키고자, 2장에서는 인어 이야기의 문화콘텐츠 가능성과 인어 서사를 활용한 스토리텔링 전략을 제시해 보았다. 무엇보다 인어의 혼종성과 여성 주인공 서사는 오늘날의 포스트 휴먼 시대가 요구하는 새로운 인간형과 부합된다. 그리하여 지금까지 다양한 문헌에서 전해 오는 인어의 형상과 특성을 종합 정리하고 이를 바탕으로 포스트 휴먼의 관점에서 인어 이야기의 스토리텔링 방향에 대해 고민해 보았다.

　인어의 캐릭터, 능력, 갈등 구조 측면을 중심으로 기왕의 인어 관련 콘텐츠와 변별되는 새로운 스토리텔링의 방향성을 살폈다. 인어 캐릭터 측면에서는 기존 남성 중심 시각에 의해 대상화된 존재로 묘사되어 온 수동적인 인어 이미지를 벗겨내고 지금의 시대정신에 부합하는 주체적인 여성으로 재창조할 것을 주장했다. 또 인어 서사에서 보이는 은혜를 갚는 이미지를 적용해서 신의를 지키며 은혜를 갚는 의로운 존재로 설정할 것을 제안했다. 인어의 능력과 관련해서는 각종 인어 관련 문헌에 나타나는 인어의 능력을 조사하여, 기록에 근거한 다양한 인어의 능력을 제시했다. 갈등 구조 측면에서는 소수자(인어)와 인간의 갈등, 문명과 자연 세계의 갈등, 인간의 탐욕과 이기심과의 갈등 등을 제시해 보았다. 사람과 물고기의 경계에 있는 인어는 과거엔 괴수 이미지나 인간보다 열등한 존재로 소비되었지만, 포스트 휴먼 시대에는 이야기의 주체이자 인간을 압도하는 존재로 서게 될 것이다.

　3장에서는 오랜 기간에 걸쳐 수집해 온 동서양 인어 관련 자료를 한자리에 모아 정리하였다. 대륙별로 분류하고 다시 나라별로 구분하여 인어의 전승 양상을 효율적으로 살필 수 있도록 배려했다.

　인어의 기원부터 문화콘텐츠 스토리텔링 전략에 이르기까지 인어의 전승 양상과 활용 양상을 제시하고 동서양 인어 자료를 처음으로 한자리에 모아 소개한다는 점은 이 책이 지닌 미덕일 것이다. 꾸준히 인어 자료를 모아왔지만, 여전히 손길을 기다리는 자료가 많다. 자료를 계속 새롭게 찾아가며 보완할 생각이다. 이 책에서 제시한 내용을 바탕으로 인어에 관심 있는 연구자와 창작자들이 시놉시스로 구현하고 창작하는 데까지 나아갔으면 하는 바람이다.

인어 자료를 발굴하고 소개하는 가운데, 우리나라에도 인어 서사가 있다는 사실이 점차 알려지고 다양한 문화콘텐츠로 제작되기까지 했다. 드라마와 웹드라마 및 영화로 만들어지기도 했고, 온라인 게임이 등장하기도 했다. 우리의 인어 콘텐츠가 대중들에게 소개되는 결과를 만나게 되어 뿌듯하고 기쁘다.

한국연구재단의 후원을 받아 책을 완성할 수 있었다. 책이 잘 나올 수 있도록 도와준 윤재연 편집자에게도 고마운 마음이다. 지도교수이신 정민 교수님은 늘 저만치 앞에서 배움의 길에 푯대가 되어주신다. 선후배 학자들의 가르침과 응원 덕분에 '왜?'와 '그래서?'에 대한 답을 천천히 찾아가고 있다. 가족들의 헌신적인 사랑에 대한 고마움은 말로 표현할 수 없다. 앞으로 인어 이야기에서 더 나아가 우리의 여신과 반인반수 半人半獸로 그 관심 영역을 넓혀볼 생각이다.

2023년 봄날에
행당재에서 강민경

● 목차

들어가는 말 5

1장. 인어의 탄생, 동서양의 인어들

인어, 인류 공통의 신화

고전 서사에 나타난 인어 형상
교인, 동양 최초의 인어 19 • 우리나라의 인어 기록들 23 • 역사서에 나타난 인어 24 • 인어를 믿지 않는 시선 27 • 일본의 비구니 인어 전설 28 • 동양 인어의 이미지와 습성 33

고전 시가에 나타난 인어의 상징
인어, 관습적 상징이 되다 41 • 인어 눈물로 만든 진주, 교주(鮫珠) 47 • 젖지 않는 인어 비단, 교초(鮫綃) 53 • 구슬 조개로 만든 인어 궁궐, 교실(鮫室) 58 • 인어 상징어의 활용 가능성 63

인어 이미지의 변모 양상
조선조 문헌에 나타난 인어 형상 66 • 근세의 인어 이미지 70 • 인간과 더불어 살아가는 우리의 인어 75 • 인어 아저씨에서 인어 아가씨로 78

대립과 공존의 경계, 서양의 인어들
서양의 인어, 공포와 두려움의 대상 79 • 스코틀랜드와 바르샤바의 인어 81 • 동양과 서양 인어의 차이들 86 • 문화콘텐츠에서 인어 서사의 경쟁력 89

인어의 문화콘텐츠 현황과 스토리텔링 전략

2장.

인어의 문화콘텐츠 현황과 가능성
문화 산업 시대의 인어 콘텐츠 **95** • 서양의 인어 콘텐츠 현황 **96** • 동양의 인어 콘텐츠 현황 **99** • 인어의 문화콘텐츠 가능성 **102**

포스트 휴먼 시대 인어의 스토리텔링 가능성
포스트 휴먼의 도래와 고전 신화의 가치 **108** • 인어의 문화콘텐츠 성공 전망 **111** • 인어의 특성과 스토리텔링 가능성 **114**

인어 서사의 스토리텔링 전략
인어 캐릭터의 스토리텔링 전략 **127** • 인어 능력의 스토리텔링 전략 **130** • 갈등 구조 측면의 스토리텔링 전략 **133** • 다시 인어의 부활을 꿈꾸며 **135**

3장. 세계의 인어 이야기 자료

아시아의 인어 이야기
한국 139 · 중국 156 · 일본 164 · 인도 167 · 바빌로니아 171 · 아시리아 173 · 페르시아 175

유럽의 인어 이야기
스페인 182 · 그리스 183 · 스코틀랜드 190 · 아일랜드 194 · 네덜란드 202 · 독일 203 · 영국 208 · 폴란드 209 · 러시아 216

남아메리카·오세아니아·아프리카의 인어 이야기
남아메리카 : 페루 227 · 남아메리카 : 브라질 228 · 오세아니아 : 뉴질랜드 231 · 오세아니아 : 미크로네시아 233 · 아프리카 236

미주 239
참고문헌 243
찾아보기 250

1장

인어의 탄생,
동서양의 인어들

인어, 인류 공통의 신화

전남 여수시 거문도에는 인어를 테마로 한 인어 해양 공원이 설치되어 있다. 인어 해양 공원에서 보이는 풍경이 워낙 아름다운데다 공원도 깨끗하고 산책하기도 좋아서, 관광객들은 인어 조형물 자체에는 그다지 관심을 기울이지 않는다. 섬인데다 바다가 한눈에 보이는 곳이니 안데르센의 인어공주를 본떠 만들었다고 생각하는 사람들도 많다.

그러나 거문도의 인어는 오래전부터 거문도 사람들에게 '신지끼'라고 불리는 우리나라의 인어이다. 거문도 녹산 등대 바로 아래 만들어진 인어 해양 공원은 흔히 신지끼 공원으로 불리기도 한다.

거문도 인어는 신지끼, 신지께, 흔지끼, 흰지께 등으로 불리며, 신지끼가 자주 나타나는 곳은 '신지끼여'라고 부른다. 신지끼여는 거문도 중 서도에 있는 이금포(혹은 이끼미) 해수욕장 근처로, 아담하지만 물이 깨끗하고 모래가 고운 곳이다.

'신지끼'라고 불리는 거문도의 인어는 하얀 살결에 길고 검은 생머리

거문도 인어 해양 공원에 있는 인어 조형물

를 했으며, 주로 달 밝은 밤이나 새벽에 나타난다. 신지끼가 절벽에 돌을 던지거나 소리를 내면 어김없이 큰 풍랑이 일어나는데, 거문도 사람들은 신지끼가 풍랑의 출현을 미리 알려 섬사람들을 보호해준다고 믿고 있다. 신지끼는 거문도 사람들에게 섬의 수호신이다. 거문도의 인어상 건립은 서양의 존재로만 알려져 왔던 인어가 우리나라의 문화콘텐츠로 활용되는 상황을 보여준다.

'인어' 하면 사람들은 안데르센의 인어공주를 떠올린다. 안데르센의 『인어공주』는 유럽의 인어 신화를 바탕으로 한 서사물이다. 1837년 발표된 이 작품은 아름답고 슬픈 사랑 이야기를 바탕으로 전 세계의 언어로 번역되었으며 연극, 영화, 뮤지컬 등 수많은 콘텐츠로 창작되었다. 오늘날 『인어공주』는 안데르센의 대표작일 뿐만 아니라, 덴마크의 관광산업을 담당하는 주요 콘텐츠가 되고 있다. 덴마크엔 해마다 인어공주 동상을 보기 위해 1백만 명의 관광객이 몰려든다고 한다. 동화로 쓰인 『인어공주』는 전세계에서 아동문학의 영역을 뛰어넘어 연극, 뮤지컬, 영화, 발레 등 다양한 장르에서 창작되고 있으며, 문화콘텐츠의 영역인 게임과 애니메이션, 지역문화축제, 테마파크로도 활용되고 있다.

그런데 서양의 존재로만 여겨 왔던 인어는 실제로는 우리나라를 비롯한 전 세계에 널리 퍼져 있다. 오늘날 일반인들은 안데르센의 『인어공주』는 익숙하게 알지만, 동양에도 인어 설화가 풍부하게 전해져 왔다는 사실은 잘 모른다. 우리나라만 하더라도 거문도의 신지끼 외에 인천 장봉도, 해운대의 황옥 공주 전설이 있으며, 여러 역사서와 문헌에서도 인어와 관련한 각종 기록이 등장한다. 중국 문헌인 『산해경』과 『박물지』, 『태평광기』에서는 인어 종족을 소개하고 있으며, 일본에는 인어를 먹어 수백 년을 살았다는 야오비구니 전설이 전국에 퍼져 있다.

이같이 인어 이야기는 동서양에 두루 퍼져 있는 인류 공통의 서사이다. 인어 서사가 세계 곳곳에서 오랜 역사에 걸쳐 전승되어 여러 양상으로 나타나는 것은 인어 서사가 지닌 무한한 매력 때문일 것이다. 과연 어떤 매력이 있기에 인어 서사가 전세계에서 시대를 초월해 전해지는 것일까? 이 매력을 찾아내면 인어 서사를 문화콘텐츠로 활용하는 데 큰 도움을 주게 될 것이다.

수많은 고전의 전설 가운데 인어만큼 동서양을 뛰어넘는 보편성을 갖춘 소재도 드물다. 세계 여러 나라와 기업에서 인어공주를 소재로 한 개발 전략을 수립하고 지역경제 발전의 디딤돌로 삼으려는 것도 다 그럴 만한 이유가 있는 것이다. 우리나라도 장봉도와 거문도, 부산 등에 인어상을 세웠지만, 인어 이야기 원형의 서사 구조를 창조적으로 만들지 못한 채 캐릭터 설정만 해둠으로써 문화콘텐츠 전략이 부재한 현실을 여실히 보여주고 있다.

인어는 어떻게 탄생했으며 동아시아 전통 속에서 어떤 이미지로 형상화되어 왔을까? 동양과 서양의 인어는 어떻게 다를까? 인어는 지금 여기에서 어떤 의미를 지니는 것일까? 인어의 문화콘텐츠 전략은 유효한 것일까?

이 책은 전 세계에 널리 퍼져 있는 풍부한 인어 자료들을 발굴하여 이 물음에 하나하나 답해 나갈 것이다. 인어의 기원을 탐색하는 데 그치지 않고, 인어 전설을 간직하고 있는 국내외 주요 문헌을 수집하고 발굴하여 소개할 것이다. 또 우리나라를 비롯하여, 세계 각 지역에서 인어 이야기를 어떻게 문화콘텐츠로 활용하고 있는지, 그 전략과 사례까지 살펴볼 것이다. 나아가 포스트 휴먼의 관점에서 인어 서사의 문화콘텐츠 스토리텔링 가능성을 고민해 볼 것이다. 이러한 작업이 인어 전설을 발굴하여 인어 서사를 널리 알리고 문화 산업으로 육성하려는 문화콘텐츠 산업에 도움이 되길 기대한다.

고전 서사에 나타난 인어 형상

교인, 동양 최초의 인어

동양에서 인어에 대한 최초의 기록은 중국의 도교 관련 문헌에서 발견된다. 우리나라와 중국에서는 인어를 주로 교인鮫人으로 불렀는데, 도교 관련 서적에 그 흔적이 자주 보인다. 5세기경 지괴소설인 『술이기述異記』에서는 "교인은 물고기와 같이 물속에서 살면서 베 짜는 일을 폐하지 않는데, 울면 눈물이 모두 구슬이 된다."[1]라고 기록하였다. 기원전B.C. 4~5세기경 지어진 중국에서 가장 오래된 지리서이자 신화집인 『산해경山海經』 등의 문헌에 따르면 인어는 교인 외에도 능어陵魚, 저인氐人, 해인어海人魚, 천객泉客, 연객淵客 등으로 불렸다. 4세기경 간보가 편찬한 소설집 『수신기搜神記』와 3세기경 장화張華가 저술한 『박물지博物誌』 등에도 인어에 관한 기록이 있다. 10세기경 이방李昉을 비롯한 12명의 학자와 문인이 송나라 태종의 칙명으로 역대 설화를 모은 『태평광기太平廣記』에는

「수족위인水族爲人」편을 따로 두어, 사람이 된 물고기가 도술을 부리거나 사랑에 빠지는 등의 이야기 46편을 묶었다.

특히 『태평광기』에는 인어의 모습이 아주 자세히 묘사되어 있다. 큰 것은 길이가 5, 6척이 되며, 손과 손톱까지 있을 정도로 사람과 흡사하다. 상당히 아름다우며 피부는 희고 비늘이 없다. 오색 빛깔을 띠는 가벼운 털이 1, 2촌쯤 나 있으며 머리카락이 아주 길다. 명나라의 장자열張自烈 1564~1650이 쓴 『정자통正字通』에는 '역어'라는 이름의 인어가 이와 비슷한 모습으로 묘사되어 있기도 하다.

중세의 문인들은 교인이 실재한다고 믿고 자주 언급하였다. 당나라 시인 이기李頎는 「교인가鮫人歌」를 지어 인어에 관한 전설을 노래하였다.

교인은 물속에 살며 비단 짜는데	鮫人潛織水底居
몸 옆 아래위로 헤엄치는 물고기라네.	側身上下隨游魚
가벼운 비단 무늬는 알 수 없지만	輕綃文彩不可識
밤마다 맑은 물결 달빛에 잇대도다.	夜夜澄波連月色
때때로 묵기 위해 성 마을로 오나니	有時寄宿來城市
바다섬 푸름은 다함이 없다네.	海島青冥無極已
진주 흘려 보은하니 그대여 사양 마오	泣珠報恩君莫辭
올해에 만났으니 내년을 기약하리.	今年相見明年期
비로소 모든 족속 있음을 아나니	始知萬族無不有
백 척되는 깊은 물속 창문에 기대네	百尺深泉架戶牖
새 사라진 빈 산 그 누가 다시 보리	鳥沒空山誰復望
구름 물결 바라보며 흰머리 견디누나.	一望雲濤堪白首

중국 고대 문헌에 기록된 '능어'의 모습

교인과의 특별한 연분을 떠올리며 교인에 대한 애틋한 마음을 표현하고 있다. 깊은 물에 살며 비단을 짜고 진주 눈물을 흘리는 시 속의 교인 이미지는 그 당시 사람들에게 널리 알려진 보편적인 인어 이미지일 것이다. 교인이 눈물을 흘리면 진주가 되는데 그 진주는 은혜를 갚을 때 사용한다. 떠나버린 교인에 대한 그리움이 시 전편에 진하게 깔려 있다.

조선 후기 이규경은 『오주연문장전산고』의 「만물」편에서 위 시를 소개하면서, "이 시를 살펴보면 이 일은 실제 있었던 일인 듯하다."[2]라고 밝혀 교인이 실제로 존재한다는 믿음을 보여주고 있다.

중국의 고대 문헌에 전해지는 인어 기록은 다음과 같다.

- 능어는 사람의 얼굴에 팔 다리가 있고 몸뚱이는 물고기인데 바다 한가운데에 산다. - 『산해경』 「해내북경」

- 저인국이 건목의 서쪽에 있는데 그들은 사람의 얼굴에 물고기의 몸을 했으며 발이 없다. -『산해경』「해내남경」

- 역어는 바닷속 인어이다. 눈썹, 귀, 입, 코, 손톱, 머리가 모두 갖추어져 있고, 피부와 살이 옥과 같이 희다. 비늘이 없고 가느다란 털이 오색을 띠며, 머리카락은 말꼬리 같고 길이가 대여섯 자에 이른다. 몸체의 길이도 대여섯 자 정도이다. -『정자통』「어부」

- 해인어는 동해에 있는데, 큰 것은 길이가 5, 6척이나 된다. 해인어는 사람처럼 생겼는데, 눈썹과 눈, 입과 코, 손과 손톱, 머리가 모두 미인이 되기에 부족함이 없다. 피부는 옥처럼 희고 비늘이 없으며 가는 털이 있다. 털은 오색 빛깔을 띠고 가볍고 부드러우며 길이는 1, 2촌쯤 된다. 머리카락은 말꼬리 같은데 길이는 5, 6척이다. 음부가 남자나 여자의 것과 다르지 않아서 바닷가에 사는 홀아비와 과부들이 잡아다 연못에서 키운다. 교접할 때도 사람과 다르지 않으며 또한 사람을 다치게도 하지 않는다. -『태평광기』「수족」

- 남해 밖에 교인이 있는데 물고기처럼 물에 산다. 늘 비단을 짰는데, 울면 눈에서 진주가 나왔다. -『수신기』

- 교인鮫人은 천선泉先이다. 또한 천객이라고도 불린다. 남해에는 교인이 짜는 비단이 나오며 천선이 잠수하여 비단을 짜니 이름하여 용사龍紗라고 한다. 그 값은 백여 금에 달하는데, 물에 빠져도 젖지 않는다. 남

해에 용사궁이 있는데 천선이 비단을 짜는 곳이다. 비단은 서리처럼 하얗다. - 『술이기』

• 남해 물속에 사는 교인이 비단을 잘 짰는데, 물 밖으로 나와 인가에 머물면서 매일 비단을 팔았다. 작별할 무렵에 눈물을 흘려서 구슬을 만들어 주인에게 주었다. - 『박물지』

우리나라의 인어 기록들

인어 관련 기록은 우리나라 자료에도 많이 나타난다. 우리나라의 인어 기록은 『삼국유사』에 실린 「신라 성덕왕이 당나라 현종에게 올린 표문」에 처음으로 나타난다. 글 가운데 "신의 고장은 바다의 후미진 곳에 있고 땅은 먼 구석에 있어서, 천객泉客의 보배도 없고, 본디 외국의 재화도 모자랍니다"[3]라는 구절이 있는데 천객이 바로 인어의 명칭 가운데 하나이다.

고려 말의 이색은 한 답시에서 "산에 살며 귀신의 글귀에 화답하였고 바다 지나 교인의 구슬을 만났네"[4]라고 노래하였다. 조선 중기의 권필은 한 차운시에서 연어알을 읊으며 "분명하여라 천객泉客의 눈물이 애초에 수궁에서 전해온 것을"[5]이라고 읊었다. 이규보는 화답시에서 문하생들의 시를 가리켜 "구슬을 교인鮫人의 집에서 찾아냈는지 꿰놓은 것이 어찌 그리 묘하며, 비단을 용의 북에서 빼앗아 왔는지 짜인 품이 새롭기만 하구나."[6]라고 칭찬했다. 허백당 성현은 「교인가鮫人歌」를 지어, 인어의 존재를 이야기하였다. 천객泉客이나 연객淵客은 인어의 또 다른 이름이다. 이 외에도 많은 시인이 인어가 짜는 비단인 교초鮫綃, 인어가 사는 집인 교인실鮫人室 등 인어와 관련된 소재를 언급하며 인어의 실체를 인정하였다.

이같이 인어는 많은 문인의 작품에 등장하여 널리 불렸다. 한국문집총간을 검색해 보면 교인에 관한 언급만도 백여 건을 훌쩍 넘는다. 인어의 실재를 믿는 것을 넘어 특정한 상황에서 인어를 노래하는 것이 관습적 상징처럼 되어 있을 정도였다. 인어의 구슬과 비단은 임과의 인연을 매개하는 상징으로 즐겨 소환되었다. 인어는 우리에게 낯선 존재가 아니었다.

역사서에 나타난 인어

실제의 일을 다루는 역사서에도 인어에 관한 이야기가 있다. 사마천의 『사기史記』에는 다음과 같은 기록이 있다.

9월에 시황을 여산에 묻었다. 시황이 처음 즉위하자, 여산을 파서 다스렸고, 천하를 통일한 다음에는 전국에서 보내온 죄수 70여만 명으로, 삼천을 뚫고 구리를 내려 관에 이르게 하고 궁관과 백관, 진기한 보물과 기이한 물건들을 옮겨 가득 채웠다. 장인에게 기계 화살을 만들도록 하여 무덤을 뚫고 가까이 오는 자에게는 즉시 쏘게 하였다. 수은으로 큰 물을 만들어 기계 장치로 계속 흐르게 하였고, 위로는 천문을 갖추고 바닥에는 지리를 만들었다. 인어 기름으로 초를 만들어 꺼지지 않고 영원히 밝히게 하였다.

- 사마천, 『사기』 「진시황본기秦始皇本紀」

진시황이 죽자, 그의 신하들은 수십만 명의 백성들을 동원하여 거대한 능을 만든다. 진시황의 시신이 안치된 곳에는 외부인이 침입하면 사방에서 화살이 날아드는 장치가 설치되어 있고 영원히 꺼지지 않는 촛불이 안을 밝히고 있는데, 그 촛불이 인어의 기름으로 만든 초라는 것이다. 옛사람들은 인어 기름으로 초를 만들면 촛불이 영원히 꺼지지 않는다고 믿었던 듯하다.

한치윤韓致奫의 『해동역사海東繹史』에도 인어 이야기가 있다.

대제待制 사도査道가 고려에 사신으로 갔다. 날이 저물어 어느 산에 정박하여 머물다가 모래밭을 바라다보니 붉은 치마를 입고 양쪽 어깨를 드러낸 채 머리는 산발을 한 어떤 여인이 있었는데, 팔꿈치 뒤에는 희미하게 붉은 지느러미가 나 있었다. 이에 사도가 뱃사람에게 명하여 상앗대로 물속으로 밀어 넣어 부인의 몸이 손상되지 않게 하였다. 부인은 물을 만나 이리저리 자유롭게 움직여 보다가 몸을 돌려 사도를 바라보고 손을 들어 절하면서 감사해하고 그리워하는 듯한 모습을 하다가 물속으로 들어갔다. 뱃사람이 말했다. "제가 바닷가에 살지만 이런 것은 보지 못하였습니다." 사도가 말했다. "이것은 인어人魚이다. 능히 사람과 간통하는데, 물고기이면서 사람의 성질을 지닌 것이다."

- 한치윤, 『해동역사』 「교빙지交聘志」

『해동역사』는 조선 후기 실학자 한치윤이 단군 조선부터 고려 시대까지의 역사를 기술한 책이다. 저자는 방대한 역사책을 두루 참고했을 뿐만 아니라 객관성을 유지하기 위해 외국의 사료를 그대로 옮겨 적기까지 했다. 책의 내용에 따르면 사람의 형상을 가진 인어는 뱃사람들도 본 적이 없는 존재다. 그러나 사신인 사도는 인어의 습성까지 두루 알고 있는 인물로 묘사된다. 물고기이면서 사람의 습성을 갖춘 인어의 존재를 구체적 일화를 통해 들려주고 있다. 조선 시대의 대표적인 역사서인 『동사강목東史綱目』에도 어김없이 인어에 대해 다루고 있다.

예濊는 동이東夷의 옛 나라다. 『주서周書』에서 말한, "예인濊人은 전아前兒인데, 원숭이처럼 생기고 서서 다니며, 어린애와 같은 소리를 낸다."고 한 것이 그것이다. 지금 울릉도에 가지어嘉支魚가 있다. 바위 밑에 굴을 파고 살며 비늘이 없고 꼬리가 있으며 물고기 몸에 네 발이 있다. 뒤가 매우 짧아 육지에서는 잘 달리지 못하나 물에서는 나는 듯이 다닌다. 소리는 어린애와 같은데, 그 기름은 등유燈油로 쓸 만하다 하니, 전아라는 것은 아마 그런 유인가?

— 안정복, 『동사강목』

울릉도에 존재하는 가지어嘉支魚를 인어로 추측하고 있다. 가지어는 비늘이 없고 꼬리가 있으며 물고기 몸에 네 발이 있다고 기술하고 있다. 물에서는 나는 듯이 달리지만, 육지에서는 잘 달리지 못한다고 언급한 것으로 보아 반인반수의 인어로 바라보는 것이 분명하다. 역사서뿐만 아니라 다양한 문헌에서 인어 이야기가 전승된 것으로 보아 중세 사람들은 인어가 실재하는 존재라고 믿었던 것이 틀림없어 보인다.

인어를 믿지 않는 시선

하지만 인어의 존재를 믿지 않는 기록도 있다. 조선 후기 정약전丁若銓은 『자산어보玆山魚譜』에서 인어에 대한 각종 설은 구전되면서 비현실적인 내용이 첨가된 것이라 주장한다. 정약전은 『자산어보』에서 인어에 대한 설을 다섯 갈래로 나누었다. ① 제어鯷魚 ② 예어鯢魚 ③ 역어䱱魚 ④ 교인鮫人 ⑤ 부인 물고기설이다. 그러나 교인에 대해서 "수부에서 비단을 짜는 것을 본 사람이 아무도 없고 연객이 구슬을 흘리며 운다는 설 또한 매우 황탄한 것으로서, 모두 다 아직 실상을 보지 못한 와전일 것이다. 다만 이와 같이 전해져 오는 전설을 인용했을 것이다."[7]라고 하여 교인의 존재를 부정했다.

정약전은 서남해에 두 종류의 인어가 있는데 상광어와 옥붕어라고 한다. 상광어는 사람처럼 젖이 두 개 있고, 옥붕어는 몸은 보통 사람과 같고 머리가 치렁치렁하며 그 하체는 암수의 차이가 있다고 하였다. 곧 인어는 실제로는 물고기일 뿐인데 입으로 전해지면서 반인반어半人半魚의 인어를 만들어냈다고 본 것이다. 정약전의 말을 옮겨본다.

지금 서남해 가운데 두 종류의 인어가 있다. 그 하나는 상광어로서 모양은 사람과 비슷하여 젖이 두 개 있다. 즉 『본초』에서 말한 바 있는 해돈어다. 또 하나는 옥붕어로서 길이가 여덟 자나 되며, 몸은 보통 사람

같고 머리는 어린이와 같으며 머리털이 치렁치렁하게 늘어져 있다. 그 하체는 암수의 차가 있고 남녀의 그것과 비슷하다. 뱃사람은 매우 이것을 꺼려한다. 어쩌다 이것이 어망에 들어오면 불길하다 하여 버린다. 이것은 틀림없이 사도가 본 것과 같은 것일 것이다.

– 정약전, 『자산어보』

정약전은 사도가 본 것도 옥붕어일 것이라고 하여 반인반어로서의 인어의 실체를 부정하고 있다. 그러나 한편으로 정약전의 발언은 그만큼 일반인들이 인어의 존재를 믿고 있었으며, 인어에 대한 소문이 널리 퍼져 있었다는 점을 말해 주는 것이기도 하다.

이같이 인어는 다양한 이름으로 불리면서 입에서 입으로 전해내려 왔다. 사람들은 인어가 실제로 존재한다고 믿었으며 인어의 실체를 인정했다. 역사서에서도 인어를 다루었을 뿐만 아니라 문인들은 인어를 관습적 상징으로 사용했다.

일본의 비구니 인어 전설

일본에도 인어 이야기가 활발하게 전승되고 있다. 일본의 경우에는 야오비구니가 있다. '야오비구니 전설'은 호쿠리쿠 지방을 중심으로 일본의 넓은 지역에서 전승되어온 인어 이야기이다. 야오비구니 전설은 지역에 따라 그 내용에 다소 차이가 있다. 하지만 인어의 고기를 먹은 처녀가 비구니가 되어 팔백 년을 생존했다는 점은 공통으로 전해진다. 이 전설은 비구니가 나이를 먹었는데도 젊고 피부가 희었다고 하여 '시로비구니白比丘尼 전설'이라고도 불렸다. 이 외에도 일본 문헌에 전승되는 인어 이야기는 다음과 같다.

- 가을 7월, 섭진국의 어부가 굴강에 깊이 그물을 던져 무언가를 건졌는데, 그 모양이 아이와 같아 물고기도 아니고 사람도 아니었다. - 『일본서기日本書記』

- 야오비쿠니에 대하여 세속에서 전해지기를 옛날에 이 부근에 여섯 명의 부자가 있어서 때때로 모여 보물을 서로 자랑했다. 먹는 것 역시 진기하기 이를 데 없었다. 어느 날 인어를 요리했다. 다섯 명은 인어를 수상한 것이라 여겨 먹지 않았다. 한 명만 인어 고기를 품에 숨겨 집으로 돌아갔다. 아내와 딸 몰래 숨겨둔 것을 딸이 인어는 약이 된다고 듣고 훔쳐서 먹었다. 이로 인하여 장수하게 되어 팔백 년을 살았다고 한다. - 『일본의 인어상日本の人魚像』

- 이세국(현재의 미에 현) 벳뽀라는 곳에 전 형부刑部 차관 다다모리忠盛가 내려갔을 때의 일이다. 어부가 세 마리의 큰 물고기, 머리는 사람 같은데 이는 자잘한 것이 물고기 그 자체이고 입은 튀어나와 원숭이 같은 것 세 마리를 그물로 잡았다. 둘이 지고 옮겨도 꼬리가 땅에 끌릴 정도의 크기였다. 사람이 가까이 다가가면 높이 외치는 소리가 사람이 외치는 것 같았다. 또 눈물을 흘리는 것도 사람과 다르지 않은 모습이었다. 두 마리를 다다노리에게 헌상했으나 다다노리는 두려워하

여 어부에게 돌려줬다. 어부들은 그것을 먹어버렸지만 별 이상은 없었고 그 맛은 각별히 좋았다. 인어란 이와 같은 것을 이르는 것일까? - 『일본의 인어상』

- 와카사 현의 한 어부가 어느 날 아주 기이하게 생긴 물고기를 잡았는데 평생 처음 보는 것이었다. 그는 그 고기를 친구들과 시식하려고 친구들을 집으로 초대했다. 친구 중 하나가 주방을 들여다보게 되었는데 잘려진 생선 대가리가 사람의 얼굴을 하고 있어서 깜짝 놀랐다. 그 잘려나간 사람 머리는 친구에게 말을 했는데 내 살을 먹지 말라는 것이었다. 그 사람은 주인이 생선을 굽는 사이에 몰래 이 사실을 다른 친구들에게 알렸다. 예의상 음식을 안 먹어줘도 실례임으로 친구들은 먹는 체하며 고기를 종이에 싸서 품에 감추었다. 돌아가는 길에 버리려고 그랬다. 한 어부가 괴상한 물고기를 시식하자고 친구들을 초청하였으나 친구들 중 한 사람은 술이 너무 취해서 귀가 중에 그 고기 버리는 일을 잊어먹었다. 그는 어린 딸 하나가 있었는데 선물을 주겠다고 약속해 놓고 왜 안 주느냐고 아버지를 보챘다. 취한 아버지는 종이에 싼 생선 구이를 선물이라고 딸에게 주고 말았다. 술이 깬 아버지는 화들짝 놀라 딸을 찾았지만 이미 늦었다. 딸 아이가 생선구이를 먹어버린 것이다. 아버지는 생선에 독이 들어있으리라고 믿었는데 장시간 관찰해 보아도 딸 자식에게 별다른 이상 현상이 나타나지 않았다. 아버지는 안심하고 이 일을 잊었다. 어부의 딸은 성장하여 시집을 갔다. 그런데 딸은 세월이 흘러도 시집갔을 때의 젊음에서 조금도 늙어지지 않았다. 남편이 늙어 죽어도 그녀는 처녀 시절 몸 그대로였다. 그녀는

또 시집을 갔고 다시 과부가 되기를 반복했다. 그녀는 고민 끝에 비구니 승이 되어 전국을 돌아다니며 선행을 베풀다가 고향으로 돌아왔는데 그때 그녀의 나이는 팔백 살이었다. 그녀는 고향에 돌아와 어느 바위굴 속으로 사라졌다. - 『모에모에 요괴사전萌え萌え妖怪事典』

- 나의 돌아가신 아버지가 일찍이 말씀하셨다. 와카사노국에 시로비쿠니라 칭하는 사람이 있다. 그 여자의 아버지가 어느 날 산에 들어가 이인異人을 만났다. 함께 한곳에 다다랐는데 그곳은 별세계였다. 그 사람이 물건 하나를 주면서 말하기를, 이것은 인어다. 이것을 먹으면 오래 살고 늙지 않는다. 아버지가 그것을 가지고 집으로 돌아왔다. 그 딸이 아버지를 기쁘게 맞이했다. 아버지가 옷을 갈아입는데 그 옷소매에서 나온 인어를 받아 곧바로 먹었다. 여자의 수명 사백여 살, 소위 시로비쿠니란 이를 이른다. 내가 어렸을 때 이 이야기를 듣고 잊지 않았다. - 『본조신사고本朝神社考』

- 부부와 아이가 바닷가에 밀려온 물고기를 주워 생활하고 있었다. 어느 날, 아이가 물고기를 주워 와서 셋이서 먹으려고 세 토막으로 잘라 구웠는데 아내가 냄새에 이끌려 세 토막 모두 먹어버린다. 그러자 아내는 17~18세의 아가씨 같이 젊어졌고 남편에게 혼이 나서 가출해버린다. 그로부터 몇 백 년이 지나 아지가사와의 사람이 센다이의 이시마키 항에서 한 비구니를 만나 이 비구니가 가출한 아내라는 얘기를 들었다. 이 물고기는 인어였고 이것을 먹었기 때문에 장수한 것이다. - 『일본의 인어상』

• 구로베 계곡의 바둑을 좋아하는 여덟 명의 남자에게 한 노인이 와서 합류했다. 남자들이 노인이 따라오라는 대로 따라가니 산속 폭포에 당도했다. 폭포를 통과하여 붉게 칠한 어전에서 음식을 대접받았는데 연회는 3일간 계속됐다. 남자들은 선물로 인어 고기를 받았는데 왠지 무서워서 폭포를 빠져나와 돌아갈 때 강에 흘려보내고 돌아오니 3년의 세월이 흘러 있었다. 남자들은 다시 폭포를 찾으러 갔지만 찾을 수 없었다. 인어 고기를 가지고 돌아간 그중 한 남자의 딸이 그것을 먹고 삼백 살까지 살았다. -『일본의 인어상』

일본의 인어 이야기엔 공통점이 있다. 첫째는 일본인들은 인어를 물고기로 인식하고 잡아먹는다는 것이다. 둘째는 인어 고기를 먹으면 오래 살거나 혹은 영원히 장수한다고 믿는다는 것이다. 위의 기록에서 확인하듯이 인어 고기를 먹게 되면 팔백 살을 살기도 하며, 여자는 젊은 여인의 모습으로 회춘하거나 세월이 흘러도 젊음을 오랫동안 유지한다. 중국이나 우리나라의 인어 기록을 살펴보면, 『사기』에서 인어 기름으로 초를 만들면 영원히 꺼지지 않는다는 점은 보이나, 인어 고기를 먹으면 오랫동안 장수한다는 기록은 없다.

이상과 같이 한국과 중국, 일본 등 동아시아에서는 인어 서사가 두루 나타났다. 하지만 나라마다 두드러진 특성이 있어서 중국의 인어는 원시 사회 생명체의 한 종류로, 한국의 인어는 인간과 가까운 존재로, 일본의 인어는 장수長壽와 관련되어 나타났다. 하지만 한·중·일 인어 관련 서사의 서로 다른 차이에도 불구하고 동양의 인어는 서양의 인어와는 달리 인간과 친숙한 관계를 맺고 있었다.

동양 인어의 이미지와 습성

지금까지 각종 고전 서사에 나타나는 인어 형상을 종합하면 동양의 인어는 다음과 같은 이미지와 습성을 갖고 있다.

첫째, 인어의 모습은 얼굴은 사람과 비슷하며, 비늘이 없는 흰 피부를 갖고 있다. 머리카락은 말꼬리와 비슷하다. 『동사강목』과 『해동역사』의 기록을 보면 다리가 있는 경우도 있고 다리 대신 꼬리가 있는 경우도 있다.

후대로 가면 인어의 모습은 아름다운 여인의 모습으로 변화한다. 매우 아리따운 공주로 등장하기도 하고, 검은 머리를 풀어헤치고 아름다운 흰색 살결을 가진 여인으로 묘사되기도 하며, 열두세 살쯤 되는 예쁜 여자 아이로 나타나기도 했다. 대체로 여자의 이미지로 나타나지만 남자 인어도 있었다.

또 서사성이 가미되어 인어에 관한 전설이나 일화를 만들어내기도 한다. 부산 동백섬 해안가에는 황옥 공주 인어상이 있다. 황옥 공주는 인어이면서 매우 아리따운 공주로 등장한다. 여수 거문도에 나타난다는 신지끼 인어는 검은 머리를 풀어헤치고 흰색 살결을 지닌 아름다운 여인이다. 인천 장봉도의 인어는 상체는 머리가 길고 하체는 고기와 흡사한 젊은 여인의 모습이다. 이옥의 『백운필』에 나타난 인어는 "머리카락은 매우 윤기가 있으나 땋지 않았고, 피부는 몹시 깨끗하였으나 옷을 걸치지 않았으며, 허리 밑으로는 물 밖으로 나오지 않았다. 손을 모으고 어깨를 늘어뜨린 채 서 있는데, 열두세 살쯤 되는 예쁜 계집아이였다."라고 기록되어 있다.

둘째, 인어는 눈에서 눈물이 흐르면 진주가 된다. 『수신기』와 『박물

부산 동백섬에 있는 황옥 공주 인어상

지』에 드러나듯이, 교인은 울면 눈에서 진주나 구슬이 나온다. 이 특성은 한시에서 두루 수용된다. 권필權韠은 "만남과 헤어짐에 머리털은 학처럼 희고 간난과 위험 속에 눈물은 교인과 같아라"[8]라고 하여 눈물을 줄줄 흘리는 모습을 교인에 비유하였고, 신유申濡 또한 "창강 한밤중에 인어가 울어대나 눈 가득 진주 눈물 물 속에 떨어지네"[9]라고 하여 정포 달밤의 아름다움을 교인의 진주 눈물로 묘사하였다.

인어가 진주 눈물을 흘린다는 기록은 관습적 상징이 되어 『가곡원류』의 시조에도 보인다.

눈물이 진주라면 흐르지 않게 두었다가
십년 후 오신 님을 구슬성에 앉히련만
흔적이 이내 없으니 그를 슬허하노라.

무명씨의 작품이다. 눈물이 진주라면 구슬성을 만들어 임을 맞이하련만, 그럴 수가 없어 슬프다는 내용이다. 교인의 진주 눈물을 관습적으로 차용하고 있음을 확인한다.

이 내용은 이미자의 노래인 「눈물이 진주라면」에 그대로 녹아 있다. 노래 가사는 다음과 같다.

눈물이 진주라면 눈물이 진주라면 행여나 마를새라
방울방울 엮어서 그 님 오실 그날에 진주 방석 만들 것을
지금은 눈물도 다 흘려서 흔적만 남아 있네.

눈물이 진주라면 눈물이 진주라면 내 마음 내 사랑을
방울방울 엮어서 그님 오실 자리에 진주 방석 드릴 것을
지금은 눈물도 다 흘려서 자국만 남아 있네.

성금연의 가야금 독주곡인 「눈물이 진주라면」도 동일한 관습을 빌리고 있는 노래이다. 「눈물이 진주라면」은 15현 가야금을 만든 성금연 가야금 명인이 1980년 만든 창작곡이다. 이 곡은 악보만 있고 가사는 없지만, 눈물이 진주가 된다는 상상력은 인어 서사를 바탕으로 한다. 눈물을 진주로 만들어 임께 드리고픈 바람을 노래하는 관습은 그 기원이 인

어에서 비롯되었다는 사실을 알든 모르든 간에 우리 민족의 내면에 유유히 전해져 왔다.

셋째, 인어는 어느 때든 비단을 짜는데, 물 밖으로 나와 인가에 머물면서 비단을 팔기도 한다. 그 비단은 용사龍紗 혹은 교초鮫綃라고 부른다. 용사는 색이 서리처럼 하얗고 물에 빠져도 젖지 않아서 그 값이 백여 금에 달한다. 가볍고 젖지 않으며 찢어지지 않는 용사의 특성에 착안해, 귀한 말씀이나 글을 용사에 쓰고 싶다는 내용이 각종 문학 작품에서 관용적으로 나온다.

넷째, 인어는 인간과 친밀하며 우호적인 관계를 맺고 있다. 인어가 비단을 짜서 인가에 머물며 파는 이야기도 있고, 인가를 떠날 때 진주 눈물을 흘려 값을 치르는 내용도 나타난다. 과부와 홀아비가 인어와 교접을 하기도 하는 등 인간에게 거부감이 없는 존재로 나타난다.

그런가 하면 수우도에는 인어 장군에 대한 신화가 내려온다. 인어 장군 혹은 설운 장군이라 불리는 청년이 왜구의 침략에서 주민들을 구해 주었다는 기록이다.

통영시 수우섬의 인어 장군에 대한 기록을 옮겨 본다.

통영시 사량면 수우섬樹牛島에는 수백 년 묵은 느티나무 아래에 작은 장군사당이 하나 있는데, 매년 음력 10월이면, 마을 사람들이 마을의 수호신인 설운 장군의 사당에 모여 지극한 정성으로 당산제를 지낸다. 이 당산신인 설운 장군의 전설은 다음과 같다.

옛날 이 섬에 한 가난한 어부 부부가 살고 있었는데 슬하에 자식이 없어, 부인이 뒤뜰에 정화수를 떠놓고 천지신명에게 아들 하나를 점지해

왜구를 물리친 통영 수우도의 인어 장군(설운 장군)

달라고 간절히 빌었다. 결국 오랜 치성이 효험이 있었던지 드디어 태기가 있더니 사내아이를 낳았는데, 이 아이는 여느 아이들보다 몸체가 두 배나 크고 똘똘하였다.

아이는 첫 돌을 지나자 혼자 바다로 나가 헤엄을 치는데, 잠수를 퍽 잘하였다. 이를 본 동네 사람들은 모두 감탄하며 이 섬에 예사롭지 않은 아이가 태어났다며 좋아들 했다. 그런데 어느 날 부인이 잠든 아들 설운 薛雲을 자세히 살펴보니 겨드랑이에 아가미가 있을 뿐 아니라 온 몸에 딱딱한 비늘이 돋아나고 있었던 것이다. 부인은 괴이한 아이를 낳았다고 하여 혹시나 동네에서 쫓겨날까 싶어 이 사실을 일체 발설하지 않기로

1장 인어의 탄생, 동서양의 인어들 37

영감과 엄밀히 약조를 했다.

　설운은 무사히 자라 장정이 되었다. 한편 이때, 남해안에는 왜구의 노략질이 심해지기 시작했다. 뭍에 올라와 곡식을 약탈해 가더니, 급기야 전라도 곡창지대에까지 그 손길을 뻗쳐 약탈한 곡식을 배에 싣고 수우도 및 사량도 앞 바다를 거쳐 일본으로 가져가는 일이 빈번해졌다. 이를 괘씸히 여긴 설운은 단신 바다로 뛰어들어 왜구를 무찔렀으며, 약탈해 가던 곡식을 빼앗아 인근 섬사람들에게 모두 나눠줬다. 그래서 이곳 사람들은 그를 장군이라 불렀다.

　설운 장군은 도술도 부리곤 했다. 수우섬과 사량섬 및 욕지섬, 그리고 멀리 남해섬까지를 훌쩍훌쩍 건너 뛰어 다녔으며, 산정에 걸터앉아 큰 부채를 펴들고 살래살래 부채질을 하면 먼 바다 위로 지나가던 왜구의 해적선들이 바람에 끌려오고, 순순히 응하지 않는 놈들은 파도를 거세게 일으켜 배를 침몰시켜 버리기도 했다. 드디어 설운 장군은 이곳 바닷사람들에게 구세주처럼 추앙을 받게 되었다. 그런데 조정에는 수우도 근처에 해괴한 인물이 나타나, 오가는 어선을 괴롭히기 때문에 어부들이 무서워 고기잡이를 못하고 모두들 굶어 죽어간다는 보고가 들어왔다. 왜구들이 설운 장군을 없애기 위해 꾸민 소문을 지방 관리들은 그대로 듣고 조정에 보고한 것이다. 조정에서는 어부를 괴롭히는 그 인물을 당장 체포하라는 명령을 욕지도 호주판관湖州判官에게 내렸다. 결국 관군이 설운장군을 잡으려고 하자 억울하게 누명을 쓴 그는 어부들을 모아 관군에 맞서 싸웠으며, 욕지도 관아를 역습하여 판관부인을 납치해 절해고도인 국섬國島에 숨겨두고는 아내로 삼았다.

　아내가 된 판관부인은 일 년이 되어 설운 장군의 자식을 낳았다. 그래서 설운 장군은 자기의 아이까지 낳은 여자이기에 자기를 해치지 않으리라 생각하고 마음을 놓기 시작했다. 그러나 이제껏 친절하게 대해 주면서도 설운 장군의 약점을 살피며 탈출의 기회를 노리던 부인은 설운 장군이 한번 잠이 들면 며칠을 잔다는 것을 알고 어느 날 설운 장군이 잠들자 몰래 산정에 올라가 봉화를 올려 관군들을 불러들이었다. 관군들이 급히 몰려와 잠든 설운 장군을 생포하여 배에 실어 압송하는 도중, 그때서야 잠에서 깨어난 설운 장군이 힘을 쓰니 굵은 포승줄이 "뚝, 뚝" 하고 끊어졌다. 놀란 관군이 칼을 빼 급히 내려쳤으나 목이 댕강 떨어지는가 싶더니 곧 제자리로 도로 붙는 것이었다. 이에 판관부인이 다시 칼로 목을 내려치게 명하고는 숨겨둔 메밀가루를 잘린 목에 뿌리니 머리가 갑판 위로 데굴데굴 굴러 떨어지고 몸뚱이가 몇 번 꿈틀거리더니 서서히 죽어갔다.

이렇게 설운 장군이 관군에 붙잡혀 죽자 왜구의 노략질은 다시 시작되었으며, 나라에서도 한동안 이를 막지 못해 그 피해는 극심했다고 한다. 그래서 수우섬의 사람들은 설운 장군을 바다의 수호신으로 모시고 장군의 사당을 세워 억울하게 죽은 그의 넋을 달래는 한편, 왜구를 무찔러 달라는 간절한 바람과 더불어 마을의 안녕과 풍어를 비는 제사를 연년이 지내게 되었다고 한다.[10]

다섯째, 동양의 인어는 돌연변이가 아니라, 인간과 같은 보통의 존재이다. 서양 인어의 이름은 특정한 존재나 인물을 뜻하는 고유한 명칭임에 비해, 동양에서는 보통명사로 쓰인다. 여자뿐 아니라 남자 인어도 있다. 『산해경』에 나타나듯, 능어와 저인은 바다 한가운데에 사는 종족이다. 어쩌다 태어난 괴물이나 요괴가 아니라 인간과 똑같은 생명체의 하나이다. 서양의 인어공주 이미지와 달리 어린 인어도 있고, 나이든 인어도 있다.

여섯째, 인어가 사는 곳은 바닷속이고, 주로 용사궁에 있다. 『산해경』에서는 인어가 사는 곳을 해내북경과 해내남경이라고 하였으며 『태평광기』에서는 동해라 하였다. 『수신기』에서는 남해 밖에 산다고 기록하고 있다. 『박물지』에서도 남해 물속에 교인이 산다고 하였으며, 『술이기』에서는 남해에 교인이 사는데 특히 용사궁에서 비단을 짠다고 기록했다.

인어가 바다에 사는 것은 어쩌면 지극히 당연한 사실이다. 그렇지만 인어가 사는 곳을 '용사궁'이라고 특정해 놓고서 베를 짜면서 생활한다고 밝히는 점은 이채롭다. 이는 인어가 자신들만의 공간에서 그들 나름의 삶을 영위하는 한 부족이라는 것을 보여준다.

이같이 고전 서사에서는 수많은 작가가 인어 이야기를 기록하고 있다. 한국, 중국, 일본 등 동아시아가 인어 이야기를 전승하고 있었다. 인어는 오늘날의 인어와 같이 아름다운 여인의 모습만 지니고 있지 않았다. 남자 인어도 있고 여자 인어도 있었다. 진주 눈물과 젖지 않는 비단을 만들어내는 생산력도 갖추고 있었다. 인간에게 해를 끼치지 않고 더불어 살아가고 있었다. 인어는 자생력과 친화력을 동시에 갖추고 있었다.

고전 시가에 나타난 인어의 상징

인어, 관습적 상징이 되다

　고전 서사가 인어의 형상과 특성에 초점을 둔다면 시가 장르에서는 인어의 상징을 관습적으로 활용하고 있다. 이번에는 시가 장르에서 고전의 지식인들이 인어의 상징을 관습적으로 차용하는 양상을 살펴보기로 한다.

　인어에 관한 기록은 각종 고전 서사뿐 아니라 시가 장르인 한시에서도 빈번하게 등장한다. 인어 이야기가 지식인 사회에서도 널리 퍼져 있다는 사실을 알 수 있는데, 한시에서 인어 관련 소재가 등장하는 작품은 수백 편에 달한다. 한국문집총간의 도움을 받아 인어 관련 기록을 찾아보니 인어와 관련된 상징어인 교인, 교주, 교초, 교실 등의 어휘가 자그마치 삼백여 편이 넘게 나타났다. 이를 모두 목록으로 다루기엔 번거롭기에, 대표적인 작품들을 중심으로 목록화해 보았다.

〈표〉 인어 관련 한시 목록

번호	제목	출전	작가	구절
1	用東坡榴皮題沈氏之壁之韻	東文選	李仁老 (1152~1220)	三山鶴唳風吹斷 一幅鮫綃蠹食餘
2	呈張侍郎自牧一百韻	東國李相國集	李奎報 (1168~1241)	波臣如得水 淵客豈無珠
3	璨首座方丈所蓄畫老松屛風使予賦之	東國李相國集	李奎報	千蟠百蟄急欲吐 吐向鮫人六幅素
4	呈內省諸郎幷敍戊吾年	東國李相國集	李奎報	斗水如霑鮒 盤珠想泣鮫
5	閔常侍令賦雙馬圖	東國李相國集	李奎報	鮫綃勻滑雪色平 紛墨丹鉛繪彩明
6	詠蟬	東國李相國集	李奎報	主人情鄭重 翼儵淵客織殘綃
7	住老賢上人以過客諸公所賦詩釘壁乞予次韻	東國李相國集	李奎報	主人情鄭重 鮫泣感深恩
8	十一月十八日暴日…仍邀李侍郎同賦	東國李相國集	李奎報	蠶緖抽難斷 鮫綃織不停
9	伍月十七日四門生等和前詩來貺置酒與飮卽席復和二首贈之	東國李相國集	李奎報	珠探鮫室穿何妙 錦奪龍梭織轉新
10	次韻丁秘監寫墨竹四榦兼和前詩來贈	東國李相國集	李奎報	何必鮫人絹似雪 從今亦貴楮先生
11	又以長篇二首求墨竹與寫眞	東國李相國集	李奎報	雖非淵客工 豈落楮生下
12	次韻李侍郎見和三首以四首答之	東國李相國集	李奎報	清詩兼卵投之重 感淚非鮫報也輕
13	復次韻李侍郎見和	東國李相國集	李奎報	知有筐筐酬鳳筆 幾多絹縠出鮫梭
14	上左諫議	東文選	李奎報	斗水如霑鮒 盤珠尙泣鮫
15	答鐵船長老	東文選	李穡 (1328~1396)	居山和鬼句 過海逢蛟珠

번호	제목	출전	작가	구절
16	發胥比向都毛梁	日本行錄	宋希璟 (1376~1446)	蛟室雲開山隱隱 蜃樓煙鎖水遙遙
17	賞春亭玉蘂花	東文選	陳澕(?~?)	十二玉欄春欲暮 急須摹取上鮫綃
18	次安東映湖樓韻	東文選	崔脩(?~?)	牧隱新文珠泣月 陽村麗句筆生花
19	詠物	四佳集	徐居正 (1420~1488)	美珠泣盡曾虛腹 明月潛投已近人
20	洗姑嘆	四佳集	徐居正	織成纖縞裁爲衣 細於鮫綃輕越紗
21	盧宣城宅梅花詩	四佳集	徐居正	鮫客泣珠曾作藥 仙家種玉已繁柯
22	送崔校理溥奉使耽羅	四佳集	四佳集	滄海泣珠秋月滿 長風破浪晚帆催
23	龍山落帽	佔畢齋集	金宗直 (1431~1492)	箇箇鮫人淚 豈惟四座驚
24	題李秀才梅溪圖	佔畢齋集	金宗直	雁嶼鶴汀無蛺母 棗林桑泊有鮫人
25	恭和御製望遠亭詩	佔畢齋集	金宗直	漁歌嫋嫋悲珠客 宸翰煌煌伏弩工
26	法聖浦西峯雜詠	佔畢齋集	金宗直	爲橄陽侯來拊鼓 座間還有泣珠人
27	阿房宮畵屛二首奉教製進	東文選	許琛 (1444~1505)	也宜摸取上鮫綃 千古分明殷鑑在
28	白雲亭十二詠	鶴峯集	金誠一 (1538~1593)	輕籠漁父村 乍幕鮫人宅
29	次伍山渡海 二首	鶴峯集	金誠一	側足鮫人窟 驚心颶母風
30	次伍山對馬島三十韻排律	鶴峯集	金誠一	夜夜鮫人開貝闕 朝朝海水寫樓臺
31	次伍山西山寺排律二十韻	鶴峯集	金誠一	鮫臥貝宮珠有淚 蓮生曇鉢鼻參香
32	次車伍山韻	簡易簡	崔笠 (1539~1612)	淚盈一掬道相送 珠化萬顆非初求
33	次韻藥老料理朴淵一賞往復之作通十首	簡易簡	崔笠	玉女洗膚明洞壑 鮫人揮淚濺松杉

번호	제목	출전	작가	구절
34	亦有夜來感月之作幷留爲別	簡易集	崔岦	秋月令人悲 如鮫人淚動
35	寄題龍潭快閣十景	白沙集	李恒福 (1556~1618)	固應詩力發天慳 倒寫蛟宮珠錯落
36	追賻嶺南尹方伯可晦	象村稿	申欽 (1566~1628)	相思千里無相贈 不是鮫人解泣珠
37	放歌行寄題申景升無盡亭	惺所覆瓿稿	許筠 (1569~1618)	驪珠萬斛倒鮫室 一斗百篇如懸河
38	宮詞	惺所覆瓿稿	許筠	一一品題經御手 黑麻霜苧勝鮫綃
39	次韻南窓金玄成謝使相惠鯀魚卵	石洲集	權韠 (1569~1612)	分明泉客淚 初自水宮傳
40	奉寄車伍山吟契二八韻	石洲集	權韠	聚散頭如鶴 艱危泣似鮫
41	月夜登城北水閣	淸陰集	金尙憲 (1570~1652)	鮫室水晶涵殿閣 竹園風玉碎琅玕
42	燕都八景	淸陰集	金尙憲	水簾正對芙蓉殿 鮫室疑通織女宮
43	荷塘聽雨	澤堂集	李植 (1584~1647)	誰傾泉客珠 瀉此銅仙掌
44	望海	澤堂集	李植	鮫宮貝闕伍雲中 赤岸銀河一派通
45	曹溪觀瀑	澤堂集	李植	無人辨鮫室 有誰燃犀炬
46	謝安東朴使君寄大石硯歌	澤堂集	李植	湖樓落筆驚四座 墨池迸出鮫珠顆
47	九月十三日夜發牛窓	東槎錄	趙龍洲 (1586~1669)	潛虯幾處聞人語 泉客今宵秘織梭
48	記行	谿谷集	張維 (1587~1638)	夜裏禽啼多是鵬 海濱人住欲鄰鮫
49	東海誦	眉叟記言	許穆 (1595~1682)	鮫人之珍 涵海百産
50	奉酬晉山明府姜令公大逵	海槎錄	申濡 (1610~1665)	槎橫奎壁傾文彩 槖照鮫人避夜明

번호	제목	출전	작가	구절
51	次螺山進退格	海槎錄	申濡	氷綃謾試鮫人室 水晶虛修龍伯宮
52	淀浦月夜作	海槎錄	申濡	滄江半夜鮫人泣 滿眼明珠落水中
53	次道春絶句帆拂鮫人錦	海槎錄	申濡	忽有明珠投案上 夜來滄海泣鮫人
54	晴並南風留海岸寺	扶桑日錄	南龍翼 (1628~1692)	風動雁聲來別浦 月明鮫淚落幽宮
55	應教老村林象德彜好	東槎日記	任守幹 (1665~1721)	孤帆背馬島 前路問鮫人
56	東海碑	星湖僿說	李瀷 (1681~1763)	鮫人之珍 涵海百産 汗汗漫漫
57	次子美白帝城放船詩四十二韻	海游錄	申維翰 (1681~1752)	帆拂鮫人錦 竿懸漢女珠
58	韜浦寫景六言絶句	海游錄	申維翰	居人自道鮫府 過客渾疑蜃樓
59	楊根樵夫	靑莊館全書	李德懋 (1741~1793)	不是鮫盤珠結淚 水簾正對芙蓉殿

인어 관련 어휘가 나타나는 한시들을 살펴본 결과 다음과 같은 점을 확인했다.

첫째는 인어 관련 한시를 쓴 작가군은 16~17세기에 집중되어 있었다. 조선 중기의 문인인 장유張維, 1587~1638, 이항복李恒福, 1556~1618, 신흠申欽, 1566~1628, 허균許筠, 1569~1618, 권필權韠, 1569~1612, 이식李植, 1584~1647, 김성일金誠一, 1538~1593, 신유申濡, 1610~1665, 신유한申維翰, 1681~1752 등에게서 인어 관련 어휘가 나타나는데, 이들은 주로 유선문학을 쓴 작가군이다. 유선문학은 선계에서 노니는 모습을 형상화한 작품으로 16~17세기에 주로 창작되었다. 도교 경전의 지식을 습득한 시인들이, 전란戰亂으로 피폐

해진 현실을 초월하고자 선계라는 공간에서 신선과 선술仙術을 부리며 노니는 모습을 상상한 것이다. 인어의 출처가 『태평광기』, 『술이기』, 『박물지』 등 도교 경전들이다 보니, 유선문학 작가들이 읽고서 인어에 대해 친숙하게 언급했을 것으로 추정된다.

또 하나 확인되는 사실은, 위 목록 위에 다른 자료들을 두루 살펴보면 이규보李奎報, 1168~1241, 진화陳澕 등 고려 문인을 비롯해 조선조 전 시기에 걸쳐 다양한 작가들이 인어를 언급하고 있었다. 허무맹랑한 세계, 현실 너머의 세계를 배격하는 유학자에게도 사정은 마찬가지다. 평생 두보 시를 1만 3천 번 읽고 유학자의 자세를 흩트리지 않았던 이안눌李安訥은, "구슬 쏟아진 인어 궁전, 비단 잘라 직녀는 베를 짠다네",[11] "남쪽으론 병주에 머물길 바라고, 가난 부끄러워 인어 구슬 주인께 사례하네."[12] 등 여러 작품에서 인어를 언급하고 있다.

흥미롭게도 사실성을 강조하는 실학자들도 인어에 대해 언급하고 있다. 이익李瀷, 1681~1763과 이덕무李德懋, 1741~1793, 박제가朴齊家, 1750~1805 등 조선 후기 실학의 대표적인 인물들도 예외 없이 교인을 소재로 다루고 있었다. 한 예로 정약용丁若鏞은 "햇살 따순 고운 동산 아지랑이 일렁이고, 달 밝은 은빛 물가 인어의 비단 자르네"[13]라고 하여, 달 밝은 물가에서 인어의 비단을 자른다고 표현하였다. 하지만 앞서 정약전丁若銓이 『자산어보』에서 교인의 존재를 부정했다고 언급한 데서 알 수 있듯이 인어의 존재를 부정하는 시선도 일부 엿보이기는 하다. 정약전의 언급도 달리 생각해 보면 중세인들이 인어의 실존을 널리 믿고 있었음을 반증反證하는 것이기도 하다. 많은 중세인에게 인어는 상상 속에 존재하는 관념의 산물이 아니라 물속 어딘가에서 실제로 존재하는 실체였다.

인어의 존재를 실제로 믿었든 믿지 않았든 간에 인어는 수많은 시인의 작품에서 관습적으로 사용되고 있었다. 인어의 상징어들은 하나의 정운의情韻意로 쓰이고 있었다. 정운의는 어떤 특정 단어 위에 사전적 의미를 넘어 상징이 얹히는 것이다. 이러한 어휘들은 시의 함축을 더욱 유장하고 깊이 있게 해주는 효과를 발휘한다. 그렇다면 인어와 관련한 대표적 상징물 몇 가지를 통해 당시 사람들이 인어를 어떻게 이해하고 있는지, 인어의 고유한 특성은 어떠한지를 생각해 보기로 한다.

인어 눈물로 만든 진주, 교주鮫珠

한시에서 자주 언급되는 인어의 상징물은 교주鮫珠이다. 교주는 인어의 구슬이다. 인어가 눈물을 흘리면 그 눈물은 구슬이 된다. 따라서 교주는 인어의 눈물, 즉 교루鮫淚와 동일한 뜻이다. 『술이기』에서 "인어는 (…) 울면 눈물이 모두 구슬이 된다."라고 하였고, 『수신기』에서는 "남해 밖에 인어가 있는데 (…) 울면 눈에서 진주가 나왔다."라고 기록하고 있다.

『박물지』에는 진주 눈물을 인간에게 주었다는 기록이 나온다. 이 기록에 의하면, "남해 물속에 사는 인어가 비단을 잘 짰는데, 물 밖으로 나와 인가에 머물면서 매일 비단을 팔았다. 작별할 무렵에 눈물을 흘려서 구슬을 만들어 주인에게 주었다."[14]라고 하였다. 진주 눈물은 주인에게 주는 보답의 의미를 지니고 있다.

그렇다면 인어의 눈물이 어떻게 표현되고 있는지 보기로 한다.

동림사에서 나그네로 묵을 때	東林寺裏作淸賓
나부산인의 청고淸古함을 들었네	聞道羅浮絶世塵
문득 밝은 구슬 책상 위에 던져지니	忽有明珠投案上
지난밤 창해에서 인어가 흘린 눈물이네	夜來滄海泣鮫人

- 신유,「임도춘의 절구에 차운하다次道春絶句」

신유가 김해에 있는 동림사에 머물 때 임도춘林道春의 절구에 차운하여 지은 시다. 나부산인은 호가 나산羅山인 일본의 유학자 임도춘을 말한다.[15] 시인은 동림사에 머물면서 임도춘의 시를 보게 되었다. 맑고 고아한 시를 들으며 시인은 시구 하나하나가 진주 구슬 같다고 여긴다. 밝은 구슬, 즉 명주明珠는 임도춘의 시를 말한다. 그의 빛나는 시구를 보며 시인은 인어가 흘린 눈물, 곧 진주 구슬을 떠올린 것이다.

거기다 또 천백 번 다듬은 좋은 시 받아	更荷淸詩千百鍊
깊은 의미 맛보려고 두세 번 두루 읽었네	欲嘗深味再三巡
구슬을 인어 집에서 찾았나 꿴 것 어찌 그리 묘하며	珠探鮫室穿何妙
비단을 용의 북서 빼앗았나 짜인 품 새롭네	錦奪龍梭織轉新

- 이규보,「5월 17일에 네 차례 급제한 문생들이 앞서 지은 시에 화답해서 가져왔으므로 술을 차려 함께 마시고 즉석에서 다시 두 수를 화답하여 주다伍月十七日 四門生等和前詩來旣 置酒與飮 卽席復和二首贈之」

이규보의 시이다. 이규보가 과거 시험관인 지공거知貢擧 벼슬에 있을 때 과거에 급제한 문생들의 시에 화답한 시의 일부이다. 문생들의 시를 읽은 후에 시가 매우 아름답다는 뜻으로, 인어 집에서 찾은 구슬처럼 묘하며 용의 북에서 빼앗은 비단처럼 참신하다고 격려한다.[16] 구슬은 빼어난 글자를 의미하며, 구슬을 꿴다는 것은 글자를 엮어 문장을 짓는 것을 의미한다. 문생들의 시가 인어 구슬을 하나로 꿴 듯이 매끄럽고 훌륭하다는 것을 비유로 칭찬하고 있다.

이 외에도 이항복은 "진실로 응당 시력으로 하늘의 신비를 발하여 용궁의 구슬을 어지러이 쏟아낼 만하구려"[17]라고 하여, 용담龍潭의 누각이 아름다워 줄줄이 아름다운 시를 쏟아낼 듯하다고 하였다. 김종직은 "글자마다 인어의 눈물 같았으니 어찌 온 좌중만 경탄하리오"[18]라 하여, 시의 뛰어남을 인어의 눈물에 비유했다. 이들 시는 인어의 눈물을 아름다운 글에 비유한 것이다.

물방울 등의 아름다운 사물을 보며 인어의 눈물을 떠올리는 시도 있다. 최립은 박연폭포의 장관을 두고 "목욕하는 옥녀의 살결 골짝에 환히 비쳐오고, 흩뿌리는 인어의 눈물 소나무에 튀어 오르도다"[19]라고 하여, 박연폭포의 영롱하고 맑은 물방울을 인어의 구슬 눈물로 표현한다. 이 부분은 박연폭포 밑의 고모담姑姆潭을 묘사한 것으로, 화산華山 정상에 선녀인 명성옥녀明星玉女가 머리를 감던 세숫대야 형태의 돌 웅덩이 가운데에 푸른 물이 담겨 있어서 불어나거나 줄어드는 일이 없었다는 전설에서 유래한 것이다.

이식은 빗방울을 보고 인어의 눈물을 떠올린다. 이식은 연꽃 연못에 빗방울이 떨어지는 장면을 보고 "그 누가 천객泉客의 구슬 단지 기울여, 구리 선인장仙人掌 위에 쏟아붓는고"[20]라고 하였다. 천객은 인어의 다른 이름이다. 빗방울이 떨어지는 모습이 인어의 눈물 구슬을 쏟아붓는 것과 같다고 생각한 것이다.

만남과 헤어짐에 머리카락 학처럼 희고	聚散頭如鶴
고생과 위험 속에 눈물은 인어처럼 떨어지네	艱危泣似鮫
몸을 숨기자니 격문이 걱정이요	竄身愁羽檄
땅을 피할 때는 화살이 겁난다	避地怯鳴髇
물에서는 오리와 백구 벗하여 자고	水伴鳧鷖宿
바람에서 범과 표범 울음을 듣노라	風聞虎豹咆
곤궁한 길 비록 한가한 때는 적으나	窮途雖少暇
묵은 습관을 죄다 버리진 못했기에	舊習未全抛
눈 속에 노를 저어서 서로 찾아가고	雪棹期相訪
구름 속의 문 거듭 두드릴 수 있었지	雲扃許再敲
나이가 조금 많은 것은 따지지 않고	無論一日長
벌써 십 년이나 서로 사귀어 왔으니	已是十年交
의리는 덩굴칡과 같이 무겁고	義重同瓜葛
우정은 아교와 칠 섞은 것보다 깊어라	情深比漆膠
그리움 속에서 한 해가 또 바뀌어	相思歲又換
봄빛이 매화 가지에 올라왔구려	春色上梅梢

- 권필, 「시의 벗 차오산에게 삼가 부치다 이십팔운奉寄車伍山吟契二十八韻」

권필이 차천로에게 보내는 시 가운데 일부이다. 권필과 차천로는 제술관에 동시에 뽑혀 명나라 사신을 함께 접대하기도 하는 등 막역한 사이였다. 차천로는 명나라로부터 동방문사東方文士라는 칭호를 받을 만큼 문장이 뛰어났지만 벼슬과는 인연이 닿지 않았다. 그리하여 현실에서는 곤궁함을 면치 못했다. 권필도 역경의 삶을 살았다. 권필은 평생 벼슬에 뜻을 두지 않고 술과 시를 즐기며 자유롭게 살았다. 하지만 광해군의 비妃인 류씨柳氏의 동생 등 외척의 횡포를 비난하는 「궁류시宮柳詩」를 쓰는 바람에 갇히고 말았다. 해남으로 유배되어 귀양길에 오를 때 동대문 밖에 이르러 행인들이 주는 동정 술을 폭음하고서 다음 날 죽고 말았다.

위 시는 어지러운 세상에서 아교로 붙인 듯 떨어지지 않고 옻칠을 한 듯 벗겨지지 않는 깊고 진한 우정과 더불어 넝쿨로 자라는 오이와 칡처럼 끈끈한 의리를 지켰던 차천로를 떠올리며 지은 시이다. 권필은 차천로와 헤어지는 순간이 안타까워 머리가 하얗게 세고 말았다. 가난하고 위험한 세월 속에서 눈물은 하염없이 흐른다. 권필은 이때 흘리는 눈물이 인어의 눈물과 같다고 한다. 인어의 눈물은 어떠한가? 인어의 눈물은 진주 구슬이기에 인간 세상에서는 아주 값비싸다. 인어는 어느 때 눈물을 흘리는가? 인어는 인가에 머물다가 주인과 헤어질 때 눈물을 흘려 그 진주로 은혜에 보답한다. 곧 인어는 습관적으로 울지 않고 은혜에 보답하기 위해 운다.

세월이 힘들고 고단하여 울었다고 해도 될 것을 권필은 굳이 인어의 눈물에 비유하였다. 인어의 눈물이 고귀하고 가치 있다고 생각한 것이다. 인어 눈물의 또 다른 상징이 진실의 징표임을 알게 한다.

그대의 빛난 문장 사람에 빛나나니	君今文彩映詞林
영묘한 구슬 빛이 시냇물을 비추듯이	靈珠側畔川爭媚
옛 법 되찾기를 그대는 어렵다 말라	欲還墮緖子何難

한 마음 돌이키는 그 순간에 있나니	在一頃刻廻其意
후생을 격동하는 그 모두가 계몽이라	激起後生皆擊蒙
누군들 감격하여 인어 눈물 흘리지 않으랴	何人不泣淵鮫淚
날개를 달아주고 인하여 바람 불어	手揷羽翼因吹揚
모두 다 날아서 공경지위 이르도록	可令飛到公卿位
성공의 찬양이야 내가 있지 아니한가	歌讚成庸則我存
가르침을 빛내는 건 그대만을 믿는다	發揮賴敎繫君恃

– 이규보,「하중랑 천단이 화답해 온 것에 차운하다 次韻河郞中千旦見和」

    이규보가 중랑 하천단의 시에 차운한 시의 일부이다. 하천단은 고려 후기의 문신으로, 문장에 뛰어나 당시의 외교문서가 그의 손에서 나왔다. 이규보는 그의 문장을 보면 모두 감격하여 인어 눈물을 흘린다고 하였다. 인어 눈물은 인품의 고귀함을 드러내기 위해서라기보다는 진정성을 보여주기 위해 쓴 상징어이다. 인어가 주인과 헤어질 때 보답하려고 진실한 마음으로 울었듯이, 사람들도 하천단의 문장을 읽으면 감동되어 눈물을 흘릴 것이라는 뜻이다. 최명길도 한 시에서 "신의 죄 마땅히 죽어야겠으나 성은이 시종 변하지 않네. 자연 감격하여 인어 눈물 흘리나니, 어찌 다시 가까이서 임금님을 뵈올까"[21]라고 하여, 진정성을 호소하기 위해 인어 눈물로 표현했다.

    요컨대 인어 눈물은 첫째, 매우 아름다운 것을 비유할 때 쓰였다. 주로 훌륭한 문장에 비유하였고 아름다운 경치 속의 사물에 비유하기도 했다. 둘째, 진실성을 부각하기 위해 인어 눈물을 활용했다. 교인의 눈물 같다는 뜻에는 세속에 물들지 않는 고귀한 인품이 깃들어 있다거나 진심으로 감격하여 눈물이 쏟아진다는 의미가 담겨 있었다.

젖지 않는 인어 비단, 교초鮫綃

인어의 비단도 인어 관련 소재에서 자주 등장한다. 『술이기』, 『수신기』, 『박물지』 등에 인어가 짜는 비단에 대해 언급되어 있는데, 특히 『술이기』에 자세하다.

> 인어는 천선泉先이다. 또한 천객이라고도 불린다. 남해에는 인어가 짜는 비단이 나오며 천선이 잠수하여 비단을 짜니 이름하여 용사龍紗라고 한다. 그 값은 백여 금에 달하는데, 물에 빠져도 젖지 않는다. 남해에 용사궁이 있는데 천선이 비단을 짜는 곳이다. 비단은 서리처럼 하얗다.
> - 『술이기』

기록에 의하면, 인어는 남해의 용사궁에서 비단을 짜는데, 비단 이름을 용사龍紗라고 한다. 용사는 값비싸며 물에 빠져도 젖지 않고 서리처럼 하얗다. 비단은 다른 문헌에서는 교초鮫綃라고 불리며, 인간에게 팔기도 한다. 한시에서는 용사보다는 교초라는 어휘가 더 자주 쓰인다.

종남산 빛은 빽빽이 높은데	終南山色鬱岩嶢
앞 궁전은 편편이 자극 높은 데에 닿았네	前殿平臨紫極遙
만 개의 벌집 같은 방은 지축에 서리었는데	萬落蜂房盤地軸

팔방으로 임금 거둥 길은 구름 하늘에 누웠구나	八方馳道臥雲霄
하늘 마음은 이미 사람 마음과 함께 바뀌었고	天心已與人心改
신령한 기운은 가만히 원망하는 기운을 좇아 녹았네	王氣潛從怨氣銷
천고에 분명히 그 은감殷鑑이 있거니	千古分明殷鑑在
마땅히 그것을 본떠 내어 교초에 올리자	也宜摸取上鮫綃

- 허침許琛,「아방궁 그림 병풍 2수 교명敎命을 받들어 지어 올리다阿房宮畵屛二首奉敎製進」

 허침이 아방궁을 그린 병풍을 보고 읊은 시이다. 아방궁은 널리 알려져 있듯이 당나라 현종이 양귀비와 사랑 놀음에 빠진 곳이다. 현종은 양귀비에 빠져 정치를 멀리하였고, 당나라 멸망의 빌미를 초래했다. 허침은 아방궁을 그린 병풍을 보고서 문득 그곳에서 나라를 망친 사람들을 생각했다. 백성들의 원망에 왕의 기운은 녹아 없어지고, 하늘조차 백성들의 마음과 더불어 변하고 말았다.『시경詩經』에서는 하나라가 멸망한 것을 거울삼아 은나라도 두 번 전철을 밟지 않도록 조심하라고 당부하였다. 이에 시인은 은나라의 거울, 즉 '은감殷鑑'이란 글자를 인어의 비단, 즉 교초에 고이 적어 임금께 올리자고 한 것이다. 가장 귀한 글자이니만큼 가장 아름다운 비단에 적어야 할 것이며, 혹 비를 만나거나 물에 빠지더라도 교초는 젖지 않는 비단이니 상할 염려가 없는 것이다.

 허침은 세종과 연산군 시절에 활약한 인물이다. 연산군 때 우의정, 좌의정까지 역임하였으나, 김일손의 사초 사건에 연루되어 크게 고생했다. 연산군 시절 김일손이 사관으로 있을 때 스승이자 사림파였던 김종직의「조의제문」을 실었는데, 초나라 항우에게 왕위를 빼앗기고 죽임을 당한 의제를 조문한다는 내용을 담고 있지만, 실제로는 수양대군 세조가 불법적으로 단종의 왕위를 찬탈한 일에 대한 저항을 담았다. 이를 훈구대신 이극돈이 발견하면서 사초 사건이 시작되었다. 이로 인해 김일손을 비롯해 사림 30여 명이 사형을 당하거나 쫓겨났고, 김종직은 부관참시를 당했다. 허침은 이때 사초를 보고도 보고하지 않은 죄로 좌천되었다. 이 시는 당 현종의 상황에 빗대 폭정을 휘두르는 연산군에게 하고 싶은 말이었다. 위 시에서 교초는 절대 변하지 않는 불변의 상징으로 쓰였다.

복숭아·오얏꽃과 애교 다투기 싫어서	懶隨桃李鬪嬌饒
소박한 맵시로 적막히 시름을 띠고 있네	素艶閑愁鎖寂寥
괵국 부인이 화장을 싫어하고	虢國夫人嫌粉黛
한고 선녀가 옥을 차고 거니는 듯	漢皐仙子佩瓊瑤
담장 반쯤 성긴 모양 바람 앞에 숙여 있고	半墻疎影風前亞
코 찌르는 밝은 향내 비 온 뒤에 풍겨오네	掠鼻淸香雨後飄
옥 난간 열두 굽이에 봄이 저물려 하니	十二玉欄春欲暮
시급히 본을 떠서 교초 위에 수를 놓자	急須摹取上鮫綃

— 진화, 「상춘정에 핀 옥예화賞春亭玉蘂花」

고려시대 시인 진화가 상춘정에 핀 옥예화를 보고 노래한 시이다. 옥예화는 꽃잎은 작지만, 화사한 색이 상당히 아름답다. 시인은 다른 꽃과 멀찍이 떨어져 있는 옥예화를 보고, 두 선녀의 모습을 연상했다.

괵국 부인은 당唐나라 양귀비楊貴妃의 언니이다. 당 현종唐玄宗이 양귀비를 총애하여 양귀비의 세 자매를 모두 국부인國夫人으로 봉했는데, 그중에서도 괵국 부인을 가장 사랑하여 무슨 요청이든지 들어주었다. 괵국 부인은 매우 사치하고 교만하였다. 그녀는 얼굴 피부가 너무 고운 덕분에 민낯으로 현종을 대했다. 두보杜甫의 시에 "연지곤지가 오히려 얼굴을 더럽힐까 봐, 아미를 싹 씻고서 지존을 대했다네."라고 할 정도였다.

한고 선녀에 관한 부분은 주나라 정교보와 얽힌 이야기이다. 주周의 정교보鄭交甫가 초楚나라로 가다가 한고대漢皐臺 아래에서 두 여인을 만났다. 함께 놀다가 사랑의 표시로 그녀의 패물佩物을 갖고 싶다고 하자, 두 여인은 정교보에게 허리에 찬 패옥을 풀어주었다. 교보는 패물을 받아 품속에 간직하고서 십여 걸음 갔는데 문득 패물도 없어지고 두 여인도 사라져 버렸다. 곧 진화는 옥예화의 모습이 너무 예뻐서 화장을 하지 않았던 괵국 부인을 닮았다고도 하고, 정교보가 넋을 뺏겼던 한고 선녀가 옥을 차고 노니는 것 같다고 한 것이다.

그러나 옥예화도 한때의 아름다움일 뿐, 시인은 봄이 저물면서 옥예화도 곧 시들어버릴 것을 안타까워하고 있다. 옥예화의 모습을 오래도록 간직하고 싶은 마음에 시급히 교초 위에 옥예화를 수놓을 것을 말하고 있다. 봄이야 저문다지만 옥예화는 지게 하고 싶지 않아 시인은 절대 변하지 않는 교초 위에 그릴 것을 당부하였다. 이 역시 교초를 불변의 상징으로 다루고 있다.

교초는 세상에서 가장 아름다운 옷감의 의미로도 상징화된다.

교초가 매끈하여 눈빛처럼 깨끗한데	鮫綃勻滑雪色平
분묵과 단연으로 그린 색채 선명하구나	紛墨丹鉛繪彩明
검푸른 두 마리의 말 신령하고 기이하니	騘蒼二馬神且奇

하나는 옥 굴레로 나는 듯 하나는 끌려서 가네   一飛玉勒一牽行
- 이규보, 「민 상시의 명령을 받아 쌍마도에 대해 짓다閔常侍令賦雙馬圖」

이규보가 쌍마도雙馬圖를 보고 지은 시의 일부이다. 비단 위에 고운 그림이 선명하게 그려져 있다. 나는 듯한 검푸른 말 두 마리가 생동감 넘친다. 시인은 그림이 그려진 매끈하고 깨끗한 비단을 교초로 표현하였다. 교초는 서리처럼 희다 보니 하얗고 매끈한 좋은 비단을 일컬을 때는 교초로 비유하는 것이다.

이러한 표현은 시인들 사이에서 널리 쓰였다. 조경은 병풍 그림이 그려진 비단을 선물로 받고서 "옛 고을의 교초 눈앞을 환히 비추고, 선문의 게송은 화씨의 옥玉에 값하네"22 하여, 선물로 받은 비단을 교초로 비유하고 그 값어치가 세상에서 가장 귀한 옥으로 불리는 화씨의 구슬과 같다며 고마워하고 있다. 서거정은 빨래터에서 빨래하는 아낙들을 보고 지은 시에서 "섬세한 비단 만들어 재단해서 옷 지으면 교초보다 섬세하고 월사越紗보다 가벼울 테지"23라 하여 가장 섬세하고 고운 옷감의 예로 교초와 월사를 꼽았다. 월사는 월越 지방에서 생산되는 비단으로 가볍고 부드럽기로 유명하다. 월사는 실제의 인간이 만든 비단이고, 교초는 인간 세계에는 존재하지 않는, 인어가 짜는 비단이라는 차이가 있다. 옛사람들에게 교초는 월사와 마찬가지로 실제의 의미를 지니고 있었다. 이같이 교초는 인어가 짜는 비단으로써 절대 변하지 않는다는 상징을 지니고 있다. 시인들은 영원토록 간직하고픈 말, 절대 잊거나 잃어서는 안 될 내용은 교초에 적어 보관하고픈 바람을 보였다. 나아가 깨끗하고 아름다운 비단을 교초로 비유하기도 했다.

구슬 조개로 만든 인어 궁궐, 교실鮫室

인어가 사는 곳은 교실鮫室이라 부른다. 『산해경』이나 『박물지』 등엔 교실에 관한 정보가 없다. 다만 남해 밖에 인어의 집이 있다고 하였고, 진晉나라 목현허의 시 「해부」에서는 "자연히 만들어진 산호 진주, 물의 괴이한 것이 인어의 집이라네"[24]라고 하여, 인어의 집을 간단히 묘사하고 있을 뿐이다.

그런데 한시에서는 인어의 집을 구체적으로 묘사하고 있다. 김시습金時習은 아예 「교실」이란 시를 지었다.

세상 사람 모두 오악의 웅장함이	世人徒見伍岳雄
아득히 높고 높은 땅에 있음만 보고	巍峨嶽業方輿中
바다 밑 높은 봉우리	不知海底有高峯
높고 깊은 바위 가라앉은 건 알지 못하네	嶚嶢嵌巖沈空濛
골짝 우묵한 동굴 깊으니	洞壑宎窔石竇深
중간에 웅장하고 아름다운 교인궁 있구나	中有壯麗鮫人宮
소라 조개 진주 구슬 육지와 나눠 있으니	螺貝蠙珠相陸離
번쩍거려 붉은지 푸른지도 구분치 못하네	眩目不辨靑與紅
산호 빗긴 가지 뜰 안에 드리우고	珊瑚交柯蔭階庭
비췻빛 푸른 열매 처마에 늘어졌네	琅玕碧實垂簷櫳
골짝방 그윽하여 문은 반쯤 잠겼는데	洞房幽邃戶半扃
다만 보이는 건 베틀이요 소리는 영롱하네	但見機杼聲玲玎
베를 짜면 얼음 비단 만 장 길이니	織成氷綃萬丈長

옥황상제 흰 신선 옷 만들까나	裁爲玉皇白霓裳
신선 옷 만드는데 가위 차가우니	霓裳裁了覇刀寒
수정발 밖 찬 서리 나부낀다네	水晶簾外飛寒霜
한 폭 집어들어 인간에게 파노니	閑拈一幅賣人間
인간의 번열 중세 없애기 위해서라네	爲掃人間煩熱忙
헤어지려 머뭇머뭇 구슬 눈물 흘리니	臨別彷徨泣珠去
푸른 바다 끝없고 하늘은 아득하네	碧海無際天茫茫

- 김시습, 「인어의 집鮫室」

    교실이란 공간을 묘사하고서 그곳에 사는 인어의 삶을 읊었다. 시에 의하면 교실은 바닷속 깊고 깊은 동굴 안에 있다. 높은 산, 우뚝 솟은 봉우리는 사람들 눈에 잘 띄지만, 깊은 바닷속 인어의 궁전은 아무도 모른다. 그곳은 산호 가지가 비스듬히 뜰에 드리우고 비췻빛 푸르른 열매가 처마에 늘어진 아름다운 곳이다. 조용하고 한적한 방이 있고 반쯤 잠긴 문 안으로 베틀이 보이는데, 조용한 궁궐에 베틀 소리만 영롱하게 울린다. 그곳에서 인어가 물에 넣어도 젖지 않는 오색찬란한 비단을 짜고 있다.

    시에서 보듯, 교실은 바닷속 깊이 사람의 발길이 닿지 않는 곳, 산호와 조개, 수정과 구슬 등으로 아름답고 화려하게 장식된 궁궐이다.

아득한 푸른 바다 끝없이 펼쳐진 곳	滄海茫茫塞大虛
바닷속 궁궐에 인어가 사네	珠宮貝闕鮫人居
인어가 일만 필의 비단을 짜면	鮫人織成萬機絹

오색이 변화해서 구름 노을 펼쳐진다	伍色變出雲霞舒
때때로 청제의 선비와 몰래 약속하고	有時暗結青齊士
임치의 시장에 비단 안고 온다네	抱綃來入臨淄市
주인의 깊은 은혜 갚을 길이 없어	主人恩深無所報
두 눈 흐르는 눈물 물처럼 맑아라	兩眼迸淚清如水
천 줄기 옥 같은 눈물 길게 쏟아지니	千行玉筋縱橫垂
구슬이 만들어져 아름답게 반짝이네	化成珠貝光參差
돌아가는 소매자락 붙들기 어려워서	翩翩歸袖難攀駐
갈림길에서 내년에 다시 오마 약속하네	臨岐猶約明年期
인어의 구슬이나 직녀의 베는	鮫人之珠織女布
역사에 전해지니 잘못된 것 아닐런지	青史相傳無乃誤
신선과 이인을 찾아낼 수 있다면	神仙異人如可求
진시황과 한무제 응당 먼저 만났으리	秦皇漢武當先遇

― 성현, 「교인의 노래鮫人歌」

성현成俔의 인어 노래이다. 인어의 습성, 인어의 생활을 잘 담고 있다. 당나라 이기李頎의 시와 제목은 같지만, 이기의 시보다 교실의 모습이 훨씬 자세하다. 인어의 궁전은 푸른 바다 깊은 곳에 구슬과 조개로 꾸민 곳으로 묘사되어 있다. 교실은 앞의 시와 마찬가지로 인어가 베를 짜기 위한 공간이다. 깊은 바닷속 동굴에 조개와 구슬, 산호로 꾸며진 인어의 궁전은 얼핏 바닷속 선계, 용궁의 모습을 연상케 한다. 특이한 점은 시인은 교인은 실제로 존재하는 인물이 아니라 꾸며댄 이야기라고 의심하고 있다. 만약 그러한 이인異人이 존재했다면 신선과 이인을 좋아해서 이들을 찾아 천하 방방곡곡에 사람들을 보냈던 진시황이 먼저 찾아냈으리라는 것이다.

아득한 층층 난간 비단이요	縹緲層欄錦繡
찬란한 가게에 보화로세	輝煌列肆珠球
주민은 인어의 나라라 말하지만	居人自道鮫府
지나가는 나그네는 신기루인가 의심하네	過客渾疑蜃樓

- 신유한, 「도포의 경치를 묘사하다 육언 절구鞆浦寫景六言絶句」 중 2수二首

도포의 경치를 읊은 시이다. 도포는 일본의 도모도우라라는 곳으로, 우리나라의 사신이 일본에 갈 때면 반드시 들르는 곳이다. 경치가 아름답고 대접이 융숭하여, 다녀온 사람들이 손에 꼽으며 칭찬하는 곳이다.

시인은 아름다운 도포의 경관을 보며 인간 세상이 아닌 듯한 감상에 젖는다. 아니나 다를까, 그곳 주민들은 이곳이 인어의 나라라 말들 하지만 시인은 신기루를 본 것 같은 환상에 젖어든다. 도포가 너무 아름다운 것이다. 지극히 아름다운 곳을 인어의 나라로 표현하고 있으며 일본인들도 인어를 믿고 있음을 알 수 있다.

이식李植은 바다를 바라보며 "오색구름 바다 안 인어 궁전과 조개 궁전, 적안赤岸과 은하가 한 물줄기로 통하누나"[25]라고 하여, 바다를 바라보면서 깊은 바닷속의 인어 궁전을 떠올렸다. 적안과 은하가 한 물줄기로 통한다는 말은 바다와 하늘이 잇닿아 있다는 뜻이다. 적안은 전설상의 지명으로, 두보의 시에서 "적안의 물은 은하수와 서로 통하고, 그림 속의 구름 기운은 용을 따르네."[26]라고 한 데서 인용했다.

김상헌은 옥천에 뜬 무지개를 보고, "물 주렴은 부용전을 곧장 마주 대해 있고 교실蛟室은 직녀 궁과 곧장 통할 듯하네"[27]라고 하여, 무지개를 물속 인어 궁궐과 하늘의 직녀 궁을 이어주는 매개물로 생각했다. 송희경도 일본에 다녀와 쓴 작품에서 "교실蛟室에 구름 걷히자 산 은은하고 신기루에 연기 잠겨 물 아득하네"[28]라고 하여, 멀리 보이는 아름다운 바다를 교실이라고 하였다.

망망하게 펼쳐진 끝없는 바다	茫茫無際畔
만리토록 하늘에 맞닿아 있네	萬里接層空
인어 사는 굴을 보려 까치발 딛다가	側足鮫人窟
사나운 바람 불어 마음 놀래네	驚心颶母風
밤 깊으면 북극성을 쳐다보다가	夜深瞻斗極
해가 뜨면 하늘 동쪽 어딘 줄 아네	日出認天東
눈길이 삼산 밖서 끊기어지니	目斷三山外
누구에게 신선 동자 물어볼거나	從誰問玉童

- 김성일金誠一, 「차오산이 지은 '도해이율渡海二律'을 차운하다次伍山渡海二律」

시인은 바다 굴속에 인어가 산다고 여긴다. 망망하게 펼쳐진 끝없는 바다, 길게 하늘과 맞닿은 곳이 인어의 집이라 생각한다. 발을 디디고 보면 굴이 보일까 고개를 길게 빼고 보면 인어가 보일까 싶지만, 인어는 그 정체를 사람 앞에 쉽사리 드러내지 않는다. 사나운 바람은 인어 굴을 찾으려는 시인을 놀라게 한다. 교인의 굴은 비밀스럽고 신비하다. 인어 궁궐은 깊은 곳에 있어서 사람이 쉽게 접근할 수 없는 곳이고[29] 아

득히 깊어서 조개 누각이 모인 곳이기도 하다.[30]

시인들은 인어가 사는 곳을 화려하면서도 비밀스러운 공간으로 묘사했다. 인어 궁궐은 은밀한 곳에 있어서 인간의 발길이 닿지 않고, 인간 세계에서는 볼 수 없는 각종 보화로 꾸며져 있으며, 인어들이 살며 베를 짠다.

인어가 사는 교실은 신선의 세계와 다르지 않다. 신선들이 하늘나라인 선계에 산다면 인어들은 바닷속에 산다. 바닷속은 자연스레 용들이 사는 용궁을 연상케 한다. 그렇고 보면 선계와 용궁, 교실은 거주하는 주체만 다를 뿐 그 이미지는 비슷하다. 그곳은 인간의 꿈이 만든 상상의 공간이자, 인간이 닿을 수 없는 미지의 공간이다.

그렇지만 옛사람들은 꿈의 공간이 실제로 존재한다고 믿었다. 삶이 힘겨울 때, 혹은 미지의 세계를 그리워할 때면 그 공간을 염원했다. 인어가 사는 교실 역시 인간의 꿈이 담긴 비밀스럽고 신비한 공간이었다.

인어 상징어의 활용 가능성

한시를 대상으로 인어를 이해하는 데 핵심이 되는 교주와 교초, 교실을 대상으로 그 창작 양상을 살펴본 결과 이들 어휘는 한시에서 관습적 상징으로 쓰이고 있었다. 인어의 눈물로 만든 구슬인 교주와 인어가 짜는 비단인 교초는 보배롭고 귀중한 사물을 상징할 때 사용되었다. 인어가 사는 집인 교실은 신선이 사는 선계와 비슷한 모습과 기능을 갖추고 있었다.

교주와 교초는 서양의 인어 신화에서는 보이지 않는 상징어이다. 나아가 서양의 인어가 사는 공간과 한국의 한시에서 보이는 교실은 그 이미지가 사뭇 다르다. 따라서 이들 상징어는 인어 이야기를 서사화하고 인어 관련 문화콘텐츠를 만드는 데 요긴한 정보를 제공해 줄 수 있다. 이들 상징어를 잘 활용하면 서구의 인어 이야기와 대비되는, 우리 고유의 인어 이야기를 만들 수 있고, 문화콘텐츠로 활용할 수 있다.

당장 우리나라의 장봉도와 거문도, 부산 등에 있는 인어상을 보아도, 인어 이야기 원형의 서사 구조를 창조적으로 만들어내지 못하고 있다. 그저 캐릭터 설정만 해둠으로써 사람들의 눈길을 끌지 못한 채 덩그러니 놓여 있다. 인어의 구슬과 비단, 인어의 집 등을 잘 활용하여 창조적인 아이템을 만들 필요가 있다. 고전에서 우리 고유의 소재들을 발굴해내어 지금 여기의 현장에서 복원하는 일은 고전 연구자들이 지속해서 관심 가져야 할 몫이다.

인어 이미지의 변모 양상

　조선 중기에 한시에서 활발하게 등장하던 인어 소재는 조선 후기로 넘어가면서 급격히 빈도가 줄어든다. 이는 현실을 초월하는 이야기를 배격하는 유교의 세계관과 더불어 실학적 세계관의 확장과 관련된다고 본다. 유교는 괴력난신에 대해서는 말하지 않는다. 『논어』 「술이편」에는 "공자께서 괴력난신에 대해 말씀하지 않으셨다"31라는 구절이 나온다. 괴력난신怪力亂神은 괴이한 일과 엄청난 힘, 난리와 귀신을 뜻한다. 즉 합리적인 이성으로 설명할 수 없는 존재나 현상이다. 합리성과 현실성에 기반을 둔 유학의 입장에선 도교적 상상력에 기반을 둔 인어가 자못 황당하게 들릴 수 있다. 한시를 창작하는 계층은 주로 유학자였으므로 전통 유학자들에겐 인어를 직접적인 소재로 다루는 일이 꺼려졌을 것이다. 나아가 조선 후기엔 현실에 기반을 둔 실학적 사고가 발생했으므로 정약전과 같이 인어를 물고기의 한 종류로 보는 합리적 태도가 확산되었으리라 본다.

조선조 문헌에 나타난 인어 형상

하지만 야담을 비롯한 각종 문헌에서는 인어 관련 이야기가 이어졌다. 몇 이야기를 소개한다.

① 대제待制 사도査道가 고려에 사신으로 갔다. 날이 저물어 어느 산에 정박하여 머물다가 모래밭을 바라다보니 붉은 치마를 입고 양쪽 어깨를 드러낸 채 머리는 산발을 한 어떤 여인이 있었는데, 팔꿈치 뒤에는 희미하게 붉은 지느러미가 나 있었다. 이에 사도가 뱃사람에게 명하여 상앗대로 물속으로 밀어 넣어 부인의 몸이 손상되지 않게 하였다. 부인은 물을 만나 이리저리 자유롭게 움직여 보다가 몸을 돌려 사도를 바라보고 손을 들어 절하면서 감사해하고 그리워하는 듯한 모습을 하다가 물속으로 들어갔다. 뱃사람이 말했다. "제가 바닷가에 살지만 이런 것은 보지 못하였습니다." 사도가 말했다. "이것은 인어人魚이다. 능히 사람과 간통하는데, 물에 살면서 사람의 성질을 가진 것이다."**32**

② 김담령金聃齡이 흡곡현翕曲縣의 고을 원이 되어 일찍이 봄놀이를 하다가 바닷가 어부의 집에서 묵은 적이 있었다. 어부에게 무슨 고기를 잡았느냐고 물었더니, 어부가 대답했다. "제가 고기잡이를 나가서 인어人魚 여섯 마리를 잡았는데, 그중 둘은 창에 찔려 죽었고 나머지 넷은 아직 살아 있습니다." 나가서 살펴보니 모두 네 살 난 아이만 했고, 얼굴이 아름답고 고왔으며 콧대가 우뚝 솟아 있었다. 귓바퀴가 뚜렷했으며 수염은 누렇고 검은 머리털이 이마를 덮었다. 흑백의 눈은 빛났으나 눈동자가 노

랬다. 몸뚱이의 어떤 부분은 옅은 적색이고, 어떤 부분은 온통 백색이었으며 등에 희미하게 검은 무늬가 있었다. 남녀의 음경과 음호 또한 사람과 똑같았으며, 손가락과 발가락이 있고 그 가운데에는 주름 무늬가 있었다. 이에 무릎에 껴안고 앉히자 모두 사람과 다름이 없었으며, 사람을 대하여서도 별다른 소리를 내지 않고 하얀 눈물만 비 오듯 흘렸다. 김담령이 가련하게 여겨 어부에게 놓아주라고 하자, 어부가 매우 애석해하며 말했다. "인어는 그 기름을 취하면 매우 좋아 오래되어도 상하지 않습니다. 오래되면 부패해 냄새를 풍기는 고래 기름과는 비할 바가 아니지요." 김담령이 빼앗아 바다로 돌려보내니 마치 거북이처럼 헤엄쳐 갔다. 김담령이 무척 기이하게 여기자, 어부가 말했다. "인어 중에 커다란 것은 크기가 사람만 한데 이것들은 작은 새끼일 뿐이지요." 일찍이 들으니 간성이 무식한 어부가 인어 한 마리를 잡았는데 피부가 눈처럼 희어 여인 같았다. 희롱하여 음란한 짓을 하자 인어가 다정히 웃기를 마치 정이라도 있는 듯이 했다. 드디어 바다에 놓아주니 갔다가 다시 돌아오기를 세 차례나 반복한 후에 떠나갔다고 한다.³³

③ 세상 사람들은 물고기 중에 사람같이 생긴 것을 교인鮫人이라 한다. 교인이라는 것은 인어魜魚이고, 인어라는 것은 인어人魚이다. 또 역어鯣魚라고 부르기도 한다. (…) 내가 서호西湖에 살고 있을 때 남옹南翁이라는 이가 있었는데, 다음과 같이 말하였다. "일찍이 배를 타고 거야巨野의 큰 물로 내려가던 중에 물 위에 서 있는 어떤 물체를 보았다. 배를 등지고 십여 보쯤 떨어진 곳에 서 있는데, 머리카락은 매우 윤기가 있으나 땋지 않았고, 피부는 몹시 깨끗하였으나 옷을 걸치지 않았으며, 허리 밑으로는

물 밖으로 나오지 않았다. 손을 모으고 어깨를 늘어트린 채 서 있는데, 열두세 살쯤 되는 예쁜 계집아이였다. 나는 평소에 괴이한 것을 믿지 않았기 때문에 떠다니는 시체가 거센 풍랑으로 세워진 것이라고 생각했는데, 뱃사람들은 크게 놀라 두려워하고 말하지 말라고 경계하며 쌀을 뿌리고 주문을 외우면서 절을 하였다. 배가 점점 다가가자 곧바로 움츠려들며 물속으로 들어가 버렸다. 배가 그곳을 십여 보쯤 지나가자 또 손을 모으고 머리를 풀고 서 있는데, 서쪽을 향하여 있던 것이 동쪽을 향하여 또 사람과 등을 지고 서 있었다." 남옹이 이에 이르러 그것이 살아 있는 물체라고 믿고, 그것이 교인이 아닌가 의심하였다고 나에게 자못 자세하게 말하였다. (…) 또 일찍이 들은 적이 있다. 어떤 사람이 해서海西에 여행을 갔는데, 빈집에 아름다운 여인과 여러 어린아이가 모두 하얗게 몸을 드러내 놓고 갇혀 있는 것을 보았는데, 그것이 사람이라고 생각하였다. 가까이 가서 교접交接을 하였는데, 행동거지와 정감이 있는 태도가 모두 사람이었다. 다만 말하지 않는 것이 수줍어하는 모습 같았다. 주인이 들에서 돌아와 그것을 삶아 대접하려고 하기에 놀라서 물으니, "물고기입니다."라고 말하였다. 주인에게 청하여 바다에 데리고 가서 놓아주었다. 떠나려고 할 즈음 세 번 돌아보아, 마치 은혜에 감사하면서 사사로웠던 것에 연연하는 듯하였다고 한다.[34]

①글은 18세기 실학자인 한치윤의 『해동역사』에 수록된 이야기이다. 본문에 나오는 인어는 붉은 치마를 입고 머리를 길게 늘어뜨린 부인婦人으로 나타난다. 『자산어보』의 인어 분류에 따르면 다섯 번째 인어에 해당한다. 객관적인 사실을 기록한 역사책에서 인어 이야기를 다루고 있

다. 게다가 위의 이야기는 조선 중기의 권문해가 지은 『대동운부군옥』에도 동일하게 실려 있다. 고려 시대의 인어 이야기가 조선 중기 문헌에도 실리고 조선 후기 학자의 글에도 수록되었다는 사실은 위의 이야기가 비교적 널리 퍼져 있다는 사실을 말해 준다.

②글은 유몽인의 『어우야담於于野談』에 언급되어 있다. 김담령은 17세기 초의 인물로 흡곡 현령을 지낸 바 있다. 어부가 잡은 인어는 사람과 똑같은 형상이다. 수염이 나 있는 데서 알 수 있듯 남자 인어도 있다. 또한 어부가 잡은 인어와는 교합을 하기도 하였다. 중국 문헌에 기록된 인어와 동일하다. 「푸른 바다의 전설」은 이 이야기를 바탕으로 제작된 드라마이다.

이옥의 글인 ③에 이르면 인어는 열두 살쯤 되는 예쁜 여자아이로 나온다. 앞의 인어는 치마를 입었으나 『백운필白雲筆』에서는 옷을 걸치지 않았다고 했다. 긴 머리카락과 깨끗한 피부, 옷을 입지 않은 채 허리 밑으론 물 밖으로 나오지 않은 모습은 흡사 오늘날 인어공주 이미지와 똑 닮았다. 또 다른 인어는 사람과 모습이 똑같아 인간과 교접을 한다. 작가는 교인이 눈물을 흘리면 구슬이 되고 베를 짠다는 이야기는 미덥지 않지만, 바다에 교인이 있고 교인이 사람과 유사하다는 점은 믿을 만하다고 적었다.

위의 기록에서 보듯, 조선 시대 문헌에 보이는 인어는 교인의 이미지를 갖고 있었으며 남녀 인어가 있었다. 인어는 물고기이면서 인간의 모습을 갖춘 존재로 묘사되었다. 그로 인해 어부들은 인어를 잡으면 죽이기를 꺼렸다. 주로 특정한 이미지 중심으로 소개되던 인어의 형상은 조선 시대에 이르면 야담을 중심으로 서사가 보태졌다. 무엇보다 작가가 인어 목격자에게서 직접 전해 들은 이야기를 기록함으로써 인어의 실체에 신빙성을 부여하였다. 인어는 단순히 상상의 존재가 아니라 바다에 실제로 존재하는 대상으로 인식되고 있었다.

특별히 『백운필』에 보이는 인어는 오늘날 인어공주의 이미지와 비슷한 모습으로 나타나고 있었다. 단순히 중국의 교인 이미지를 전해주던 모습에서 벗어나 직접 경험한 인어가 등장하였다.

근세의 인어 이미지

근세에 이르러 인어 이야기는 사라진 것 같지만 그렇지 않다. 서양의 인어공주에 밀려 우리의 인어는 잊힌 듯 보이지만 우리나라 곳곳에는 인어 이야기가 계속 전승되고 있었다. 필자가 우리나라 곳곳을 답사하고 구비문헌 자료들을 찾아본 결과 인어 서사는 전 지역에서 고르게 퍼져 있었다. 지금까지 수집한 인어 관련 서사 가운데 몇 개를 소개하기로 한다

- 장봉도는 옛날부터 어장으로 유명한 곳이다. 우리나라 삼대 어장의 하나로 손꼽던 곳이다. 옛날 어느 때인지는 잘 알 수는 없어도 장봉도 날가지 어정에서 어느 어민이 그물을 낚으니 인어 한마리가 그물에 걸려 나왔다. 그들은 말로만 전해 들었던 인어가 나오자 깜짝 놀라 자세히 보니 상체는 여자와 같이 모발이 길고 하체는 고기와 흡사하다. 뱃사람들은 그 인어를 측은히 여기고 산채로 바다에 다시 넣어주었다 한다. 그 뱃사람들은 수삼 일 후 그곳에서 그물을 낚으니 연 삼일 동안

이나 많은 고기가 잡혀 이는 그 인어를 살려준 보은으로 고기를 많이 잡게 된 것이라 여기고 감사하였다고 전한다.

• 먼 옛날 인어의 나라 미란다에는 아름다운 황옥 공주가 살았는데, 황옥 공주가 자라자 어머니는 머나먼 무궁국의 은혜 왕에게 황옥 공주를 시집보낸다. 인어에서 인간의 모습으로 변한 황옥 공주는 은혜 왕의 왕비로 살아가지만, 고향과 가족 생각에 그리움이 쌓여간다. 이를 안타깝게 바라보던 은혜 왕은 황옥 공주에게 말한다. "그대의 할머니가 주신 황옥을 달빛에 비추면 그대의 나라가 보일 것이오." 황옥 공주는 매일 달에 황옥을 비춰보며 인어로 변해 동백섬 근처를 헤엄쳤다고 한다. 황옥 공주가 김수로왕과 결혼한 허황옥 왕비라는 설도 있다.

• 전라남도 여수시 삼산면 거문리의 거문도 사람들은 매일 새벽 1시에서 3시경 사이에 주로 신지께여 부근으로 삼치 미기리(줄 낚시)를 나갔다고 한다. 그런데 흐린 날은 틀림없이 조금 먼 곳에서 보면 물개 같은 형상이고, 가까운 곳에서 볼 때는 분명히 머리카락을 풀어헤치고 팔과 가슴이 여실한 여인이 나타났다고 한다. 하체는 물고기 모양이었지만 상체는 사람 모양을 한 하얀 인어가 분명했다고 한다. 특히, 달빛 아래서의 모습은 말로 형언할 수 없을 만큼 아름다웠다고 한다. 섬사람들은 그 인어를 신지께, 신지끼 혹은 흔지끼라고 불렀다. 신지께는 전라남도 여수시 삼산면의 거문도, 동도, 서도 세 섬으로 둘러싸인 내해에서는 나타난 적이 없고, 녹사이 같은 섬 밖에서만 출현했다고 한다.

- 옛날 도초도에 명씨 한 사람이 있었는데 오십이 넘도록 장가를 못 들고 짚신을 팔며 혼자 살았다. 어느 날 부둣가를 걸어가는데, 사람들이 인어 한 마리를 잡아서는 잡아먹으려 하고 있었다. 눈물을 흘리는 인어를 보고 측은한 마음이 든 명씨가 열닷 냥에 인어를 사서는 바다에 띄워주었다. 5, 6년 후 인어가 나와 명씨에게 옥동자를 주고 갔다. 명씨가 아이를 잘 키우던 어느 날, 권세 있고 돈 많은 사람들이 명씨 조상의 묘 위에 토장을 하는 것이었다. 힘없고 가난한 명씨가 말을 못하고 끙끙대자, 아이가 이유를 묻더니 곧바로 그 사람들에게 달려가 따졌다. 그래도 말을 듣지 않자, 아이가 주문을 외웠는데 그 사람들의 처소가 풍비박산이 났다. 아이가 그 사람들을 혼내어 쫓았다. 그 아이는 이후 도승지까지 올랐다. 지금도 명씨의 후손을 인어의 후손이라고 한다.

- 울산에 있는 춘도는 원래 고기의 눈처럼 동그랗게 생겼다 해서 목도目島였다. 옛날 마음씨 착한 어부가 이 섬에 살고 있었는데 고기잡이를 하다가 인어를 낚았다. 상반신이 사람이고 하반신이 고기였는데, 인어를 잡으면 아주 부자가 된다고 했지만, 어부는 눈물을 뚜둑뚜둑 흘리는 인어를 잡을 수가 없었다. 다른 어부들의 만류에도 불구하고, 착한 어부는 인어를 놓아주었다. 인어는 자꾸 돌아보며 바다로 들어갔는데, 사실 동해 용왕의 공주였다. 아버지에게 착한 어부의 이야기를 하자, 용왕은 데리고 오라고 하여 어부는 용왕국에 가게 되었다. 융숭한 대접을 받고 돌아갈 때가 되었는데, 공주가 따라나선다는 것이었다. 용왕은 공주와 어부가 살 만한 때 묻지 않은 땅을 마련해주었는데, 그것이 지금의 춘도섬이다.

- 옛날 귀덕 앞바다에는 전설의 아름다운 인어人魚가 살고 있었다. 인어는 낮에는 마을 사람들 눈을 피해 바다 속에서 헤엄치며 놀다가 해가 지고 어둠이 짙게 깔리면 마을 앞 방파제 역할을 하는 '여(물속에 잠겨 있는 바위)'에 올라와 지친 심신을 풀었다. 마을 사람들은 이런 인어의 존재를 알고 있었지만 피해를 준 적이 없었기 때문에 눈에 띄더라도 보지 못한 척 하며 평화로운 관계를 유지하였다. 그러던 어느 날, 늘 그랬던 것처럼 바다 속에서 여유롭게 헤엄치며 놀던 인어에게 시련이 닥쳤다. 자신보다 몸집이 큰 물고기들의 갑작스런 습격을 받게 된 것이다. 가까스로 근처의 '여'로 몸을 피했지만, 살펴보니 온몸이 상처 투성이었다. 아직은 날이 밝아 마을사람들의 눈에 띠면 어쩌나 싶었지만 그대로 두면 상처가 더 깊어질까 걱정되었다. 인어는 마을 앞에 흐르는 깨끗한 용천수로 가서 상처를 얼른 씻고 오기로 결심했다. 아픈 몸을 이끌고 현재의 굼둘애기물에 도착한 인어는 주위를 둘러보지도 못한 채 급하게 용천수에 몸을 던지고 목욕을 하며 상처를 씻는 데 열중했다. 마침 용천수 주변에서 빨래를 하던 마을 사람들은 상처를 씻는 인어를 보고 깜짝 놀랐지만 여느 때와 마찬가지로 모른 척해주었다. 상처를 모두 씻고 바다로 다시 돌아가려고 몸을 돌릴 때서야 주변에 마을사람들이 있었다는 사실을 안 인어는 자신을 보고도 보지 못한 척 해준 마을 사람들의 따뜻한 마음과 배려를 느끼고 그들을 향해 고맙다는 인사를 올리고 바다 속으로 사라졌다. 그 후로 신기하게도 이 용천수에 몸을 씻은 사람들은 잔병이 없어졌다고 한다. 그때부터 사람들은 물오리가 고기를 잡기 위해 바다 속으로 재빠르게 들어간다는 뜻의 '굼둘애기'를 상처를 씻고 바다로 사라진 인어의 모습과 흡사

하다고 하여 이 용천수를 '굼둘애기물'이라고 부르기 시작했다고 한다.

위에서 보듯이 오늘날까지 전해지는 인어 전설은 상반신은 인간이고 하반신은 물고기이며, 젊고 어여쁜 여인의 모습을 지니고 있다는 점에서 서양의 인어공주 이미지를 많이 닮았다. 인어공주를 비롯한 안데르센 동화가 이미 일제시대에 들어왔다는 점을 생각하면, 인어공주가 지금의 인어 전설에 영향을 주었을 가능성을 배제하기 어렵다. 예컨대 인천의 장봉도 인어 전설이나 동백섬의 황옥 공주 전설은 필자가 아무리 애를 써도 해당 기사가 나오는 고대 문헌 자료를 찾을 수가 없었다. 직접 현지에서 도움을 요청해보았지만, 옛 문헌에 전해지는 기록은 없었다. 다만 비문에 새겨져 있거나 백과사전에 기록되어 있을 뿐이었다. 그렇다면 그와 같은 전설이 그리 멀지 않은 근대에 만들어졌을 가능성이 있으며, 서양의 인어공주 영향을 완전히 배제할 수가 없는 것이다.

그렇지만 우리나라의 인어가 서양 인어의 영향을 직접 받았다고 말하기도 어렵다. 장봉도 인어는 교인의 이미지에서 그리 벗어나 있지 않으며 황옥 공주는 허황옥 왕비와 연결되고 있다. 게다가 서양의 인어에는 인간에게 두려움을 주는 적대적 존재가 많다. 예컨대 세이렌은 뱃사람을 노래로 유혹하여 죽음에 이르게 하는 존재였다.

세이렌이 처음 등장하는 『오디세이아』에서는 세이렌이 어떤 모습인지 정확히 묘사되어 있지 않다. 후에 잠깐 반인반조半人半鳥의 모습으로 그려지다가, 점차 반인반어半人半魚의 모습으로 자리 잡았다. 맘즈베리의 앨드헬름이 쓴 책에서는 "뱃사람들이 몹시 두려워하는 괴물 스킬라는 세이레니스처럼 처녀의 머리와 젖가슴을, 바다표범의 배와 돌고래의 꼬리를 지니고 있다. 한편 세이레네스는 뱃사람들을 속여 넘기지만 바다표범에 둘러싸여 있는 스킬라는 오로지 자신의 육체적인 힘으로 불행한 조난자들의 배를 부숴버린다는 큰 차이점이 있다."라고 한 기록이 보인다.

그러나 우리의 인어는 인간과 우호적인 관계를 맺고 있었으며, 인간의 삶에 깊숙이 개입하고 인간에게 매우 친근한 존재였다. 전설에 나오는 인어들 역시 모두 인간과 가까운 관계를 맺고 있다.

인어의 형상이 남녀 구분이 없다가 점차 젊고 아리따운 여자의 이미지로 바뀌고 물고기에서 인간의 형상으로 바뀐 것은 인어 이미지가 서사적으로 전승되면서 환상성과 낭만성을 첨가했기 때문으로 보인다. 특히 거친 바다에서 살아가는 어부들이 인어 서사를 만들어내었기에 젊고 아리따운 인어의 형상이 선호되었을 것이다. 인어가 점차 인간의 모습을 분명하게 갖추게 되면서 거친 바다에서 살아가는 존재에 맞게 눈물로 구슬을 만드는 단순한 능력에서 벗어나 바다와 물고기를 제어하는 능력을 갖추게 되었을 것이다. 실제로 오늘날 전승되는 인어 전설에는 눈물로 진주를 만들어 준다거나 비단을 선물로 주는 초기 인어의 특성이 사라지고 없다.

인간과 더불어 살아가는 우리의 인어

오늘날까지 전승되고 있는 인어 전설을 검토해 보면 다음과 같은 특징이 드러난다.

첫째, 인어 서사는 모두 바닷가 지역을 중심으로 전 지역에서 고르게 전승되고 있다. 인어 이야기가 전해지고 있는 지역을 차례대로 살펴보면 인천 장봉도, 부산 동백섬, 여수시 거문도, 신안군 팔금면, 울산의 춘도, 제주도 등 바다로 둘러싸인 전 지역에 걸쳐 있다. 인어가 물속에서 살기에 당연한 현상일 수도 있겠지만 육지 지역에도 강물이 있다. 하지만 현재까지 인어 서사가 전해지는 곳은 강가 지역이 아닌 바닷가가 압도적으로 많았다. 인어는 입으로만 전해질 뿐 실체를 본 사람이 없는 신비한 존재이다. 그런데 강가는 지역민들에겐 구석구석까지 잘 알려져 있다. 따라서 신비롭고 환상적인 특성을 지닌 인어의 속성상 지역 주민에게 익숙한 강물보다는 미지의 바닷가에서 인어 서사가 전승되기에 더 적합했을 것이다.

둘째, 오늘날까지 전승되는 인어는 서양의 인어공주 이미지와 흡사하다. 지금까지 기술했듯, 본래 우리나라의 인어는 중국의 문헌으로부터 유입되어 교인 이미지를 중심으로 전승되었다. 인어는 물고기와 인간의 경계가 불분명했으며, 남자도 있었고 여자도 있었다. 때로는 인간과 적극적으로 교류하기도 하면서 홀아비나 과부의 교합交合 대상이 되기도 했다. 또 사람에 의해 잡아먹히고 기름으로 쓰이기도 했다. 그렇지만 오늘날에 전승되는 인어는 대개 예쁜 여인의 형상이며 인어공주의 이미지를 닮았다. 장봉도 인어는 상체는 여자와 같이 머리가 길고 하체는 물고기 모양이다. 동백섬의 인어는 아예 공주 출신이다. 거문도의 신지끼 역시 상체는 사람 모양이고 하체는 물고기이다. 그 모습은 형언할 수 없을 만큼 아름답다. 울산 춘도의 인어도 상반신은 사람이고 하반신은 물고기 모습이었으며, 동해 용왕의 공주였다. 제주도의 인어도 아름다운 여인으로 나타난다. 애초의 인어는 남녀 구분이 없었으며 물고기의 이미지가 더 강했다. 그렇지만 점차 인어는 아리따운 인어의 이미지로 바뀌어 갔다. 오늘날까지 전승되는 인어는 상반신은 사람이고 하반신은 물고기인 아름다운 젊은 여인의 모습을 지녔다. 게다가 공주인 인어도 있어서 인어공주라 불러도 손색이 없다.

셋째, 인어는 은혜를 갚을 줄 아는 존재로 나타난다. 장봉도 인어와 거문도의 신지끼 인어는 고기를 많이 잡게 해주고, 폭풍이 오면 미리 알려준다. 춘도의 인어공주는 착한 어부와 함께 살 작정을 한다. 도초도의 인어는 옥동자를 선물한다. 제주도의 인어는 용천수에 몸을 씻는 사람들의 잔병을 없애준다. 인어는 인간에게 보은을 하는 착하고 마음 따뜻한 존재로 등장한다. 애초의 인어는 눈물로 만든 진주나 물에 젖지 않는 비단을 선물하여 인간에게 은혜를 갚았다. 후대로 내려오자 은혜를 갚는 이미지는 그대로 전승되면서 그 능력이 훨씬 강화되었다. 그리하여 고기도 잡게 하고 잔병도 없애주고 아기까지도 준다. 인간에 비해 약하고 힘없던 이미지가 보다 강력하고 능력 있는 존재로 바뀌어간 것이다. 초기 물고기 모습에 가까웠던 인어가 인간의 이미지가 한층 강화되면서 그 능력도 강화되어 초월적이고 신비한 능력을 발휘하게 된 것으로 보인다.

정리하자면 우리나라 전설의 인어는 일반적인 신화, 설화에 나오는 여성 주인공과는 다른 모습을 갖는다. 고난의 수용, 인내와 희생이라는 정형화된 틀을 넘어, 진주 눈물과 젖지 않는 비단을 만들어내는 생산력을 갖고 있다. 인간에게 해를 끼치지 않고 인간과 더불어 살아간다. 생산력과 친숙함을 아울러 지니고 있는 것이다. 이러한 인어는 서양의 인어와도 분명히 차별되는 모습이다.

인어 아저씨에서 인어 아가씨로

처음에 중국의 문헌에서 유입된 인어 이미지는 조선 중기까진 주로 정운의情韻義로써 한시에서 종종 활용되었다. 교주, 교초, 교실에 특정한 상징이 얹혀 시인들의 한시에서 관습적으로 사용되어 온 것이다. 특히 교주와 교초, 교실은 유선 작가들뿐만 아니라 일반 유학자들도 상징어로써 즐겨 사용했다. 그러다가 조선 중기 이후엔 한시보다는 야담집에서 적극 수용되어, 풍부한 서사를 갖춘 채 전승되었다. 이 시기에 이르면 예쁜 인어와 사람과의 만남이 강조된다. 오늘날에 이르러 인어 이야기는 바닷가를 중심으로 전 지역에서 골고루 전승되고 있다. 인어는 아저씨나 부인婦人의 이미지를 벗고 어여쁜 여인이나 공주의 이미지로 바뀌어 있었다.

인어의 이미지가 아저씨에서 아가씨로 변모되는 과정에는 그 사회의 요구가 반영되어 있다고 본다. 톰슨S.T.Thompson이 지적한 바와 같이 전설이나 민담은 특정한 시공간 속에서 그곳의 지역성, 사회적 연관성, 역사적 변화의 영향을 받는다. 인어 서사를 기록한 작가가 남성이라는 점도 눈여겨보지 않을 수 없다. 곧 인어 이미지의 변모에는 그 시대를 살아가는 인간들의 사유 체계가 개입되어 있으며 특히 조선 시대의 유교적 가치관, 남성 중심의 이데올로기와의 연관성을 고려해보아야 한다. 인어 이미지의 변모 양상을 그 사회의 사고방식과 연결해 이해하면, 평범한 현상 너머에 숨어 있는 인간의 욕망 문제까지 들여다볼 수 있을 것이다.

이제 서양의 인어 이미지와 동양 인어의 형상과 특성을 비교함으로써 인어를 문화콘텐츠로 활용하는 문제를 모색해 볼 차례이다.

대립과 공존의 경계, 서양의 인어들

앞에서 동양의 인어가 고금을 막론하고 일상과 문화에 다양한 모습으로 나타나고 변화한 양상을 살펴보았다. 그렇다면 인어는 동양과 서양이 각기 어떤 차이를 지니고 있는지를 살펴보기로 한다.

서양의 인어, 공포와 두려움의 대상

오늘날 '인어'하면 일반적으로 안데르센의 『인어공주』를 떠올리는데 그 모태는 스코틀랜드 신화의 인어이다. 하지만 현존하는 가장 오래된 인어 관련 기록은 기원전 천 년 경 아시리아의 인어 이야기다.

아시리아의 여왕 세미라미스의 어머니 아타르가티스 여신은 유한한 생명을 지닌 목동을 사랑했으나 그를 죽이고 만다. 부끄러움을 느낀 그녀는 물속으로 뛰어들었고, 물고기의 형상으로 바뀐다. 그러나 그녀의

현존하는 가장 오래된 인어 이야기의 주인공 '아타르가티스'

아름다움은 사라지지 않았고, 이후 그녀는 가슴 윗부분은 인간의 모습을, 하체는 물고기의 모습을 갖게 되었다.

그리스 전설에 따르면 알렉산드로 대왕의 여동생 데살로니케도 죽은 후 인어가 되었다. 그녀는 에게해Aegean Sea에 살았으며 선원들과 마주치면 다음과 같이 질문했다고 한다. "알렉산드로 대왕은 살아계신가?" 이때 선원들은 다음과 같이 대답해야만 했다. "그는 살아 계시고 영원히 통치하신다." 다른 대답을 하면 그녀는 격노하여 고르곤으로 바꾼 뒤, 선원들을 죽였다고 한다.

인어공주의 모태로 알려진 세이렌Siren은 본래 반인반조의 모습이었다. 그리스 신화에 등장하며, 아름다운 인간 여성의 얼굴에 독수리의 몸을 지녔다. 독일 신화의 로렐라이Lorelei 또한 반인반조의 바다 요정으로, 아름다운 목소리로 뱃사람을 유혹하여 배를 조난당하게 했다.

아일랜드에서는 메로우Merrow라는 인어가 있다. 겉모습은 인어와 비

「율리시스와 세이렌」, 175.9cm×213.4cm 유화
출처 : 하버트 제임스 드레이퍼(1909)

숫하며 여성은 아름다운 반면 남성은 못생겼다고 한다. 이 인어가 나타나면 폭풍이 일어났기 때문에 뱃사람들에게는 공포의 대상이었다. 여성 메로우가 인간 남자와 결혼해 아이를 낳는 경우도 있는데, 태어난 아이 발에는 비늘이 있고 손가락에는 작은 물갈퀴가 있다고 한다.

스코틀랜드와 바르샤바의 인어

인어공주의 실질적인 모티브는 스코틀랜드의 인어 전설에서 유래했다. 스코틀랜드 근해 아이오나섬에 아름다운 인어가 살았는데 성자인 신부를 매일 찾아왔다. 인어는 성자를 사랑했는데, 자신들에게 없는 영혼을 갖고 싶어서였다. 성자는 영혼을 가지려면 바다를 버려야 한다고

바르샤바 올드타운과 마르키에비치 다리 위에 있는 시레나 인어상

조언했다. 그러나 인어는 바다를 버릴 수 없어서 절망의 눈물을 흘리며 돌아갔다. 인어는 다시 오지 않았지만, 인어가 흘린 눈물은 쑥색의 조약돌이 되어 남아있다고 한다.

폴란드 바르샤바는 인어의 도시로 불린다. 인어 신화로 도시가 만들어졌으며, 시민들은 인어가 자신들을 지켜준다고 믿고 있다. 바르샤바에 얽힌 인어 이야기는 두 가지이다. 옛날 바르스Wars라는 어부가 샤바라 불리는 인어를 잡았다. 둘은 부부의 연을 맺고 아이를 낳고 살다가 바다를 잊지 못한 샤바가 바다로 돌아감으로써 결국 헤어지고 말았다. 바르샤바라는 명칭은 두 부부의 이름을 따서 만들어진 이름이라고 한다.

또 하나는 시레나syrena 인어에 관한 이야기다. 시레나는 바르샤바 구시가지와 비스와 강가에 칼과 방패를 든 용감한 모습으로 서 있는데, 여기에는 다음과 같은 전설이 있다. 바르샤바의 인어 시레나는 아름다운 노래로 어부들의 고기잡이를 방해했다. 어느 날 한 장사꾼이 구경거리로 삼을 생각으로 인어를 잡았다. 인어가 살려달라고 애원하자, 어부의 아들인 스타쉑이라는 젊은 청년이 불쌍히 여겨 인어를 놓아주었다. 이후로 인어는 사람들에게 은혜를 갚기 위해 오늘날까지 무장한 채로 바르샤바를 지키고 있다고 한다.[35]

폴란드 초등학교 교과서에는 이와 비슷한 이야기가 실려 전한다. 폴란드 교과서에 실린 전문을 옮겨본다.

옛날에, 아무도 이렇게 소란스럽고 큰 바르샤바 도시가 생겨날 것이라고는 꿈에도 생각지 못하던 그 때에, 비수와 강변에 숲으로 둘러싸인 작은 어부 촌이 있었습니다. 멀지 않은 곳에 작은 강이 있었고, 그 곳에 인어가 살고 있었습니다. 달이 뜨는 날 밤이면 인어는 주위에 살고 있는 주민들에게, 누구도 그 마력magic을 거부할 수 없는 아름다운 노래를 불러 주었습니다. 하지만 인어는 물고기처럼 아주 날렵했기 때문에, 아무도 그녀를 본 사람이 없었습니다. 아주 작은 풀잎 스치는 소리도 그녀를 매우 놀라게 했고, 누구든 그녀에게 다가가려고 할 때, 눈깜짝할 순간에 깊은 강물 속으로 사라져 버렸습니다. 엄청나게 운 좋은 사람들만이 단지 인어의 은빛 꼬리를 보는 큰 행운을 얻었습니다.

어느 날, 스와보미르Slawomir와 지에므비트Ziemowit라는 두 명의 어부가 인어를 잡고자 했습니다. 어떻게 해야 할지 몰라서, 우선 보이치어흐Wojciech 라는 수도사(은둔자)를 찾아가서 조언을 구했습니다. 수도사는 모든 사람이 존경하는 아주 지혜로운 백발 노인이었습니다. 인어를 잡기 위한 방법을 생각해 내는 데 그리 오랜 시간이 필요하지 않았습니다. 보름달이 하늘에서 환하게 비추는 날 밤에 어부들에게 말했습니다.

"강으로 가라! 반드시 꽃이 만발한 린덴linden 나뭇가지로 몸을 숨겨야만 해. 린덴 꽃 향기는 강해서 인어가 사람이 가까이 오는 것을 느끼지 못할 거야. 덤불 속에서 기다렸다가 인어가 밖으로 나오면, 성수를 뿌려둔 버드나무 가지로 만든 그물을 던지자. 이런 그물은 어떤 마력에도 걸려들지 않게 돼. 인어를 묶어 그녀를 체르섹Czersek 영주에게 데리고 가서 노래하게 하자. 그녀를 노예로 만들기 위해서는, 그녀의 노랫소리를 듣지 않도록, 우리 귀를 왁스로 꽉 막아버려야만 해."

그들은 그대로 했습니다. 첫 보름달이 뜨던 날 밤에, 그들은 덤불 속에 숨어서 인어를 기다렸습니다. 갑자기 물에서 신비로운 형상이 드러났습니다. 반은 여자, 반은 물고기……. 예쁜 얼굴과 길고 까만 머리카락을 가진……. 그리고, 그 다음에 아주 아름다운 노래를 부르기 시작했습니다. 그런데, 두 사람의 어부와 수도사는 그 노래 소리가 들리지 않았습니다. 그래서 인어 노래의 마력에 걸려들지 않을 수 있었습니다. 그들은 덤불에서 뛰어나와 그물을 던져, 인어를 강 언덕으로 끌어 올렸습니다.

아침이 되면 영주에게 데리고 가고자 결정했습니다. 마을로 데리고 가고 싶지 않아서, 그녀를 감시할 사람을 찾아야 했습니다. 지에므비트는 시골로 가서 스타시stas라는 목동을 데리고 왔습니다. 그는 아침까지 인어를 똑바로 지키고 있어야 했습니다.

스타시는 인어와 남았고 그녀를 돌보았는데, 인어가 무척 딱하게 보였습니다. 얼마 동안 그녀는 매우 조용했습니다. 그런데 인어가 갑자기 크고 슬픈 눈으로 목동을 바라보았습니다. 그리고 노래하기 시작했습니다. 스타시는 마술에 딱 걸렸습니다. 그리고 그녀의 부탁에 따라 그녀를 그물에서 풀어서 놓아 주었습니다. 인어는 습한 풀숲을 지나 물속으로 쏙 들어갔습니다. 그녀가 충분히 안전한 거리로 멀어졌을 때, 돌아보며 소리쳤습니다.

"너를 사랑했었어, 비수와강 언덕아. 당신들을 사랑했었어요, 선하고 단순한 사람들. 당신들의 삶이 달콤하도록 당신들을 위해 노래를 했습니다. 그런데, 당신들은 나를 잡아서 영주를 위해 노래를 부르도록 하려고 했습니다. 하지만, 난 노예가 되어 명령에 따라 노래하지 않을 것입니다. 차라리 비수와 강 물결에 뛰어들겠습니다. 그리고 난 오직 강물 소리로만 당신들에게 기억이 될 것입니다."

이렇게 말하고 인어는 비수와강 깊은 곳으로 사라졌습니다. 스타시는 오직 떠오르는 햇빛 속에서 은빛 인어꼬리만 봤을 뿐입니다. 수년 후에,

그곳 어부 마을에는 지금까지도 인어를 존중하고 아끼는 도시가 생기게 되었습니다.[36]

폴란드 사람들은 어린 시절부터 인어 이야기를 들으며 자란다고 한다. 시레나는 후에 바르샤바의 수호신으로 바뀌었지만, 처음엔 요술과 노래로 어부들을 홀리는 존재였고 인간들은 인어를 잡아 돈벌이를 생각할 정도로 서로의 관계가 우호적이지는 않았다.

서양의 인어는 동양의 인어에 비해 상대적으로 불운이나 불행과 관련되어 있었다. 브라질의 엔칸타도는 사람들에게 병을 내리거나 정신이 미치게 만들며 때로는 사람들을 죽게 했다. 러시아의 루살카 인어는 사람들을 유혹하여 간지럽혀 죽였고, 독일의 로렐라이 인어는 세이렌으로 변하여 아름다운 노래로 지나가는 선원들을 유인하여 죽였다.[37] 특히 뱃사람들에게 인어는 공포의 대상이었으며, 화를 돋우지 말아야 할 신적인 존재였다. 서양의 인어는 인간을 위협하고 인간과 섞이지 않는 존재였다. 이에 대해 도로시 디너스테인은 "미노타우루스나 인어와 같은 반인반수는 인간이 동물과 다르면서도 같다는 고대인들의 분명한 생각을 보여준다."라고 말한다.

동양과 서양 인어의 차이들

서양의 인어 이야기를 바탕으로 동서양 인어의 차이를 생각해 보았다. 첫째, 동서양의 인어는 인간들과의 관계에서 큰 차이를 드러낸다. 다

그런 건 아니지만 상대적으로 서양 신화의 인어는 인간에게 공포와 두려움을 심어주는 존재였다. 실상 안데르센의 인어공주도 인간들에게는 금기의 대상이기에, 자신의 신분을 노출시킬 수 없었다. 이로 인해 왕자와의 사랑은 끝내 비극적으로 끝나고 말았다. 아마도 서양의 고대인들은 인어와 바다를 동일시하여 인어를 바다의 신으로 간주한 듯하다. 그러면서 바다의 거친 이미지와 반대되는 여성으로 인어를 상징화하여 바다에 대한 정복 욕망을 상징적으로 드러낸 것으로 보인다.

반면 동양의 인어는 인간과 친연성이 강하다. 홀아비는 교인을 아내 삼고, 과부는 교인을 남편 삼아 교인을 키우고 데리고 산다. 인어는 인가人家에 머물며 비단을 짜서 팔며 숙박비로 눈물 진주를 줄 정도로 선량한 마음을 갖고 있다. 교인은 인간에게 해를 끼치는 존재가 아니라 인간과 더불어 살아가는 존재였다. 또 일본 신화 속의 야오비구니나 평안도의 낭간이 먹은 인어는 인간을 불로장생하게 하는 존재였다.

거문도의 신지끼나 장봉도의 인어는 폭풍이 오면 미리 알려주고, 어부가 풀어주면 은혜를 갚고자 고기가 많이 잡히도록 도와준다. 춘도의 인어 역시 생명을 구해준 은혜에 보답한다. 춘도의 인어 이야기는 다음과 같다.

울산에 있는 춘도는 원래 고기의 눈처럼 동그랗게 생겼다 해서 목도目島였다. 옛날 마음씨 착한 어부가 이 섬에 살고 있었는데 고기잡이를 하다가 인어를 낚았다. 상반신이 사람이고 하반신이 고기였는데, 인어를 잡으면 아주 부자가 된다고 했지만, 어부는 눈물을 뚜둑뚜둑 흘리는 인어를 잡을 수가 없었다. 다른 어부들의 만류에도 불구하고, 착한 어부는 인어를 놓아주었다. 인어는 자꾸 돌아보며 바다로 들어갔는데, 사실 동해 용왕의 공주였다. 아버지에게 착한 어부의 이야기를 하자, 용왕은 데리고 오라고 하여 어부는 용왕국에 가게 되었다. 융숭한 대접을 받고 돌아갈 때가 되었는데, 공주가 따라나선다는 것이었다. 용왕은 공주와 어부가 살 만한 때묻지 않은 땅을 마련해주었는데, 그것이 지금의 춘도섬이다.

- 『한국구비문학대계』 8-12, 161-164쪽.

서양은 바다에 대한 공포심이 인어에 대한 부정적 신화와 전설로 진행된 반면, 동양은 바다에 대한 공포심보다는 외경심이 더 컸던 것으로 보인다. 이는 서양이 자연을 정복의 대상으로 인식한 반면, 동양에서는 자연을 조화와 상생의 대상으로 인식한 데서 기인한 것으로 보인다. 하지만 더 근본적 이유는 서양은 인간을 완벽한 존재로 바라보고 변종은 악당이나 괴수 이미지로 소비해온 역사와 관련이 있다고 본다. 인어는 반인반어의 변종이므로 인간보다 열등한 존재로 인식하고 부정적 형상으로 묘사했을 것이다. 반면 동양에서 기기묘묘한 동물은 신화시대부터 인간과 공존하고 섞이며 살아왔다. 동양은 『산해경』에 나타나는 숱한 기이한 생명체를 자연스럽고 익숙하게 받아들여 왔다. 나아가 조선조 인어에 나타난 순종적이고 신의를 지키는 이미지는 남성의 시선에 의해 만들어진 여성상과도 관련이 있을 것이다. 조선조에서 글을 기록한 작가층은 남성 지식인층이었기에 여성 인어의 형상에도 유교의 여성 덕목을 투영했으리라 쉽게 짐작할 수 있다.

둘째, 서양의 인어가 돌연변이 개체라면 동양의 인어는 인간과 다름없는 종족이었다. 서양의 인어들은 대체로 죽어서 인어가 되었거나 반인

인어의 신적 존재이다. 그들은 사회를 구성하면서 살아가는 존재가 아니라 돌연 인간 세계에 나타난 낯선 존재였다. 따라서 그들의 생존 방식은 인간의 삶에 기생하며 그 삶을 방해하며 살아갔다.

그러나 동양의 인어는 저인은 저인국에, 교인은 바닷속에, 해인어는 바다 한가운데 살면서 그들 나름의 사회를 영위해갔다. 인간과 생활 방식이 다르긴 하나, 엄연히 한 사회를 꾸리며 살아가며 인간들도 그들의 방식을 인정했다. 나아가 서로 적극적인 교류를 하기도 했다. 서양이 자연과 인간, 신과 인간의 분리를 꾀해 왔다면 동양은 자연과 인간을 합치시키려 했던 전통과도 관련될 것이다.

셋째, 서양의 인어는 신적인 강력한 힘을 갖고 있으나 동양의 인어는 인간에 비해 약하고 힘없는 존재였다. 동양의 인어는 사람에 의해 잡히고, 먹히고, 기름으로 쓰이기도 했다. 『백운필』에는 주인이 돌아와 교접한 인어를 삶아주려 하기에 만류했다는 이야기가 나오고 『동사강목』과 『사기』에는 인어를 짜서 기름을 사용했다는 기록이 있다. 평안도 영명사와 일본에선 인어를 잡아먹고 수백 년을 살았다는 이야기도 있다. 처음에 동양의 인어는 신비한 능력을 가진 존재가 강조되나 후대로 내려오면서 힘이 약화되는 것을 볼 수 있다. 이는 뒤에서 얘기하겠지만 동양의 유교적 논리가 크게 작용한 것으로 보인다.

문화콘텐츠에서 인어 서사의 경쟁력

서양의 인어는 오늘날처럼 예쁘고 애잔한 매력을 지닌 존재가 아니었다. 인간의 삶을 방해하고 두려움을 주는 부정적 존재였다. 그러나 서양의 인어는 부정적 이미지에서 출발하여, 중성적 이미지, 환상적 이미지, 수호신적 이미지로 끊임없이 재생산되었다. 심지어 인어의 부정적 이미지마저 마케팅 전략으로 사용되어 효과를 톡톡히 거두었다. 안데르센의 『인어공주』는 전 세계적으로 다양한 분야에서 콘텐츠에 활용되고 있다. 반면 동양의 인어는 인간과 매우 친근한 존재였음에도 오늘날 일반인은 물론 연구자들도 그 존재에 대해 아는 것이 별로 없다. 동양의 인어도 서양 인어 못지않게 인어 고유의 충분한 매력을 갖고 있다고 본다. 오늘날 인어 서사가 문화 산업에서 충분한 경쟁력을 갖추고 있다고 판단되는 이유는 다음과 같다.

첫째, 인어는 반인반수半人半獸이다. 인간들은 익숙한 것에는 친근함을 느끼는 반면 낯선 존재에겐 두려움과 호기심을 갖는다. 경험 너머의 존재에 대해 두려움을 느끼면서도 한편으로는 강렬한 매력을 느낀다. 인어는 반은 인간이고 반은 물고기의 모습을 갖고 있다. 인어는 두려우면서도 친근하며, 낯설지만 호기심을 돋운다.

둘째, 인어는 바다를 보금자리로 한다. 세계는 물과 땅으로 이루어져 있으며 인간들은 땅에 산다. 바다는 인간들이 정착할 수 없는 미지의 세계이다. 그래서 바다는 동경의 대상이기도 하고, 두려움의 대상이기도 하며, 신비의 대상이기도 하다. 한편으로 바다는 인간의 경험으로는 알 수 없는 세계이기에 무궁한 상상력을 발현할 수 있는 환상의 세계이기도 하다. 『별주부전』, 『심청전』 등 환상성을 지닌 옛이야기에는 바다가 있고 용궁이 등장하고, 온갖 바다 생물들이 등장한다. 바다 세계에 대한 인간들의 호기심은 지금도 끊임없이 이어오고 있다. 바다에서 살아가는 인어에 대한 각종 이야기는 무한한 상상력의 보고寶庫이다.

셋째, 인어는 파괴적 남성성과 치유적 여성성을 동시에 갖고 있다. 신화와 전설 속의 인어는 대체로 여성이다. 여성은 연약함, 아름다움, 부드러움을 상징한다. 인어는 이러한 보편적인 여성성을 지니고 있으면서도 인간을 굴복시키는 힘과 능력을 갖추고 있다. 아리따운 모습과 멋진 노래로 남성들을 유혹하여 죽음에 이르게 하고 폭풍을 일으킨다. 이 양면성은 매우 매력적이다. 파괴적 힘 때문에 거리를 유지해야 하나, 아름다운 여성성 때문에 가까이하고 싶은 존재가 바로 인어다.

반인반어半人半魚인 인어의 양면성은 인간들에게 큰 매력을 주었고, 많은 관심을 받도록 했다. 그리하여 인어 이야기는 동서양을 막론하고 친근하면서도 신비로운 존재로써 신화와 전설 속에서 등장해 왔다. 그러나 서양의 인어는 오늘날 더욱 아름다운 모습으로 살아나 많은 사람의 사랑을 받고 있는 반면 동양의 인어는 가뭇없이 사라지고 말았다.

오늘날은 상상력이 문화의 원천이고 힘이 되는 시대다. 동양의 인어는 서양의 인어 못지않은 서사와 매력적인 콘텐츠를 지니고 있다. 깊은 바닷속에서 잠들고 있는 인어를 깨워 땅으로 나와 인간과 조우하게 해야 할 때다. 인어에 대한 각종 관련 문헌과 자료를 바탕으로 동양적인 인어 이야기를 되살린다면 서양의 인어공주와는 사뭇 다른 흥미로운 서사 구조를 만들어낼 수 있다. 예를 들어 인어 아저씨와 인간 여자의 아름다운 사랑 이야기, 한 인간이 우연히 인어 왕국에 들어가 겪게 되는 모험담, 인간 남자를 사랑하여 몰래 비단을 짜고 진주 눈물을 흘려 도와주는 인어와 인간의 로맨스 등을 생각해 볼 수 있다.

또 지나가는 사람의 별 흥미도 끌지 못한 채 세워져 있는 부산 동백섬의 황옥 공주 인어상이나 인천 장봉도 인어상 등을 문화콘텐츠로 잘 활용할 수 있도록 서사 구조를 흥미롭게 만들 필요가 있다. 테마파크 설립이라든가, 지역 문화 사업 개발, 캐릭터 산업 등도 차근차근 관심을 가져볼 문제이다.

그렇다면 다음 장에서는 인어 서사의 문화콘텐츠 가능성에 대해 구체적으로 검토해 보기로 한다.

2장

인어의 문화콘텐츠 현황과 스토리텔링 전략

인어의 문화콘텐츠 현황과 가능성

문화 산업 시대의 인어 콘텐츠

　오늘날은 상상력이 문화의 원천이고 힘이 되는 시대다. 동아시아 인어는 서양 인어 못지않은 풍부한 서사를 지니고 있으며 다양한 특성을 갖고 있다. 인어 이야기는 대중성이 높은 콘텐츠이다. 더불어 인어는 바다에 살기에 무한한 상상력이 가능하다. 따라서 인어 서사는 문화콘텐츠의 성공 가능성이 매우 높은 소재이다. 잠들고 있는 인어를 깨워 오늘날 다시 인간과 조우하게 해야 할 때다. 지금까지 교인에 대한 각종 관련 문헌과 자료를 바탕으로 동양적인 인어 이야기를 되살린다면 서양의 인어공주와는 사뭇 다른 흥미로운 서사 구조를 만들어낼 수 있다. 인어 이야기는 현대에서 재해석될 수 있는 가능성을 충분히 갖고 있다. 무엇보다 『인어공주』가 전 세계적으로 널리 알려져 있다는 점에서, 인어 이야기는 문화콘텐츠로써 매우 매력적인 요소를 지니고 있다. 그림책이나 동화, 뮤지컬, 애니메이션 등의 문화 산업에 인어 이야기는 다양하게 활용될 수 있는 요소를 지니고 있다. 그럼에도 아직까지 국내에선 큰 성공을 거둔 사례가 드문 까닭은, 우리에게도 인어 서사가 있다는 사실을 잘 인지하지 못하고 안데르센의 『인어공주』 이미지에 길들여진 탓도 크다고 본다.

다행스럽게도 우리 사회도 21세기 문화 산업의 시대로 전환되면서 고전 서사의 부가가치를 깊이 인식하고 있다. 이에 발맞추어 산업 기술뿐만 아니라 문화 차원에서도 고전의 문화콘텐츠 가능성에 주목하고 있다. 몇몇 연구자를 중심으로 고전의 문화콘텐츠 작업을 시도하고 있으나 이제 걸음마 단계라고 할 수 있다. 고전 소설과 시가, 구비 문학 등을 중심으로 진행되는 고전의 문화콘텐츠 작업에, 인어 서사도 역할을 할 수 있다고 본다. 이에 각 세계에서 인어가 어떻게 문화콘텐츠로 활용되고 있는지 그 양상을 확인해 보고 우리 인어 서사의 문화콘텐츠 가능성을 정리해 보기로 한다.

서양의 인어 콘텐츠 현황

서양의 경우 다양한 인어들은 새롭게 부활하여 다양한 분야에서 콘텐츠화에 성공했다. 인어공주는 본래 긴 머리와 아름다운 노랫소리로 뱃사람을 유인하는 부정적 이미지의 존재였으나, 안데르센에 의해 낭만적 서사가 덧입혀지면서 사랑과 헌신의 이미지로 탈바꿈했다.

인어공주가 오늘날 얼마나 많은 언어로 번역되고, 얼마나 활발히 문

스타벅스 세이렌 로고

화 산업의 콘텐츠로 활용되고 있는지는 굳이 췌언을 필요로 하지 않는다. 덴마크의 코펜하겐에는 약 80cm밖에 되지 않는 작은 인어공주 동상을 보기 위해 매년 100만 명 이상의 관광객이 찾아온다. 『인어공주』는 연극, 영화, 뮤지컬 등 제반 분야에서 콘텐츠로 활용되고 있다. 코펜하겐은 2005년 안데르센 탄생 200주년을 맞아 더욱 적극적인 인어공주 마케팅을 실시했다. 그 결과 1990년대에 비해 관광산업은 두 배 이상 성장하였고, 크루즈 산업은 세 배 이상 성장하였다.

스타벅스는 세이렌 인어의 유혹 이미지를 활용한다. 로고에 뱃사람을 유혹하던 세이렌을 그려 넣음으로써, 지나가는 손님들을 유혹하고 끌어들이겠다는 마케팅 전략을 세웠다. 스타벅스의 홈페이지에는 "노르웨이 목판화에 나오는 세이렌이라는 인어를 심벌로 선택하였습니다."라는 문구를 써서 노르웨이의 목판화에서 세이렌의 이미지를 가져왔다고 밝히고 있다. 뱃사람을 죽이던 부정적 이미지의 세이렌이 마케팅을 통해 우호적 이미지로 탈바꿈한 것이다.

폴란드의 인어는 샤바 혹은 시레나인데 수호신이라는 상징을 담아 바르샤바의 여러 문장_紋章_과 상징물에 용맹한 모습으로 재현되어 있다. 폴란드 사람들은 자신을 인어의 후예로 생각하며, 힘들고 고달팠던 역사의 피해 경험을 인어로 위안받는다고 한다. 시레나는 뮤지컬, 관광상품 등 다양한 분야에서 활용되고 있다.

월트디즈니사의 인어공주는 안데르센 인어공주를 주요 모티브로 삼되, 디즈니사 특유의 결말로 새로운 인어공주의 모습을 탄생시켰다. 비극적 결말 대신에 환상적인 해피엔딩으로 각색한 애니메이션은 오늘날 인어공주의 또 다른 모습으로 널리 알려져 있다. 이 이야기를 바탕으로 디즈니사는 거대한 놀이공원을 세웠고, 세계 곳곳에 놀이공원을 퍼뜨렸다. 특히 일본의 도쿄디즈니랜드 중 도쿄디즈니씨_Tokyo Disney Sea_는 놀이공원 자체를 인어공주 이야기 테마로 삼아 만들었다. 도쿄디즈니씨의 입구에는 표면에 물이 흘러내리는 거대한 지구본 '아쿠아 스피어_Aqua Sphere_'가 세워져 있다. 도쿄의 푸른 바다를 옆에 끼고 바다 신화를 바탕으로 꾸민 도쿄디즈니씨를 상징한 것이다. 일곱 개 테마관 모두 환상적이고 행복한 인어공주 이야기를 바탕삼아 꾸며 놓았다.

미국 뉴욕의 코니아일랜드_Coney Island_에선 매년 여름 인어 퍼레이드 축제를 개최한다. 1983년에 시작해 지금까지 해마다 열리는 지역축제로, 매년 올해의 왕과 여왕을 선발한다. 축제가 시작될 때쯤이면 행사에 참가하기 위해 백만 명에 가까운 사람들이 코니아일랜드로 향한다.

1899년 작곡된 드뷔시의 「Trois Nocturnes」에는 세 번째 파트에 '사이렌_Sirènes_'이 있다. 곡은 세이렌과 바다의 신비롭고 환상적인 분위기를 담고 있다. 여성 합창곡으로 인어가 노래하는 듯한 느낌을 받는다.

동양의 인어 콘텐츠 현황

2009년에 개봉한 일본의 애니메이션 「벼랑 위의 포뇨」는 '미야자키 하야오판 인어공주'로 알려져 있다. 소스케라는 소년을 좋아하는 인어 포뇨가 우여곡절 끝에 바다를 벗어나 사람이 된다는 줄거리이다. 배경을 현대 일본으로 가져오고 애니메이션 기법으로 덧입히긴 했지만, 이 작품은 안데르센의 『인어공주』를 변용한 것으로 평가받는다. 미야자키 하야오 감독이 『인어공주』를 모티프로 하지 않았다고 해명했음에도 불구하고 많은 평론가와 관객들이 『인어공주』를 쉽게 연상하는 것은 안데르센의 『인어공주』가 워낙 깊이 각인되어 있는 탓이다.

미야자키 하야오 감독은 인터뷰에서 "기본적으로 「벼랑 위의 포뇨」는 한 어린 소년에 관한 단편적인 이야기에서 시작됐다. 『인어공주』가 모

2009년 개봉한 미야자키 하야오 감독의 애니메이션 「벼랑 위의 포뇨」

티프란 말도 있지만 그건 영화를 만들어가면서 유리병에 든 금붕어 포뇨를 소스케가 발견하는 내용 등이 추가된 것이다."라고 밝혔다. 그러면서 「벼랑 위의 포뇨」의 모티브는 안데르센의 『인어공주』가 아니라 일본 민담 「우라시마 타로」라고 주장했다. 그러나 애니메이션이 상영되자 많은 평론가는 「벼랑 위의 포뇨」가 『인어공주』 서사와 만나는 지점이 많다고 지적했다.

중국은 2016년에 개봉한 주성치의 코미디 영화 「미인어」가 인어를 활용한 대표적인 문화콘텐츠이다. 「미인어」는 청정해역인 '청라만'을 지키기 위해 주인공 인어가 자기중심적인 부동산 재벌에게 접근하면서 사랑에 빠지는 과정을 코믹하게 담아낸 로맨틱 코미디다. 영화에 등장하는 인어들은 『산해경』에서와 같이 하나의 부족을 이루고 있다. 가벼운 코미디극에 생태 환경 보호라는 진지한 주제 의식을 곁들여 흥행에 크게 성공했다. 한국의 녹스 게임즈에서는 영화의 판권을 사서 영화를 바탕으로 한 스토리를 만들어 웹게임인 '미인어'를 서비스하기도 했다.

우리나라에서는 다른 인어 서사보다 신지끼에 대한 활용이 비교적 활발했다. 2012년엔 프랑스의 샤를 드모 감독이 국내 최초 3D 홀로그래픽 사운드를 활용한 「신지께 여 인어 이야기」를 만들어 여수 엑스포에서 전시했다. 영상이 성공하자 여수시는 웹드라마인 「신지끼」를 제작하였다. 여수 밤바다의 아름다움에 취한 신지끼가 빅오의 여신을 만난 후 7일간 인간이 되어 여수 관광지를 배경으로 거리의 악사와 '꿈꾸는 첫사랑'을 펼치는 이야기로, 총 22분 분량의 웹시리즈 4편으로 구성됐다.

거문도에는 인어 해양 공원이 조성되어 있다. 2011년에 완공한 공원은 인어 전설이 담긴 서도리 녹산 등대를 탐방할 수 있는 돌담 산책로

중국 영화 「미인어」

온라인게임 「미인어」

여수엑스포 상영영화 「신지끼 여 인어 이야기」

등 1.5.km를 개설하고 탐방로 주변 절벽 위에 4.5m의 청동 인어상을 설치하였다.

  2016년 제작된 드라마 「푸른 바다의 전설」은 인어를 소재로 만든 드라마이다. 『어우야담』에 나오는 인어 이야기를 모티브로 만들었다. 눈물을 흘리면 진주가 되는 인어의 특성을 활용하고 있으며, 육지에 올라온 인어와 인간 남자의 사랑 이야기를 다루었다.

이같이 동양 인어의 이미지를 활용한 콘텐츠가 간혹 제작되었지만, 인어 콘텐츠를 제대로 활용하고 있다고 보기는 어렵다. 대체로 지역의 공간마다 인어 동상을 세워 놓았을 뿐이다. 게다가 동상들은 대체로 인어공주 이미지를 모방한 느낌이라서 밑에 작은 글씨로 쓴 스토리를 읽지 않으면 안데르센의 인어공주 동상을 모방해서 만들었다고 생각하는 사람이 많다. 경쟁력 있는 문화콘텐츠 방안을 고민해 보아야 하리라 본다.

인어의 문화콘텐츠 가능성

덩그러니 놓여 있는 동상 하나를 세워 놓고 방치하는 것이 아니라 제대로 된 인어 문화콘텐츠를 만들려면 어떻게 해야 할까? 이에 다음과 같은 문화콘텐츠 가능성을 제안해 본다.

첫째, 다양한 영상미디어를 활용한 콘텐츠화이다. 기존에도 시도되었던 방법이긴 하지만, 좀더 다양한 방법으로의 콘텐츠화가 가능할 것이다. 원형 서사 그대로의 작업도 가능하고, 이미지의 차용을 통한 현대적 변용도 가능하다. 안데르센의 『인어공주』의 경우 지금까지 영화는 물론 애니메이션, 웹툰, 뮤지컬, 게임, 연극, 무용 등 다양한 매체로 끊임없이 재생산되고 있다. 인어 서사도 무용과 뮤지컬, 웹툰과 게임으로의 활용이 가능하다. 인어 서사를 다양한 매체에서 활용하기 위해서는 먼저 서양의 『인어공주』와는 차별되는 우리의 인어 이미지와 서사를 활용하고 창조할 필요가 있다. 예컨대 인어공주가 아닌 인어 아저씨를 떠올려 볼 수 있으며, 서양의 인어 서사에는 없는 인어의 눈물로 만든 구슬인 교

인어를 소재로 한 드라마 「푸른 바다의 전설」

주와 인어가 만든 비단인 교초를 적극 활용하는 것도 생각해 봄직하다. 또 동양에는 인어 왕국이 존재하므로 인어 왕국에서 벌어지는 서사도 개발할 필요가 있다. 나아가 서양의 『인어공주』가 지고지순한 이미지를 갖고 있다면, 21세기에는 달라진 시대상에 맞게 적극적이고 진취적인 인어상을 구현해 보는 것도 좋은 방법이다.

세계적으로 문화콘텐츠로 성공한 서사를 검토해 보면, 공통되는 지향가치는 용기와 우정, 신의, 진실 등이다. 우리나라의 인어 서사를 살펴보면 인어는 이들 요소를 두루 지니고 있다. 인어 장군인 설운은 용기를 지녔고, 여수와 인천, 제주도와 동해 등에 나타나는 인어는 신의와 우정, 진실 등을 보여주고 있다. 이는 전 세계인들이 함께 추구하고 공감하는 가치이다. 이를 적극적으로 브랜드 가치로 삼아, 인어에 대한 다양한 영상 콘텐츠를 제작하면 세계인들이 공감하는 매력적인 결과물을 생산해 낼 수 있을 것이다.

둘째, 음악 분야에서의 콘텐츠화이다. 인어의 진주 눈물은 시조와 가야금 산조에도 이어졌고 대중가요의 가사에도 녹아들었다. 또한 드뷔시의 곡처럼 클래식곡으로 탄생하기도 하였다. 동양 인어의 다양한 특성과 이미지를 음악으로 구현한다면, 신비한 동양의 인어 신화를 전 세계에 소개하는 좋은 기회가 될 것이다. 국악이나 정통 클래식, 대중음악과 뮤지컬 음악 등 다양한 분야에서 인어의 이미지와 지향 가치를 활용할 수 있을 것이다. 『춘향전』의 고향인 남원시의 경우 2009년 11월 『로미오와 줄리엣』의 고향 이탈리아 베로나시와 각종 정책교류를 위해 MOU를 체결하였다. 이 협약을 통해 『춘향전』을 비롯한 우리의 국악이 이탈리아의 오페라 페스티벌에 진출할 수 있는 교두보를 마련한 것으로 평가받고 있다. 『춘향전』을 바탕으로 국악의 해외 진출이라는 성과를 이루어낸 것이다. 인어를 소재로 한 서사 역시 이와 같은 작업을 통해, 우리의 전통 신화를 소개하고 홍보하는 방안을 마련할 수 있을 것이다. 특히 K-pop이 세계적으로 대중음악의 흐름을 주도하고 있는 만큼, 대중 가사에 우리의 인어 서사를 활용한다면 참신함을 얻을 수 있으리라 본다.

셋째, 지역 공간의 콘텐츠화이다. 각 지역에 덩그러니 놓여 있는 인어 동상을 중심으로, 인어 서사를 적극적으로 활용한 지역 문화 사업 개발이 이루어져야 한다. 처음에는 스토리가 사람들을 찾아가지만, 후에는 사람들이 스토리를 찾아올 수 있는 공간을 조성해야 한다. 지역 축제에서 성공하기 위해서는 대개 여섯 가지 요소가 구비되어야 한다고 한다. 그 요소는 다음과 같다.

- 축제 기획 요소의 특성화 : 지역 축제가 경쟁력을 갖춘 축제로 생존하기 위해서는 분명한 자기만의 색깔이 있는 축제로 기획되어야 한다.
- 축제 주제의 개발 : 독창적이면서 누구나 쉽게 이해할 수 있는 주제를 선정해야 한다.
- 축제의 지속적인 평가 : 지역축제방문객조사를 통해 관광객 기대와 만족도를 높일 수 있는 기획 요소를 파악하여 차기 축제에 피드백 feedback시키려는 노력이 필요하다.
- 축제공간의 한계성 극복 : 축제공간은 축제를 한층 더 신비스럽고 매력적인 연출의 무대로 축제 방문객에게 비춰야 한다.
- 지역축제의 브랜드 개발 : 축제 자체가 그 지역을 방문의 주목적이 되는 것으로 축제 자체가 목적지화되어야 한다.
- 지역축제의 관광 메시지 개발 : 지역축제는 축제의 소재를 발굴하여 자원화뿐만 아니라 상품화시켜 시장에서 무엇을 어떻게 전달할 것인가라는 메시지를 전달하는 것이 중요하다.

인어 서사를 테마로 한 지역 축제 기획은 이들 요소의 많은 부분을 충족시킨다. 그러므로 인어 서사를 적극적으로 활용하여 지역축제를 하고 인어 체험을 하는 등 인어 서사가 살아 숨쉬는 공간으로 만들어야 한다. 인어 전설이 있는 지역에서 인어 축제를 개최하여 각 지방의 역사와 그에 얽힌 스토리 등을 홍보하면, 다양한 체험이 가능하다. 인어 변장, 인어 수영대회, 물고기 잡기 체험, 인어 비단 짜기, 인어 구슬 모으기 등 재미있는 프로그램들이 기획될 수 있다.

테마파크를 조성할 때 인어 서사를 테마로 구성하는 방법도 있다. 도

제주도 굼둘애기물

쿄의 디즈니랜드는 인어공주를 모티프로 하여 조성되었다. 즉 아리엘의 궁전이라는 테마와 소재로 궁전과 놀이시설 등 각종 시설을 갖추었다. 그렇다면 우리나라에서 인어 테마파크를 만들려면 어떤 방법을 고려해 볼 수 있을까?

예컨대, 제주도의 굼둘애기물에는 인어가 마을의 약숫물에서 상처를 치료하고 마을을 향해 고맙다고 인사를 했다는 전설이 있다. 그러나 필자가 처음 굼둘애기물을 조사했던 2010년 경에는 막상 그 장소에 가면 안내판이나 표지판도 없어서 인어 전설의 존재조차 알 수 없었다. 2019년에 인어 동상을 세워 제막식도 하였고, 간단한 설명이 적힌 조각도 있어서 그나마 인어 전설이 담긴 곳이라는 것은 알 수 있다. 이 인어상을 중심으로 지역의 명소로 만들 계획도 밝혔다.

그러므로 굼둘애기 축제를 연다든가, 주변에 굼둘애기 기념관을 만드는 등 인어 신화 체험을 할 수 있는 공간을 만들어야 한다. 인천의 장봉도 인어상, 부산 동백섬의 황옥 공주 인어상도 그 지역 주민들조차 인어의 내력을 모른 채 동상만 덩그러니 놓여 있다. 인어 동상의 의미를 홍보할 수 있는 방법을 고민해야 한다.

각 지역의 인어가 지닌 고유 이미지를 잘 브랜드화하여, 지역 브랜드화하는 방법도 있을 것이다. 인어라는 상상적 가치를 강조하거나 인어가 주는 우호적 이미지를 지역과 연계하여 효과적으로 담아낼 수 있는 지역 홍보물도 만들어낼 수 있다. 인어 비단, 인어 구슬 등 다양한 인어의 물건을 매개로 지역 경제를 활성화하는 전략도 필요하다.

포스트 휴먼 시대
인어의 스토리텔링 가능성

포스트 휴먼의 도래와 고전 신화의 가치

앞에서 동서양 인어 이야기의 문화콘텐츠 활용 양상을 살피고 인어의 문화콘텐츠 가능성에 대해 생각해 보았다. 이제 포스트 휴먼 시대를 맞아 인어 이야기가 지닌 가치를 생각해 보고 인어 서사의 문화콘텐츠 스토리텔링 구현 방안을 구체적으로 고민해 보려 한다. 포스트 휴먼은 오늘날 중요한 문화 철학적 담론으로 부상하고 있는 사상적 조류로써 인간중심주의에서 벗어나 인간과 비인간의 관계를 묻는 철학적 운동이다. 따라서 인간과 동물의 경계에 있는 인어의 현재성을 탐구하기 위해서는 포스트 모던 시대에 인어 신화가 갖는 의미를 먼저 고민해 볼 필요가 있다.

바야흐로 오늘날 세상은 이성과 합리성을 토대로 하는 근대 인간을 넘어 포스트 휴먼의 시대를 맞이하고 있다. 이에 따라 기계와 인공지능으로 대표되는 신인류의 시대에 과거를 다루는 고전 서사가 어떤 역할을 할 수 있는지에 대한 고민도 깊어 가고 있다.

하지만 흥미롭게도 오늘날 각종 문화콘텐츠에서는 고전 서사가 원천소스로 빈번히 활용되고 있다. 소재적인 차원에서부터 각색과 변용, 패러디에 이르기까지 그 활용 양상도 다양하다. 그 가운데 신화의 활용이 두드러지는데 인간의 본질, 인간의 근원적 욕망을 담고 있는 신화의 세계관이 오늘날에도 여전히 소통하며 현대인의 욕망을 잘 반영해주고 있기 때문이라고 본다. 신화로부터 출발한 인어는 사람과 물고기의 경계에 있는 존재로 이른바 혼종성과 다종성의 특성을 갖고 있다. 이러한 특성은 과거에는 주변인, 비주류의 영역에 머물러 있었으나 포스트 휴먼은 주변인으로서의 인어의 특성이 중심으로 들어오게 한다. 인어가 품은 주변성과 여성 서사는 문화콘텐츠가 중요해진 오늘날 고전문학의 소재 확장에도 큰 도움이 되리라 믿는다.

그렇다면 먼저 포스트 휴먼에 대해 짚어보겠다. 포스트 휴먼은 과학기술을 통해 기존의 인간형에서 새롭게 진화된 인간인 탈인간, 신인류를 뜻한다. 21세기의 포스트모더니즘은 근대의 특징인 중심 지향과 이분법을 해체하고 탈이념, 탈중심, 탈경계, 탈이성, 다양성 등을 추구한다. 이에 더하여 4차 산업 혁명이라 할 인공지능과 사이보그, 빅데이터 등의 기술혁신이 이루어지면서 인간 역시 전통적인 인간형에서 기술이나 기계와 결합한 새로운 인간형의 출현을 예고하고 있다. 인간과 자연, 자연과 인공, 인간과 기계가 결합된 포스트 휴먼은 새롭게 향상된 인간형이며 전통적 인간에 대한 새로운 정의와 이해를 요청한다. 그리하여 포스트 휴먼은 인간중심주의에서 벗어나 기계, 동물, 물질 등과 어떻게 공존할 것인가를 고민한다. 포스트 휴먼 시대가 가져올 인간의 미래에 대한 다양한 시선 가운데 남성 중심의 서사가 무너질 것이라는 견해가 있다. 로버트 페페렐은 『포스트 휴먼의 조건』에서 종래의 남성 중심의 휴머니즘은 억압과 착취를 낳았으며, 포스트 휴먼은 이를 소멸시키는 방향으로 나아간다고 주장한다. 나아가 그는 포스트 휴먼은 인간이 어떻게 살아야 하는가의 문제, 곧 환경, 동물, 인간들 간의 관계를 어떻게 설정할 것인가를 고민한다고 주장한다.

포스트 휴먼 시대가 탈중심, 탈경계, 탈남성주의를 지향하며 환경과 동물, 인간들 간의 관계를 새롭게 정립한다는 사실은 신화의 가치를 떠올리게 한다. 신화는 신적인 이야기를 기반으로 한다. 신화가 지닌 환상성, 현실을 초월한 세계, 각종 기이한 생명체의 등장이라는 특징은 합리성과 이성을 특징으로 하는 근대 세계에선 소외되어 왔다.

그러나 포스트 휴먼 시대 신화의 상상력은 문화 산업의 첨병이 될 것이라는 기대를 갖게 한다. 신화는 문화콘텐츠 분야에서 상당히 매력적인 잠재성을 갖고 있다. 실제로 오늘날 신화를 각색한 문화콘텐츠가 전 세계적으로 다양한 분야에서 활용되고 있다. 널리 알려진 영화 산업만 보더라도 전 세계적인 열풍을 일으킨 「반지의 제왕」은 게르만 신화를 다룬 것이고 「해리포터와 마법사의 돌」은 켈트 신화의 마법 이야기를 다룬 것이다.

신화는 시간과 공간을 초월한 인간의 본질을 담고 있다. 오랜 시간을 거치면서 대중이 검증한 보편적인 서사를 지녔으며 저작권의 침해를 받지 않는다는 점도 신화가 문화콘텐츠에서 갖는 유리한 조건이다. 신화가 지닌 문화콘텐츠의 잠재력은 신화의 본질과 특성을 잘 이해하고 매체의 특성에 맞게 전략적으로 계획할 때 성공적으로 이루어질 것이다. 그와 같은 점에서 신화에서 출발한 인어 서사는 포스트 휴먼 시대에 부합하는 문화콘텐츠로서의 성공 가능성을 풍부하게 지니고 있다. 인어 신화는 전설과 설화로 퍼져나갔으며 인어 관련 각종 화소는 관용어로 굳어져 각종 시가에서 관습적으로 활용되었다. 후대의 인어와 관련한 각종 문헌 기록은 인어 신화에 기반을 두고 있다. 이에 인어 서사의 문화콘텐츠 가능성을 살피고 그 구체적인 구현 방안까지 제시해 보고자 한다.

인어의 문화콘텐츠 성공 전망

인어 이야기는 오늘날 문화콘텐츠 활용 가능성에서 상당히 매력적인 요소를 갖고 있다. 인어는 안데르센의 『인어공주』가 전 세계적으로 알려져 있어서 친밀도가 매우 높다. 그러면서 서양의 인어와는 변별되는 동양 신화 고유의 인어 이미지를 갖고 있어서 익숙하면서도 새롭게 각색할 수 있다는 장점이 있다. 특히 인어는 다음과 같은 면에서 문화콘텐츠로서의 성공 가능성이 상당히 높다.

첫째, 인어 이야기는 여성이 주인공이다. 동양의 신화는 서왕모가 등장하는 도교 신화를 비롯해 마고 신화, 인어 신화 등이 여성을 주인공으로 한다. 근대 시대엔 문화 장르에서 주인공 역할은 대부분 남성이 맡았다. 여성은 남성을 돕는 조력자이거나 보조적 역할에 머물렀다.

그러나 포스트모더니즘 시대가 도래하면서 남녀평등이라는 시대적

흐름과 맞물려 여성 단독 주인공의 캐릭터가 점차 늘어가고 있다. 과거의 여성 캐릭터가 순종적이고 소극적인 캐릭터에 머물렀다면 포스트 휴먼 시대의 여성 캐릭터는 남성과 대등한 혹은 남성을 뛰어넘는 강인한 여전사 이미지를 요청하고 있다. 세계적인 인기를 끈 영화 「어벤져스」의 캡틴 마블이나 블랙 위도우, 원더우먼, 뮬란 등이 여성 영웅 캐릭터이다. 드라마를 비롯한 많은 문화콘텐츠에서도 여성 주인공인 콘텐츠가 경쟁력을 갖추고 있다. 지금까지 인어 캐릭터는 안데르센의 『인어공주』 이미지의 영향 아래 있었지만 앞으로 인어는 포스트 휴먼에 적합한 강인하고 주체적인 여성 캐릭터로 각색될 필요가 있다. 그것은 전통 시대에 남성 중심의 시선에 따라 대상화된 소극적인 여성 캐릭터를, 지금의 관점으로 다시 들여다보아 현대의 여성상에 맞게 새롭게 각색하고 재창조하는 일이기도 하다.

둘째, 인어의 반인반어 특성도 포스트 휴먼의 조건과 부합한다. 근대는 인간이 만물의 척도였다. 인간은 가장 완벽한 존재였으며 인간과 다른 형상은 열등한 존재로 취급받았다. 그리하여 인간과 다른 형상의 생명체는 괴수로 불리거나 혹은 부정적인 존재로 인식되었다.

하지만 포스트 휴먼 시대엔 기존의 전통적인 인간에서 벗어나 기술이나 기계와 결합한 이른바 변종의 인간형이 중심이 된다. 포스트 휴먼은 기술적 수단을 통해 인간의 신체와 마음을 향상시키는 새로운 인간형을 뜻하기도 하지만, 전통적인 인간중심주의에서 벗어나 인간이 아닌 다른 비인간적인 존재들과 공존하기를 원하는 새로운 인간형의 정립을 뜻하기도 한다. 얼굴은 인간이고 몸과 다리는 물고기인 인어는 전통적인 관점에서는 인간과 동물의 외형을 반씩 가져온 변종 혹은 괴수이다. 변종은 악당이나 괴물 이미지로 소비되어 왔다.

그러나 포스트 휴먼 시대에는 혼종성, 다종성, 변종이 중심이 된다. 반인반수는 휴머니즘을 지닌, 혹은 따뜻한 인류애를 품은 주인공으로 대접받을 수 있다. 그러므로 인어를 인간보다 열등한 존재로 그리기보다는 새롭게 스토리텔링하여 인간보다 낫거나 탁월한 존재로 묘사할 필요가 있다.

셋째, 인어는 바다에 산다는 점도 문화콘텐츠에서 유리한 요소가 된다. 과거 과학기술이 발달하지 못한 근대엔 바닷속 장면을 구현할 기술력이 없었으나 오늘날은 환상의 세계를 마음껏 구현할 기술력을 갖추게 되었다. 바닷속 세계는 인간들의 발길이 미치지 못한 영역이라서 독자들에게 호기심과 흥미를 일으킨다. 인간들이 가본 적 없는 깊은 바닷속 공간은 신비로운 공간 배경을 보여주기에 최적의 조건을 갖춘 곳이다. 영화「아쿠아맨」에서 구현한 바닷속 환상의 세계가 이를 입증해주고 있다. 나아가 포스트 휴먼 시대엔 지구 환경을 착취하는 인간에 저항하는 주제가 중요해질 것이다. 이러한 점에서 바다에 서식하는 인어는 환경 문제와 연결할 요소가 충분하다.

신화에서 서양의 인어는 공포와 죽음을 가져다주는 존재였다. 그러나 문화콘텐츠로 활용하여 긍정적인 이미지로 재탄생, 전 세계에 확산되었다. 뱃사람을 노래로 유혹하여 배를 좌초시켜 선원들을 죽음에 이르게 하는 세이렌은 스타벅스의 상징물이 되어 모든 사람의 입맛을 유혹하는 신비한 이미지로 바뀌었다. 반면 동양의 인어는 서양의 인어공주 이미지에 눌려 순수하고 약한 여성 캐릭터로 묘사되어 왔다. 이제 포스트 휴먼의 관점에서 스토리텔링을 통해 시대적 요청에 부합하는 새로운 캐릭터로 재창조하는 문제를 고민해 보고자 한다.

인어의 특성과 스토리텔링 가능성

포스트 휴먼 시대에 고전문학의 경쟁력은 문화콘텐츠 분야에서 찾을 수 있다. 다양한 문화콘텐츠를 창작하고 소비하는 과정에서 콘텐츠의 기본이 되는 문화원형이나 소스 콘텐츠가 주목받고 있는데 고전 서사, 그 가운데서도 신화가 가장 대표적인 분야라 하겠다.

산업화 시대엔 매체 환경과 콘텐츠를 제작하는 기술이 중요했다면 과학기술이 판타지 세계를 완벽하게 구현할 수 있게 된 오늘날엔 콘텐츠의 내용, 곧 서사가 중요해졌다. 콘텐츠 배경을 기술적으로 훌륭하게 구현해내도 사람의 감정을 흔드는 스토리가 없으면 그 콘텐츠는 성공하기 어렵다. 아무리 경영과 마케팅을 잘한다 해도 인문적 상상력을 동원해 괜찮은 스토리텔링을 만들어내지 못하면 그 콘텐츠는 실패할 확률이 높다. 그래서 이제는 동물의 왕국과 같은 다큐멘터리라든가 제품을 소개하는 광고에서도 이야기를 결합해서 재미있고 감동적인 서사를 만들어낸다. 자본과 기술력이 없어도 스토리텔링을 잘 구현하면 얼마든지 성공한 콘텐츠 산업을 실현할 수 있다.

신화와 전설을 비롯한 고전 서사 역시 성공한 문화콘텐츠를 만들기 위해서는 스토리텔링을 얼마나 잘 구현하느냐가 관건이 된다. 스토리텔링이란 스토리와 텔링을 합친 말로 이야기를 각 매체의 특성에 맞게 표현하는 것이다. 과거에는 캐릭터만으로도 작품의 성패를 결정지었다면 문화콘텐츠 시대엔 스토리텔링을 제대로 구현하는 능력이 흥행의 성패를 좌우하게 되었다.

인어 서사의 스토리텔링을 위해서는 디지털 매체에 맞게 창작 소재를 잘 각색할 수 있어야 한다. 본고는 인어의 특성을 어떻게 각색/전환하여 스토리텔링으로 구현하면 더욱 성공한 콘텐츠가 될지를 분석해서 각 콘텐츠 분야에서 인어 제재를 흥미롭게 스토리텔링화 하는 데 도움을 주고자 한다. 드라마, 영화, 애니메이션, 게임 등 서사를 필요로 하는 콘텐츠에서 인어를 제재로 삼아 스토리텔링을 할 때 도움이 되는 방향에서 접근해 보고자 한다. 지금까지의 자료 수집을 바탕으로 인어의 형상과 활동 공간, 인어의 능력, 인간과의 관계 등 인어의 특성을 종합 정리하고 이를 바탕으로 인어의 스토리텔링 가능성과 그 방향에 대해 살펴보기로 한다.

1) 인어의 형상과 반인반어의 혼종성

인어 이야기는 동서양을 막론하고 보편적으로 널리 퍼져 있다. 그 가운데 동아시아 인어 서사의 경우, 인어에 대한 동양 최초의 기록은 앞서도 기술한 바 있듯이 도교 신화의 경전이라 할 만한 『산해경』에 전한다. 이외에도 『태평광기』, 『수신기』, 『정자통』, 『박물지』, 『술이기』 등 중국 문헌을 비롯해 『자산어보』, 『어우야담』, 『백운필』, 『대동운부군옥』 등의 각종 국내 문헌과 『한국구비문학대계』 등 구비 자료 및 시문詩文에서 풍부하게 전한다. 일본에서도 인어 관련 설화가 전해지고 있다. 각종 자료에 따르면 인어는 교인鮫人, 능어陵魚, 천선泉先, 천객泉客, 용어龍魚, 저인氐人, 해인海人魚, 적유赤鱬, 제어鯷魚 등으로 불리다 후대엔 주로 인어나 교인으로 일컬었다.

인어와 관련한 자료를 종합해 보면 인어의 외형은 다음과 같다.

- 다시 동북쪽으로 200리를 가면 용후산이 나온다. 정상은 민둥산으로 초목이 자라지 않으며 산 위에는 황금과 아름다운 옥이 많다. 결수決水가 이 산에서 발원하여 동쪽으로 흘러 황하로 들어간다. 그 물속에는 인어가 많이 산다. 인어는 큰 도롱뇽이나 와와어娃娃魚처럼 생겼고 다리가 넷이며 아기 울음소리와 비슷한 소리를 낸다. 사람들이 이 고기를 먹으면 똑똑해지고 병에 걸리지 않는다. -『산해경』

- 역어는 바닷속에 사는 인어다. 눈썹과 귀와 입과 코와 손톱과 머리를 모두 갖추고 있으며, 살갗이 희기가 옥과 같다. 비늘이 없고 가는 털이 오색을 갖추고 있으며 머리카락은 말의 꼬리와 같다. 크기는 대여섯 자이며 몸 또한 대여섯 자이다. -『정자통』

- 해인어海人魚는 동쪽 바다에 있다. 큰 것은 크기가 대여섯 자이며 모습은 사람과 같다. 눈썹과 눈과 코와 입과 머리가 모두 아름다운 여자가 되기에 아무런 부족함이 없다. 살갗은 희기가 옥과 같고 비늘이 없다. 가느다란 털이 있는데 색깔이 가볍고 부드럽다. 길이는 1, 2촌이고 머리카락은 말의 꼬리 같으며 길이는 5, 6척이다. 생식기는 남자와 여자의 것과 다르지 않다. -『태평광기』

- 대제待制 벼슬의 사도査道가 고려에 사신을 가서 날이 저물어 한 산에

머물게 되었다. 모래사장을 바라보니 한 부인이 있었는데, 붉은 치마에 양쪽 어깨를 드러내고 머리는 엉클어져 있었다. 팔꿈치 뒤엔 얼핏 붉은 지느러미가 있었다. 사도가 뱃사공에게 명해서 상앗대를 물속에 던져 부인의 몸이 상하지 않도록 했다. 부인은 물에 닿아 이리저리 움직이다가 몸을 돌려 사도를 바라보곤 손을 들어 절하며 감사해하는 듯하더니 물속으로 들어갔다. 뱃사공이 말했다. "저는 바닷가에 살지만 이것이 어떤 사물인지 본 적이 없습니다." 사도가 말했다. "이것이 바로 인어人魚이다. 사람과 정을 통할 수 있는데 물속에 살면서도 사람의 성질을 가진 족속이다." -『해동역사』

- 김담령金聃齡이 흡곡현翕曲縣의 고을 원이 되어 일찍이 봄놀이를 하다가 바닷가 어부의 집에서 묵은 적이 있었다. 어부에게 무슨 고기를 잡았느냐고 물었더니, 어부가 대답했다. "제가 고기잡이를 나가서 인어人魚 여섯 마리를 잡았는데, 그중 둘은 창에 찔려 죽었고 나머지 넷은 아직 살아 있습니다." 나가서 살펴보니 모두 네 살 난 아이만 했고, 얼굴이 아름답고 고왔으며 콧대가 우뚝 솟아 있었다. 귓바퀴가 뚜렷했으며 수염은 누렇고 검은 머리털이 이마를 덮었다. 흑백의 눈은 빛났으나 눈동자가 노랬다. 몸뚱이의 어떤 부분은 옅은 적색이고, 어떤 부분은 온통 백색이었으며 등에 희미하게 검은 무늬가 있었다. 남녀의 음경과 음호 또한 사람과 똑같았으며, 손가락과 발가락이 있고 그 가운데에는 주름 무늬가 있었다. 이에 무릎에 껴안고 앉히자 모두 사람과 다름이 없었으며, 사람을 대하여서도 별다른 소리를 내지 않고 하얀 눈물만 비 오듯 흘렸다. -『어우야담』

- 세상 사람들은 물고기 중에 사람같이 생긴 것을 교인鮫人이라 한다. 교인이라는 것은 인어魝魚이고, 인어라는 것은 인어人魚이다. 또 역어라고 부르기도 한다. (…) 내가 서호西湖에 살고 있을 때 남옹南翁이라는 이가 있었는데, 다음과 같이 말하였다. "일찍이 배를 타고 거야巨野의 큰 물로 내려가던 중에 물 위에 서 있는 어떤 물체를 보았다. 배를 등지고 십여 보쯤 떨어진 곳에 서 있는데, 머리카락은 매우 윤기가 있으나 땋지 않았고, 피부는 몹시 깨끗하였으나 옷을 걸치지 않았으며, 허리 밑으로는 물 밖으로 나오지 않았다. 손을 모으고 어깨를 늘어트린 채 서 있는데, 열두세 살쯤 되는 예쁜 여자였다. -『백운필』

- 어떤 어부가 투망으로 고기를 잡다가 부인 한 명을 건져 올렸는데, 살진 피부는 희고 윤기가 자르르 흐르며 눈동자가 반짝반짝했다. 머리를 풀어 늘어뜨린 채 어린아이를 등에 업고 있는 것이 사람과 똑같았다. 어부는 놀랍고 이상히 여겨 물속에 다시 놓아주니, 얼굴을 물 밖으로 드러낸 채 수십 보를 가다가 곧 물속으로 들어가 보이지 않았다고 한다. 이것이 과연 교어鮫魚라는 것인가? -『천사섬 신안 섬사람 이야기-섬의 인문학을 위한 스토리텔링』

오늘날 인어를 떠올릴 때면 사람들은 대부분 젊은 여성을 떠올린다. 서양의 인어는 세이렌이나 바르샤바 인어상에서 보듯 젊은 여인이었다. 우리나라 드라마「푸른 바다의 전설」, 중국에서 큰 흥행수익을 기록한 영화「미인어」, 디즈니 애니메이션인「인어공주」등에서 보듯이 서양뿐만 아니라 동양도 인어는 젊은 여성의 이미지에 갇혀 있다. 안데르센의『인어공주』 영향이 워낙에 큰 탓에 인어를 소환할 때면 동서양을 막론하고 으레 공주나 젊은 여인 이미지를 떠올린다. 우리나라 전설에서도 조선 후기의 문헌에는 젊은 여인의 이미지가 자주 나타나고 있다. 이옥의 『백운필』에서는 '열두세 살쯤 되는 예쁜 여자'라고 하고 있으며 신지끼 전설에서는 '머리카락을 풀어헤치고 팔과 가슴이 여실한 여인'으로 표현하고 있다. 인천의 장봉도 인어 전설에서는 머리카락이 긴 여인으로 기록되어 있다. 부산 해운대 동백섬에 전해지는 인어 전설에서는 황옥 공주로 나온다.

하지만 동양 신화에는 위에서 보듯 남녀의 구별이 없었다. 남자도 있으며 어린아이, 젊은 여인, 어른에 이르기까지 다양하게 존재한다. 마지막 인용문에서 보듯이 '어린아이를 등에 업고 있는 부인'으로 인식하기도 한다. 그러므로 인어 이야기를 문화콘텐츠로 활용할 때 굳이 젊은 여성의 이미지에 국한할 필요가 없다. 어린이라든가 젊은 남자, 혹은 아저씨나 부인 캐릭터도 사용할 수 있다. 그런 점에서 일본의 애니메이션인 「벼랑 위의 포뇨」는 어린아이를 인어로 설정하여 참신함을 준다. 하지만 이 작품 역시 평론가들로부터 『인어공주』의 영향이 짙게 드리워져 있다는 평가를 받은 바 있다.

포스트 휴먼과 관련해 인어 형상에서는 반인반어의 혼종성을 주목할 필요가 있다. 인용문에서 보듯 인어는 얼굴은 사람이고 몸과 다리는 물고기 형태인 반인반어의 모습이다. 다리가 있는 인어도 있고 다리 대신에 꼬리가 있는 인어도 있다. 반은 인간이고 반은 물고기라는 인어의 형상은 단순히 흥미나 호기심 차원이 아닌 인간과 동물의 결합이라는 변형된 신체에서 접근할 수 있다. 포스트 휴먼의 관점에서 보자면 인간과 다른 유형의 변형된 신체는 실제로는 과거부터 계속 존재해 왔다고 할 수 있다. 다만 과거의 변형된 신체를 지닌 생명체는 괴수 이미지이거나 인간보다 열등한 존재로 취급받아 왔다. 서양에서 반인반어는 괴물 이미지로 인식되었으며 인간에게 공포와 두려움을 주는 신적인 존재였다.

오늘날 서양에서 일반적인 이미지로 소비되는 젊은 여성의 인어 캐릭터는 『인어공주』의 영향 탓이고 서양 인어의 대표격인 세이렌은 본래 반인반조였다. 서양과 달리 동양의 인어는 한·중·일을 막론하고 사람을 닮은 물고기로 인식하는 경향이 강했다. 그리하여 사람들은 인어를 먹으면 오래 산다든가 인어 기름이 오랫동안 꺼지지 않는다는 등의 속설을 믿고 있었다. 동양에선 인어에 대해 사람을 닮은 물고기로 인식하는 시선과 반인반어의 모습을 한 인간으로 인식하는 시선이 뒤섞여 나타나고 있었다. 그러다 보니 서양의 공포 이미지와 달리 동양의 인어는 인간보다 열등하거나 약한 존재로 인식하는 경향이 강했다. 이에 대해 정재서 교수는 "인성과 동물성을 교호적 관계에서 인식하는 경향이 강했던 고대 중국에서 인어는 수중동물이라기보다 변방의 인종으로 간주된다."고 이야기한다.

한편으로 동양은 서양과 달리 요괴, 괴수, 반인반수 등의 생명체에 대해 두려움과 공포의 존재로 바라보기보다는 인간과 비슷하게 친근한 존재로 여겨온 전통과도 관련될 것이다. 포스트 휴먼 시대의 반인반수의 인어는 향상된 신체로 전환할 필요가 있다.

2) 환상의 인어 공간, 용사궁

이번엔 인어가 사는 공간을 살펴보기로 한다.

- 저인국氐人國이 건목의 서쪽에 있다. 그들은 사람의 얼굴에 물고기 몸을 하고 있으며 다리는 없다. -『산해경』

- 교인蛟人은 곧 천선으로 또 천객으로도 부른다. 남해에는 교인이 짜는 비단이 나온다. 천선은 물속에서 비단을 짜며 한편으로 용사龍紗로 부른다. 그 가격은 백여 금인데, 물에 넣어도 젖지 않는다. 남해에는 용사궁이 있는데 천선이 비단을 짜는 곳이다. -『술이기』

- 능어陵魚는 사람의 얼굴에 손과 발이 있으며 몸은 물고기인데 바닷속에 산다. -『산해경』

인어는 바닷속에 산다.『산해경』에 의하면 인어는 저인국에 산다. 저인국에서 인어들은 인간과 마찬가지로 부족을 이루어 집단생활을 한다.『술이기』에서는 용사궁으로 표현한다. 용사는 인어가 짜는 흰색의 비단으로 물에 빠져도 젖지 않고 찢어지지도 않는다. 인어는 용사궁에서 비단을 짜서 사람들에게 비싼 값에 판다. 저인국의 인어도 용사를 만들어 물에서 나와 사람들에게 판다는 기록이 있다. 이 외에도『태평광기』에서는 동해에 산다고 했으며,『수신기』나『박물지』에서는 남해 물속에 산다고 하였다. 저인국, 용사궁의 존재는 인어가 바닷속에서 종족을 이루고 산다는 점을 말해준다.

인어 관련 자료를 종합해보면 인어는 아이부터 어른까지 남녀가 함께 바닷속 인어들이 사는 공간에서 공동체 생활을 한다. 각종 인어 관련 자료에 등장하는 인어는 인어 공간에서 떨어져 나온 인어가 어부에 의

해 잡히거나 인간들 세계로 찾아온 것이다. 인어가 사는 공간이 바닷속이라는 점은 독자들에게 호기심과 흥미를 불러일으킨다. 과거에는 바닷속 공간을 구현할 만한 기술이 없었지만, 오늘날엔 제작기술이 발전하여 바닷속 세계를 얼마든지 실감나게 구현할 수 있다. 바닷속 세계는 육지에 사는 인간들과 대조되는 공간이라서 극적 긴장을 가져다주는 요소로 활용할 수가 있다.

3) 인어의 다양한 능력들
동양 인어는 다양한 능력을 지니고 있다.

- 남해 밖에 교인이 있는데 물고기처럼 물에 산다. 여러 날 계속해서 비단을 짜는데, 눈물을 흘리면 진주가 나왔다. -『수신기』

- 인어를 기록한 것에는 인어와 교접하면 교접한 사람이 곧바로 죽어버린다고 하기도 하고 홀아비들이 길러서 처로 삼기도 한다고 한다. 황해도의 그 인어는 초나라의 식규, 곧 아내로 삼아도 무리가 없을 것이다. 인어가 능히 베를 짜고 눈물을 흘려 구슬을 만들 수 있다면 응당 정다운 낭군을 위해 두어 줄기 눈물을 아끼지 않았을 터인데, 어찌하여 구슬을 주지 않았을까? -『백운필』

- 미륵국은 일남日南에 있다. 이곳 사람들은 코끼리를 타고 바닷물 속으로 들어가 보물을 가져오는데, 인어의 궁궐에서 지내며 구슬을 얻는다. 이는 인어가 눈물을 흘려서 만든 구슬로, 또한 읍주泣珠로도 부른

다.[38] – 『별국동명기別國洞冥記』

　인어 관련 기록에 따르면 인어는 눈물을 진주로 만들고 물에 젖지 않는 비단을 짜는 능력을 갖고 있다. 인어는 눈물을 흘리면 눈물이 진주가 된다. 「푸른 바다의 전설」에서도 인어 여주인공이 이 능력을 사용했다. 또 물에 젖지 않는 비단을 짠다. 진주는 교주鮫珠로 불리며 비단은 용사龍紗 혹은 교초鮫綃로 불린다. 진주와 비단은 비싼 가격으로 팔 수 있어서 물물교환으로 활용한다. 옛사람들은 인어가 실제로 존재한다고 믿고 있었기에 교주와 용사를 관습적으로 사용했다. 훌륭한 문장이나 아름다운 사물을 상징할 때 교주를 썼고 절대 변하지 않는 사물이나 참 아름다운 옷을 비유할 때면 용사를 사용했다.

　이옥이 쓴 『백운필』에 나오는 인어 관련 기록이 흥미로운데, 인어와 교접을 하면 그 사람은 곧바로 죽어버린다고 기록하고 있다. 안데르센의 『인어공주』에서는 인어공주가 왕자의 사랑을 받지 못하면 물거품으로 변한다. 그런데 동양 신화에서는 정반대로 인어와 사랑을 나누면 그 인간이 죽어버린다. 오히려 인간이 인어를 사랑하면 죽음에 이르는 아이러니가 벌어지는 것이다.

　한편으로 일본에서는 인어를 먹으면 오래 살 수 있다고 생각했다. 일본에서 전해지는 '야오비구니 전설'에서는 인어 고기를 먹은 여성이 나이가 들어도 젊은 피부를 유지하며 팔백 년을 살았다는 전설이 있다. 『산해경』에서는 인어를 먹으면 피곤한 증세가 사라진다는 기록이 있는가 하면 『어우야담』에 나오는 인어 전설에서는 인어의 기름을 얻으면 오랫동안 두어도 상하지 않는다는 내용이 있다. 드라마 「푸른 바다의 전설」에서도 인어의 이 특성에 착안하여, "인어에게서 기름을 취하면 무척 품질이 좋아 오래되어도 상하지 않는다"라며 인어를 잡으려는 장면이 나온다. 이러한 기록들은 인어의 희소성에 바탕을 두고 희소한 것이 몸에 좋다는 관념을 반영한 것으로 보인다.

4) 인어는 요괴인가 친구인가?

다음은 인어와 인간과의 관계를 나타내는 기록이다.

- 해인어는 동쪽 바다에 있는데 큰 것은 크기가 대여섯 척이다. (…) 음부는 남자와 여자의 것과 다르지 않아 바닷가에 사는 홀아비 과부가 자주 잡아서 연못에서 키운다. 정을 통하는 것도 사람과 다르지 않으며 사람을 해치지도 않는다. - 『태평광기』

- 교인(인어)은 물에서 나와 인가에서 머물며 여러 날 계속해서 비단을 팔았다. 장차 떠날 때 주인에게 그릇 하나를 요청했다. 교인이 눈물을 흘리면 구슬이 되는데 쟁반에 가득 차면 주인에게 주었다. - 『박물지』

- 울산에 있는 춘도는 원래 고기의 눈처럼 동그랗게 생겼다 해서 목도目島였다. 옛날 마음씨 착한 어부가 이 섬에 살고 있었는데 고기잡이를 하다가 인어를 낚았다. 상반신이 사람이고 하반신이 고기였는데, 인어를 잡으면 아주 부자가 된다고 했지만, 어부는 눈물을 뚜둑뚜둑 흘리는 인어를 잡을 수가 없었다. 다른 어부들의 만류에도 불구하고, 착한 어부는 인어를 놓아주었다. 인어는 자꾸 돌아보며 바다로 들어갔는데,

사실 동해 용왕의 공주였다. 아버지에게 착한 어부의 이야기를 하자, 용왕은 데리고 오라고 하여 어부는 용왕국에 가게 되었다. 융숭한 대접을 받고 돌아갈 때가 되었는데, 공주가 따라나선다는 것이었다. 용왕은 공주와 어부가 살 만한 때 묻지 않은 땅을 마련해 주었는데, 그것이 지금의 춘도섬이다. -『한국구비문학대계』

인어는 인간이 모르는 바닷속에서 살지만, 인간과 격리되어 지내는 건 아니다. 인간 세상과 가까이 머물면서 인간과 가까운 관계를 맺기도 한다. 생식기도 인간과 똑같아서 인간과 사랑을 나누기도 한다. 홀아비와 과부는 인어를 기르면서 인간과 정을 통하기도 한다. 인어는 인간을 해치지도 않으며 우호적인 관계를 맺는다.

인어 자신이 적극적으로 인간 세상으로 나와 인간과 가까이 지내면서 손수 비단을 짜서 인간에게 팔기도 하고 인간과 헤어질 때는 눈물로 진주를 만들어서 선물로 준다. 인어와 인간은 적대적이거나 서로에게 거부감을 갖고 있지 않다. 서로 도움을 주고받는 상호 의존의 관계이다. 서양의 인어가 인간에게 해를 끼치거나 인간을 죽이는 등 공포와 두려움을 준다면 동양의 인어는 인간과 함께 살아가며 인간에게 은혜를 베풀고 인간과 사랑도 나눈다.

인어가 바닷속에 거주하면서 인간과 관계를 맺는 양상은 한국의 구비 설화에서 광범위하게 전해지는 용녀龍女 설화를 떠올리게 한다. 용녀 설화는 잉어나 자라 등으로 변해있던 용녀가 자신을 구해준 남자와 함께 인간의 모습으로 살아가거나 보답으로 보물을 주는 서사 유형으로, 설화와 전설, 소설 등에 광범위하게 나타난다. 이는 우렁각시 설화와 깊이 연관되어 있기도 하다. 인간과 수중 생물의 결합이라는 요소를 고려해 볼 때 학술적으로는 인어 신화와 용녀 설화의 관련 양상을 살펴볼 만하고, 문화콘텐츠 측면에선 수중 세계의 무한한 가능성을 연결해 볼 만하다.

특별히 인어가 물고기임을 인식하면서도 인간과 인어가 교접을 할 수 있다고 생각하는 당대인의 사고방식이 특이해 보인다. 사람이 물고기와 정을 통한다는 것은 오늘날 상식으로서는 받아들이기 힘들다. 이에 대해 정재서 교수는 인어가 인간의 성적 파트너의 역할을 하며 노역을 한다는 점에서 인어는 노예를 닮았으며, 인어에 대한 성적 상상력은 동물성을 긍정했던 시대의 수간(獸姦)의 흔적일 수도 있고 봉건 사회에서 성적 소외계층의 욕망과 현실을 반영하는 것일 수 있다고 보았다.

한 가지 분명한 점은 중세 시대 동양 사람들은 인어를 공포와 두려움의 존재로 인식하기보다 사람의 속성을 닮은 친근한 존재로 여겼다는 것이다.

인어 서사의
스토리텔링 전략

인어 캐릭터의 스토리텔링 전략

지금까지 기술한 인어의 특성을 바탕으로 인어의 어떤 요소를 스토리텔링으로 구현하게 되면 효과적일지를 생각해 보고자 한다.

먼저 캐릭터 측면에서 살펴본다. 인어 제재는 드라마와 게임, 영화와 애니메이션 등 다양한 콘텐츠 분야에서 다루어 왔다. 하지만 안데르센의 『인어공주』 이미지가 워낙 강하다 보니 대부분의 인어 관련 콘텐츠는 인어공주 혹은 인어 아가씨로 정형화되어 있다. 디즈니의 「인어공주」를 비롯해, 「미인어」, 「푸른 바다의 전설」 등의 인어 캐릭터는 젊은 여인으로 소비되었다. 그 성격도 안데르센의 『인어공주』의 이미지에서 소비되고 있다. 조금 벗어나는 경우 귀엽고 발랄한 캐릭터로 설정되어 있다. 인어 관련 캐릭터가 동서양을 막론하고 젊고 연약한 이미지에 갇혀 있는 것은 고전 시대 여성 주인공 서사가 남성에 의해 대상화된 존재로

폴란드 비스와 강가의 시레나 인어상

묘사되어 왔기 때문일 터이다. 우리나라만 하더라도 과거의 기록과 전승의 주체는 남성이었다. 그러므로 전통 시대에 여성 주인공 서사에서 주인공의 캐릭터는 남성의 욕망에 의해 만들어진 이미지였다. 고전의 여성 주인공 서사를 현대물로 계승한다면 몇몇 캐릭터를 제외하고는 대부분 소극적이고 순종적인 여성 캐릭터에 머물 것이다. 그러므로 고전 서사의 여성 캐릭터를 문화콘텐츠 스토리텔링으로 기획할 때는 지금의 현실에서 지금의 시대정신에 부합하는 여성 캐릭터로 탈바꿈해야 한다.

지금의 포스트 휴먼 시대가 요구하는 여성상은 주체적인 캐릭터이다. 나약하고 소극적인 성격에서 벗어나 당당하게 주어진 임무를 수행해가는 적극적인 여성상이 필요하다. 남성의 보조적 역할로서 혹은 남성에 의지해서 과제를 수행해가는 것이 아니라 남성과 동등하게 혹은 남성을 뛰어넘는 여성 캐릭터가 필요하다. 그러므로 과거의 인어 캐릭터를 오늘의 성공적인 스토리텔링으로 만들려면 전승되는 이미지를 그대로 끌어올 것이 아니라 오늘날의 요청에 맞게 주체적인 여성으로 완전히 새롭게 재창조하여 매력적인 캐릭터로 만들어내야 한다.

바르샤바의 인어는 좋은 참고가 된다. 바르샤바에 있는 시레나 인어상엔 오른손에는 긴 칼이, 왼손에는 방패가 들려 있다. 바르샤바의 인어상은 내적 아름다움을 갖추고 있으면서도 강인한 용맹함과 용기를 갖춘 폴란드의 수호신으로 일컫고 있다. 인어상의 실제 모델이 되었던 크리스티나라는 여성은 2차 대전이 발발하자 조국을 위해 싸우다 독일과의 전투에서 전사했다고 한다. 하지만 본래 시레나는 요술과 노래로 어부들을 홀리고 고기잡이를 방해하는 부정적인 존재였다.

폴란드인들은 두려운 존재인 시레나를 정의를 수호하는 당당한 여성으로 완전히 재창조했다. 지금도 폴란드 바르샤바에 가면 자동차 옆면이나 상품, 문장紋章 등에 칼과 방패를 든 용감한 시레나 문양이 그려져 있으며 다양한 관광상품으로 활용되고 있다. 이처럼 시대정신을 반영하여 당당하고 주도적인 여성 인어 캐릭터로 전환하면 충분히 경쟁력을 갖춘 문화콘텐츠로 거듭날 수가 있다. 더불어 인어는 신의와 지혜를 갖춘 인간형으로 나타난다. 대다수의 인어 관련 전설에서는 인어가 인간에게 잡혔다가 풀려나거나 인간과 함께 지내다가 헤어지는 상황이 되면 그 인어는 반드시 인간에게 은혜를 갚는다. 물고기가 많이 잡히게 해준다거나 눈물로 진주를 만들어준다거나 어려움에 처한 인간을 구해준다.

인어는 남녀를 막론하고 인간을 배신하지 않고 신의를 지키며 은혜를 갚을 줄 아는 순수하고 의로운 존재였다.

인어 캐릭터를 젊은 여성으로 한정하지 말고 남성으로 설정하는 것도 적극 고려해볼 만하다. 통영시의 수우도에 전해지는 인어 장군 전설이 좋은 사례가 된다. 통영시 사량면 수우도에는 수백 년 된 느티나무 아래에서 매년 마을의 수호신인 설운 장군에게 당산제를 지낸다. 설운 장군은 가난한 어부 부부의 자식으로 태어났는데, 겨드랑이에 아가미가 있고 몸에 딱딱한 비늘이 나 있었다. 아이는 첫돌이 지나자마자 바다를 헤엄치며 잠수를 했다. 아이는 자라서 노략질하는 왜구를 혈혈단신으로 무찌르고 설운 장군이란 호칭을 얻게 되었다. 설운 장군은 도술까지 마음대로 부리면서 왜구의 해적선을 무찌르며 마을의 수호신 역할을 했다. 그러나 거짓 소문을 믿은 조정의 희생양이 되어 억울하게 죽고 만다.

이 전설에서 설운 장군은 아가미와 비늘을 지닌 인어족이다. 남자 인어이면서 도술을 마음대로 부리는 영웅 캐릭터이다. 강인하면서도 초인적 능력을 지닌 남성 인어 캐릭터도 하나의 방향이 될 수 있다.

인어 능력의 스토리텔링 전략

이번엔 인어의 능력을 살펴보자. 먼저 인어는 물속과 육지, 곧 수륙水陸 양쪽에서 자유롭게 움직이는 특별한 장점을 갖고 있다. 나아가 앞서 기술했듯이 인어는 눈물을 진주로 만드는 기술과 물에 젖지 않는 비단을 짜는 능력이 있다. 진주와 비단은 물물교환의 가치를 지닌다. 「미인어」나 「벼랑 위의 포뇨」, 「푸른 바다의 전설」에서와 같이 인어를 평범하거나 혹은 인간보다 조금 나은 능력 정도로 구상한다면 이러한 초능력만으로도 사건의 전개에 무리는 없다.

「미인어」에서 인어는 순박하고 어리바리하다. 인어는 점프를 하면 높이 뛰어오를 수 있고, 화가 나면 유리가 깨지는 정도의 초능력을 갖고 있다. 이 능력은 적대자와 맞서 싸울 때 사용되는 것이 아니라 도망하거나 기분 전환 시에 사용된다. 「푸른 바다의 전설」에서 인어는 눈물을 흘리면 진주를 만든다. 인간의 마음을 읽을 수 있으며 인간과 악수를 하면 인간은 과거의 기억을 잊는다. 또 키스를 하면 인어에 대한 기억이 사라진다. 그런데 이러한 인어의 초능력은 눈물로 진주를 만드는 능력 외엔 문헌에 나타난 능력이 아니라 작가가 상상해서 만들어낸 초능력이다. 허구로 만들어내기보다는 기록에 근거한 능력을 사용할 때 독자의 입장에서는 더욱 실감이 나고 인어에 대한 흥미가 더욱 커질 것이다. 그러므로 기왕에 사실성을 획득하면서 서사에 대한 신뢰감을 높이려면 기록에 근거한 인어의 능력을 찾아볼 필요가 있다.

앞서 인용한 인어의 초능력 외에도 인어 관련 전설에서는 인어 고기를 먹으면 늙지 않고 오랫동안 젊음을 유지한다는 이야기가 전한다. 제주도의 용천수(굼둘애기물) 설화에서는 인어가 용천수에서 다친 상처를 씻고 간 이후 용천수에서 몸을 씻으면 잔병이 없어진다는 전설이 전해지고 있다. 이를 스토리텔링에 활용한다면 인어의 피가 상처를 아물게 하거나 병을 치료해주는 효력을 갖고 있다고 할 수 있을 것이다. 신안군 팔금면에서 전해지는 도초도 명씨 설화에서는 도초도에 사는 명씨가 인어와 정을 통한 후 얻은 옥동자의 도움을 받아 어려움을 해결한 이야기가 내려온다. 한 소금 장수가 인어와 정을 통한 후 낳은 아이가 어려운 문제를 해결해주었다는 설화도 있다. 인간과 인어 사이에 낳은 자식은 범인凡人을 훨씬 뛰어넘는 초인적인 능력을 소유하고 있다.

일본의 인어 설화에는 중국과 우리나라에는 없는 전설이 전한다. 일본에서 인어는 요괴 가운데 하나로 인식한다. 일본의 인어는 손오공처럼 변신술을 한다. 1870년대 홋카이도의 한 등대지기 목격담에 따르면 인어가 커다란 해파리로 변신하는 장면을 보았다고 한다. 인어가 기모노로 입은 예쁜 여인으로 변해 바다 사냥을 나온 남자를 홀리게 해서 물속으로 물고 들어가 잡아먹었다는 전설도 전한다. 또 인어가 스파이더맨과 같이 줄을 뿜어내 어부를 잡아채 죽인 이야기도 전한다. 사람과 교미하고 난 후엔 아기를 잉태한 후 사람을 잡아먹는다는 이야기도 있다. 둔갑술, 미혹하기, 끈끈이 줄 내뿜기 등도 인어의 능력 가운데 하나이다.

인어 관련 콘텐츠를 살펴보면 인어가 사람과 비슷한 능력을 지녔을 때는 순수하고 희생적인 캐릭터로 묘사된다. 하지만 인어가 사람보다 강력한 힘을 갖고 있을 때는 흉측한 모습을 하고 사람을 해치거나 잡아먹는 괴물 캐릭터로 소비된다. 포스트 휴먼의 시대에는 관점을 바꾸어 인간보다 강력한 초능력을 갖는 영웅적인 인어 캐릭터가 요청된다. 진주와 비단 만드는 능력, 둔갑술, 도술, 끈끈이 줄 내뿜기를 비롯해 인어의 피로 상처를 아물게 하거나 병을 치료하기 등은 문헌에 나타나는 인어의 능력이다. 기록에 보이는 이러한 초능력을 적재적소에 잘 활용하게 하면 21세기형 인어 전사 캐릭터가 만들어질 것이다. 인어의 비늘을 하나씩 떼어낼 때마다 변신할 수 있는데 그 대신에 힘이 약해진다는 설정도 가능하다.

갈등 구조 측면의 스토리텔링 전략

스토리텔링에서 무엇보다 중요한 요소는 서사이고 서사의 승패를 결정짓는 것은 갈등 구조에 있다. 주인공과 세계와의 갈등을 얼마나 현실성 있고 긴장감 있게 만드느냐가 스토리텔링의 성공을 좌우한다고 해도 과언이 아니다. 인어 주제는 크게 세 가지 갈등 구조를 생각해 보았다. 인어는 인간과 동물의 모습을 반반씩 지닌 혼종성의 존재이므로 인어를 주변인 혹은 소수자를 상징하는 존재로 내세우는 것이다. 이는 기본적으로는 영화 「엑스맨」과 비슷한 양상이다. 인어를 소수자의 상징으로 이입시켜서 이를 대하는 인간의 편견과 차별을 갈등 구조로 만들 수 있다.

또 하나는 인어는 바다 종족이므로 문명과 자연의 갈등 구조를 만들 수 있다. 인간 문명과 바다 문명의 대결 구도로 만든다거나 인간의 무분별한 환경 파괴로 인한 바다 생태계 오염을 주제로 인어와 인간 간의 대립 구도를 만들 수가 있다. 「미인어」는 인간과 인어의 사랑이라는 구도 아래 바다 환경오염이라는 묵직한 주제의식을 담아 가벼운 코믹 전개와 진지한 주제의식을 잘 버무려냈다. 「벼랑 위의 포뇨」 역시 인간의 이기심이 낳은 환경 파괴에 대한 비판의식을 보여주고 있다. 인어 세계를 인간 문명과 맞먹는 힘을 지닌 집단으로 설정하여 인간과 인어(자연)의 대립 구도를 팽팽하게 만드는 서사 구조도 고려할 수 있다.

또 하나는 인어를 잡아서 돈을 벌려는 인간의 탐욕을 다룰 수 있다. 인어를 먹으면 장수長壽할 수 있으며 인어 기름이 상당히 좋다는 속설이 있다. 인어의 피는 젊음을 얻게 하며 병을 치료하기도 한다. 인어를 잡아 돈벌이에 이용하면 엄청난 돈을 벌 수 있다. 이러한 특성을 문화콘텐츠

〈표〉 인어 콘텐츠 스토리텔링 방향

인어 서사	기존 콘텐츠 활용 현황	인어 콘텐츠의 스토리텔링 방향
캐릭터 측면	- 수동적이고 헌신적인 여성 캐릭터 - 평범하고 순수한 여성 - 젊은 여성	- 주체적이고 당당한 여성 캐릭터 - 초능력을 발휘하여 위기를 해결하는 영웅 - 강인하고 신의를 지키는 인물형.
능력 측면	- 진주를 만드는 능력 - 육지와 바닷속을 자유롭게 넘나듦 - 키스를 하면 상대방이 인어에 대한 기억이 사라짐. - 인간의 마음을 읽음 - 점프해서 높이 뛰어오름	- 진주와 비단 만드는 능력 - 육지와 바닷속을 자유롭게 넘나듦 - 인어의 피가 상처를 아물게 하거나 병을 치료하는 효능을 지님 - 둔갑술, 미혹하기, 끈끈이 줄 내뿜기 - 인어와 정을 통한 사람은 죽게 됨 - 인어와 인간 사이의 자식은 초인적 능력을 소유함
갈등 구조 측면	- 진주와 비단 만드는 능력 - 육지와 바닷속을 자유롭게 넘나듦 - 인어의 피가 상처를 아물게 하거나 병을 치료하는 효능을 지님 - 둔갑술, 미혹하기, 끈끈이 줄 내뿜기 - 인어와 정을 통한 사람은 죽게 됨 - 인어와 인간 사이의 자식은 초인적 능력을 소유함	- 소수자(인어)와 인간의 갈등 - 인어(변종)와 인간의 사랑 - 문명과 자연 세계의 갈등 - 인간의 탐욕과 이기심과의 갈등

에서 활용한다면 인어의 피가 영원한 젊음을 얻게 하거나 인간의 질병을 치유하는 능력을 갖고 있다고 설정하여 인어를 잡아서 욕망을 챙기려는 인간의 이기심과 이를 막으려는 정의로운 존재들과의 대결 양상을 다루어 볼 수 있다.

지금까지 논의를 토대로 인어 콘텐츠의 스토리텔링 방향을 정리해 보면 위의 〈표〉와 같다.

다시 인어의 부활을 꿈꾸며

이성과 합리성을 기반으로 하는 근대 시대에 비합리적 상상력으로 가득한 동양 신화의 상상력은 폄하되거나 무시되곤 했다. 그러나 포스트모더니즘이 도래하고 포스트 휴먼 시대가 열리면서 동양 신화의 환상성과 기이한 존재들은 새로운 가능성을 인정받고 있다. 특히 신화는 문화콘텐츠 분야에서 새로운 첨병으로 떠오르고 있다. 신화 가운데 인어의 혼종성과 여성 주인공 서사는 오늘날의 포스트 휴먼 시대가 요구하는 새로운 인간형에 부합된다고 하겠다.

인어 서사는 동서양을 막론하고 전 세계에 걸쳐 보편적으로 존재하고 있었다. 하지만 안데르센의 『인어공주』 영향력이 워낙에 강력한 탓에 인어의 형상은 공주 이미지에 갇혀 있었다. 인어를 소재로 다양한 문화콘텐츠가 제작되었으나 대체로 인어는 순수하고 연약하거나 혹은 따뜻하고 건강한 젊은 여인 캐릭터였다. 하지만 포스트 휴먼 시대엔 진취적이고 주도적인 여성형, 나아가 현실의 문제를 해결하는 영웅형 여성을 요청한다. 나아가 과거에는 인간이 가장 완벽한 존재이고 생명체의 표준이었기에 인간과 다른 형상은 열등한 존재, 부정적 존재, 사악한 존재로 취급받았다. 그러나 포스트 휴먼 시대엔 반인반어의 인어의 형상을 중심으로 들어오게 한다.

사람과 물고기의 경계에 있는 인어는 과거엔 괴물이나 열등한 존재로 인식되었으나 혼종성과 여성 서사를 주목하는 포스트 휴먼 시대엔 인어는 이야기의 주체이자 인간을 압도하는 존재로 설 수 있다. 그리하여 지금까지 연구되어 온 동양 인어의 형상과 특성을 정리하고 이를 바탕으로 인어 서사의 스토리텔링 방향성에 대해 생각해 보았다. 동양 인어 서사의 상상력을 잘 구현해서 서양의 '인어공주' 이미지에서 벗어나 우리의 인어 서사가 문화콘텐츠에서 성공했으면 하는 바람이다. 책에서 제시한 내용을 바탕으로 각 콘텐츠 분야에서 구체적이고 실질적인 인어 스토리텔링이 이루어지길 희망한다.

3장

세계의
인어 이야기 자료

동서양의 인어 관련 자료를 꾸준히 수집해 온 결과 전 세계 곳곳에서 인어 이야기가 전해지고 있음을 확인할 수 있었다. 연구자와 독자들이 인어에 대해 더욱 풍부하게 이해할 수 있도록 그동안 수집했던 인어 서사 자료를 아시아편, 유럽편, 남아메리카편, 오세아니아편, 아프리카편으로 분류하고 다시 국가별로 나누어 싣는다. 이들 자료는 세계 각국에 전해오는 인어 관련 이야기를 입력, 정리하고 번역한 것이다. 각 자료의 출처는 해당 번역글 아래에 적어 놓았다. 전 세계에 널리 분포되어 있는 인어 이야기를 통해 시대별, 공간별 인어 문화 지형도를 파악할 수 있게 될 것이다.

아시아	한국, 중국, 일본, 인도, 바빌로니아, 아시리아, 페르시아
유럽	스페인, 그리스, 스코틀랜드, 아일랜드, 독일, 네덜란드 영국, 폴란드, 러시아, 세르비아, 노르웨이
남아메리카	페루, 브라질
오세아니아	뉴질랜드, 미크로네시아
아프리카	

아시아의 인어 이야기

한국

1. 울릉도의 가지어

예濊는 동이東夷의 옛 나라다. 『주서周書』에서 말한, "예인濊人은 전아前兒인데, 원숭이처럼 생기고 서서 다니며, 어린애와 같은 소리를 낸다."고 한 것이 그것이다. 지금 울릉도蔚陵島에 가지어嘉支魚가 있다. 바위 밑에 굴을 파고 살며 비늘이 없고 꼬리가 있으며 물고기 몸에 네 발이 있다. 뒤가 매우 짧아 육지에서는 잘 달리지 못하나 물에서는 나는 듯이 다닌다. 소리는 어린애와 같은데, 그 기름은 등유燈油로 쓸 만하다 하니, 전아라는 것은 아마 그런 유인가?

濊東夷之古國, 周書謂, 濊人前兒, 若獼猴立行, 聲似小兒者, 是也. 按, 鬱陵島有嘉支魚, 穴居巖磧, 無鱗有尾, 魚身四足. 以後甚短, 陸不能善走, 水行如飛. 聲如嬰兒, 脂可以燃燈云, 此兩謂前兒, 或是類歟.

- 안정복, 『동사강목東史綱目』, 「예고濊考」

2. 김담령과 인어

　김담령金聃齡이 흡곡현翕曲縣의 고을 원이 되어 일찍이 봄놀이를 하다가 바닷가 어부의 집에서 묵은 적이 있었다. 어부에게 무슨 고기를 잡았느냐고 물었더니, 어부가 대답했다. "제가 고기잡이를 나가서 인어 여섯 마리를 잡았는데, 그중 둘은 창에 찔려 죽었고 나머지 넷은 아직 살아 있습니다."

　나가서 살펴보니 모두 네 살 난 아이만 했고, 얼굴이 아름답고 고왔으며 콧대가 우뚝 솟아 있었다. 귓바퀴가 뚜렷했으며 수염은 누렇고 검은 머리털이 이마를 덮었다. 흑백의 눈은 빛났으나 눈동자가 노랬다. 몸뚱이의 어떤 부분은 옅은 적색이고, 어떤 부분은 온통 백색이었으며 등에 희미하게 검은 무늬가 있었다. 남녀의 음경과 음호 또한 사람과 똑같았으며, 손가락과 발가락이 있고 그 가운데에는 주름 무늬가 있었다. 이에 무릎에 껴안고 앉히자 모두 사람과 다름이 없었으며, 사람을 대하여서도 별다른 소리를 내지 않고 하얀 눈물만 비 오듯 흘렸다.

　김담령이 가련하게 여겨 어부에게 놓아주라고 하자, 어부가 매우 애석해하며 말했다. "인어는 그 기름을 취하면 매우 좋아 오래되어도 상하지 않습니다. 오래되면 부패해 냄새를 풍기는 고래기름과는 비할 바가 아니지요." 김담령이 빼앗아 바다로 돌려보내니 마치 거북이처럼 헤엄쳐 갔다. 김담령이 무척 기이하게 여기자, 어부가 말했다. "인어 중에 커다란 것은 크기가 사람만 한데 이것들은 작은 새끼일 뿐이지요."

　일찍이 들으니 간성에 무식한 어부가 인어 한 마리를 잡았는데 피부가 눈처럼 희어 여인 같았다. 희롱하여 음란한 짓을 하자 인어가 다정히 웃기를 마치 정이라도 있는 듯이 했다. 드디어 바다에 놓아주니 갔다가 다시 돌아오기를 세 차례나 반복한 후에 떠나갔다고 한다.

내가 일찍이 고서를 보니, '인어 남녀는 모습이 마치 사람과 같아, 바닷가 사람들이 그 암컷을 잡으면 못에 기르며 더불어 교접하는데 마치 사람 같다.'하여 남몰래 웃었었는데 동해에서 그것을 다시 보게 될까.

金聘齡爲歙谷縣令, 嘗行宿于海上漁父之家. 問若得何魚, 對曰, "民之漁, 得人魚六首, 其二則創而死, 其四猶生之." 出視之, 皆如四歲兒, 容顏明媚, 鼻梁聳, 耳輪郭, 其鬚黃, 黑髮被額. 眼白黑, 照晢黃瞳子. 體或微赤, 或全白, 背上有淡黑文. 男女陰陽一如人, 手足揩蹠, 掌心皆皺文. 乃抱膝而坐, 皆與人無別, 對人無別, 垂白淚如雨. 聘齡憐之, 請漁人放之, 漁人甚惜之曰, "人魚取其膏甚美, 久而不敗. 不比鯨油日多而臭腐." 聘齡奪而還之海, 其逝也, 如龜鼈之游焉. 聘齡甚異之. 漁人曰, "魚之大者大如人, 此特其小兒耳." 曾聞杆城有魚蠻, 得一人魚, 肌膚雪白如女人. 戱則魚笑之, 有若繾綣者, 遂放之洋中, 往而復返者再三而後去之. 余嘗閱古書, '人魚男女狀如人, 海上人, 擒其牝, 畜之池, 相與交, 亦如人焉,' 余竊笑之, 豈於東海上復見之.

- 유몽인 저, 신익철·이형대 외 옮김, 『어우야담_{於于野談}』, 돌베개, 2009, pp.764-765.

3. 남옹이 만난 인어

세상 사람들은 물고기 중에 사람같이 생긴 것을 교인_{鮫人}이라 한다. 교인이라는 것은 인어_{鮫魚}이고, 인어라는 것은 인어_{人魚}이다. 또 역어_{鯢魚}라고 부르기도 한다. 울 때 눈물 대신 구슬을 흘리고 지아비를 위하여 명주를 짠다는 이야기는 우스갯소리 같지만, 바다에는 교鮫가 있고 교는 사람과 비슷하므로 믿을 만하다. 내가 서호西湖에 살고 있을 때 남옹南翁이라는 이가 있었는데, 다음과 같이 말하였다.

"일찍이 배를 타고 거야巨野의 큰 물로 내려가던 중에 물 위에 서 있는 어떤 물체를 보았다. 배를 등지고 십여 보쯤 떨어진 곳에 서 있는데, 머리카락은 매우 윤기가 있으나 땋지 않았고, 피부는 몹시 깨끗하였으나 옷을 걸치지 않았으며, 허리 밑으로는 물 밖으로 나오지 않았다. 손을 모으고 어깨를 늘어뜨린 채 서 있는데, 열두세 살쯤 되는 예쁜 계집아이였다. 나는 평소에 괴이한 것을 믿지 않았기 때문에 떠다니는 시체가 거센 풍랑으로 세워진 것이라고 생각했는데, 뱃사람들은 크게 놀라 두려워하고 말하지 말라고 경계하며 쌀을 뿌리고 주문을 외우면서 절을 하였다. 배가 점점 다가가자 곧바로 움츠러들며 물속으로 들어가 버렸다. 배가 그곳을 십여 보쯤 지나가자 또 손을 모으고 머리를 풀고 서 있는데, 서쪽을 향하여 있던 것이 동쪽을 향하여 또 사람과 등을 지고 서 있었다."

남옹이 이에 이르러 그것이 살아 있는 물체라고 믿고, 그것이 교인이 아닌가 의심하였다고 나에게 자못 자세하게 말하였다. 교인의 호칭은 좌사左思의 부賦와 곽박郭璞의 찬贊에서부터 비로소 책에 보인다. 그리고 『정자통』에서는 "눈썹·귀·입·코·손톱·머리가 모두 갖추어져 있고, 피부와 살이 옥과 같이 희고, 비늘이 없고 가느다란 털이 오색을 띠며, 머리카락은 말꼬리 같고 길이가 대여섯 자에 이르고, 몸체의 길이도 대여섯 자 정도이다."라고 하였다. 그 형상을 말한 것이 남옹이 본 것과 서로 유사하다. 우리나라 바다에도 또한 교인이 있다는 것을 알겠다.

또 일찍이 들은 적이 있다. 어떤 사람이 해서海西에 여행을 갔는데, 빈 집에 아름다운 여인과 여러 어린아이가 모두 하얗게 몸을 드러내 놓고 갇혀 있는 것을 보았는데, 그것이 사람이라고 생각하였다. 가까이 가서 교접交接을 하였는데, 행동거지와 정감이 있는 태도가 모두 사람이었다. 다만 말하지 않는 것이 수줍어하는 모습 같았다. 주인이 들에서 돌아와 그것을 삶아 대접하려고 하기에 놀라서 물으니, "물고기입니다."라고 말하였다. 주인에게 청하여 바다에 데리고 가서 놓아주었다. 떠나려고 할 즈음 세 번 돌아보아, 마치 은혜에 감사하면서 사사로웠던 것에 연연하는 듯하였다고 한다.

世之魚之似人者爲鮫人, 鮫人者, 魺魚也, 魺魚者, 人魚也. 亦名魚役魚. 其稱泣珠織綃, 則語近齊諧而海之有鮫, 鮫之似人, 則信矣. 余家西湖時, 隣有南翁言, "嘗舟下巨野, 匯見有立於水上者, 背船十許步而立, 髮甚澤而不辮, 肌甚潔而不被, 自腰以下, 不出水, 拱手彈肩而立, 可十二三歲 美兒女也. 南翁素不信怪, 以爲是漂屍之激浪而竪者. 舟人大驚懼戒勿言, 撤光念呪而拜. 舟漸近, 卽縮入水中, 舟過其所, 又十許步, 則又拱手披髮而立, 於所西向者, 東向而又背人矣." 南翁於是亦信其爲生物, 而疑其鮫人也. 言於余頗詳. 鮫人之稱, 自左思之賦, 郭璞之贊, 始見於書, 而正字通言眉耳口鼻手爪頭, 皆具. 皮肉白如玉, 無鱗, 有細毛伍色, 髮如馬尾長伍六尺, 體亦長伍六尺. 其言形狀與南翁之見相類, 可知我國海中亦有鮫人矣. 又嘗聞, 仁有客海西者, 見空室中閉美女及數嬰兒, 皆白而倮. 意其人冶, 逼而交之, 擧止情態皆人也, 但不言如羞澁狀. 及夕, 主人至自野, 欲烹而饋之, 驚問之曰, "魚也." 請於主人, 携至海而送之, 臨去三回顧, 若感恩而戀私者然.

- 이옥·실시학사 고전문학연구회 옮기고 엮음, 『완역 이옥전집』 「백운필」,

휴머니스트, 2009, pp.101-104.

4. 사도가 만난 인어

대제待制 사도查道가 고려에 사신으로 갔다.

날이 저물어 어느 산에 정박하여 머물다가 모래밭을 바라다보니 붉은 치마를 입고 양쪽 어깨를 드러낸 채 머리는 산발을 한 어떤 여인이 있었는데, 팔꿈치 뒤에는 희미하게 붉은 지느러미가 나 있었다. 이에 사도가 뱃사람에게 명하여 상앗대로 물속으로 밀어 넣어 부인의 몸이 손상되지 않게 하였다. 부인은 물을 만나 이리저리 자유롭게 움직여 보다가 몸을 돌려 사도를 바라보고 손을 들어 절하면서 감사해하고 그리워하는 듯한 모습을 하다가 물속으로 들어갔다.

뱃사람이 말했다. "제가 바닷가에 살지만 이런 것은 보지 못하였습니다."

사도가 말했다. "이것은 인어人魚이다. 능히 사람과 간통하는데, 물에 살면서 사람의 성질을 가진 것이다."

待制查徒, 奉使高麗, 晚泊一山而止. 望見沙中, 有一婦人, 紅裳雙袒, 髻鬟紛亂. 肘後微有紅鬐, 查命水工, 以篙投於水中, 勿令傷. 婦人得水, 偃仰復身, 望查拜手, 感戀而投. 水工曰, "某在海上, 未見此何物." 查曰, "此人魚也. 能與人姦, 處水族人性也."

– 한치윤, 『해동역사』제40권, 「교빙지交聘志」 8권, 「해도海道」

5. 상광어와 옥붕어

지금 서남해 가운데 두 종류의 인어가 있다. 그 하나는 상광어로서 모양은 사람과 비슷하여 젖이 두 개 있다. 즉 『본초』에서 말한 바 있는 해돈어다. 또 하나는 옥붕어로서 길이가 여덟 자나 되며, 몸은 보통 사람 같고 머리는 어린이와 같으며 머리털이 치렁치렁하게 늘어져 있다. 그 하체는 암수의 차가 있고 남녀의 그것과 비슷하다. 뱃사람은 매우 이것을 꺼린다. 어쩌다 이것이 어망에 들어오면 불길하다 하여 버린다. 이것은 틀림없이 사도가 본 것과 같은 것일 것이다.

今西南海中有二種類人之魚, 其一尙光魚, 狀似人而有兩乳, 卽本草所稱海豚魚也. 其一玉朋魚, 長可八尺, 身如常人, 頭如小兒, 有鬚髮, 髣髣下垂, 其下體有雌雄之別, 酷與人男女相似, 舟人甚忌之時, 或入於漁網以爲不祥而棄之. 此必查道之所見也.

– 정약전, 『자산어보』, 「인어」

6. 어부가 만난 인어

어떤 어부가 투망으로 고기를 잡다가 한 부인을 건져 올렸는데, 살진 피부는 희고 윤기나며 눈동자는 반짝반짝한데 머리를 풀어 헤친 채 어린아이를 등에 업고 있는 것이 사람과 조금의 차이도 없었다. 어부는 놀랍고 기이하여 물속에 다시 던져 주니, 얼굴을 수면에 드러낸 채 수십 보를 가다가 곧 물속으로 들어가 보이지 않았다고 한다. 이것이 과연 교어鮫魚라는 것인가? 지금 어부는 그 보이는 바를 말하였을 뿐 근거 없이 꾸며낼 줄 모르는 사람이니 이 이야기가 맞지 않겠는가?

아울러 우선 그대로 기록하여 박식한 사람을 기다린다.

有漁人擧網捕魚, 得一婦人, 肥膚白膩, 星眸炯炯, 披髮而負小兒, 與人無小異焉. 漁人驚異, 投之水中, 露面數十步而去, 因沒不見云. 此果所謂校人歟, …… 并姑存之, 以俟博雅.

- 조희룡 저, 실시학사 고전문학연구회 역주, 『조희룡전집』2, 「화구암난묵畵 鷗盦讕墨」, 한길아트, 1999, pp.121-122.

7. 소금 장수와 인어

소금 장수가 소금을 한 짝 지고 한 바닷가 마을에 들어섰다. 주막에 들어갔는데 주인이 칼을 갈고 있고 그 옆에 사람 모습을 한 생선이 놓여 있었다. "오늘 어장에 갔다가 이 고기를 사 왔는데 이제 배를 가르고 잘라서 팔 준비를 하는 중입니다."

소금 장수가 자세히 보니 이건 물고기가 아니라 영락없이 여자였다. 소금 장수는 주막 주인과 흥정해 소금 한 짝을 주고 물고기를 샀다. 소금 장수는 그날 그 인어를 데리고 주막에서 잤다. 인어는 진짜 여자처럼 소금 장수가 시키는 대로 잠자리를 함께 했다. 아침에 일어나 밥을 함께 사먹은 다음 소금 장수는 "너는 너대로 가고 나는 나대로 가자. 헤어지잔 말이다." 말하고 헤어지니 인어는 물속으로 들어가 사라졌다.

소금 장수는 소금을 팔아서 가족을 먹여 살려야 하는데 빈털터리가 되어 집에 돌아왔다. 밑천까지 날려버려 장사도 할 수 없었다. 남의 집 제삿밥을 싸 먹고 내버린 짚을 주워 짚신을 만들어 팔아 생명을 겨우 연명하고 있는데 어떤 세도가가 소금 장수의 아버지 묘를 파헤치고 그들의 묘를 만들고 있다는 소문이 들렸다. 그러나 거지꼴이 되어버린 소금 장수는 어찌할 도리가 없었다. 그때 한 초립동이가 오더니 "아부지!" 하며 넙죽 인사를 했다.

소금 장수가 놀라 "너 같은 아들을 둔 적이 없는데 무슨 소리냐?" 하니, "자초지종은 나중에 말씀드리고 급한 것은 제 할아버지 묘가 없어진다는데 이게 말이 됩니까?"하더니 초립동은 "걱정하지 말고 계시이소."하고 사라졌다.

초립동은 정승이 지 아버지 묘를 만드는 작업장에 나타나 왔다갔다만 하고 있었는데 상여가 하늘로 올라갔다. 정승은 지 아버지 뼈다귀를 잃을 처지가 되었다. 정승 사람들이 의견을 모아보니 초립동이 나타난 뒤에 일어난 일이라 상주는 초립동에게 상여만 내려주면 돌아가겠다고 사정을 하게 되었다.

상여가 천천히 땅으로 내려왔다. 이제 상여를 메고 돌아가려 하는데 "이 파헤친 묘를 원상복구 해놓고 가시오."라고 초립동이 말했다. 정승은 꼼짝없이 초립동의 지시를 따를 수밖에 없었다. 초립동은 소금 장수에게 와서 인사를 하고 어디론가 가버렸다.

그 후 소금 장수는 여전히 가난하게 살고 있었는데 어느 날 옷을 잘 입은 예쁜 여자가 찾아와 인사를 하는 것이었다. 누구냐고 물으니 아무 때 아무 곳에서 소금 한 짝 주고 나를 사서 하룻밤 자지 않았느냐고 되묻는 것이었다. 그러면서 그때 초립동을 임신했다고 했다.

여인은 소금 장수를 마을의 1등 부자가 되게 해주겠다며 논과 밭과 가장 좋은 집을 알아보라고 했다. 이렇게 해서 소금 장수는 가장 좋은 기와집에 사는 최고의 부자가 되었으며 여인은 이제 됐다면서 떠나버렸다. 소금 장수는 평생 부자로 살았다.

(김찬이(여, 80세), 1990.8.2. 부산시 강서구 천가동 동선마을, 김승찬 채록)

- 해양수산부, 『한국의 해양문화』3, 「동남해역」下, 2002, pp.536-538에 실린 것을 표준어로 필자가 줄임.

8. 통영 수우도의 인어 장군

옛날 수우도에 늦도록 자식이 없는 부부가 살았다. 아내는 뒤늦게 아이를 가졌는데 열두 달 만에야 태어났다. 아이는 비범했다. 첫돌이 지나고부터 바다에서 헤엄을 치고 놀기 시작했다. 자라면서 아이의 온몸에 비늘이 돋기 시작했다. 일곱 살이 되자 늑골에 물고기 아가미 같은 구멍이 생겼다. 그래서 아이는 물고기처럼 자유롭게 바닷속을 헤엄쳐 다닐 수 있었다. 당시 남해안 일대 주민들은 왜구의 노략질에 속절없이 당하고만 있었다. 관군은 왜구로부터 백성들을 지켜주지 못했다.

아이는 훌쩍 자라 청년이 되었다. 어느 날 사량도 앞바다에 또 왜구들이 나타났다. 바닷속을 헤엄치던 청년은 수우도 은박산 꼭대기로 솟아올라 거대한 부채로 바람을 일으켜 왜구들을 내쫓았다. 왜구들이 욕지도 쪽으로 빠져나가자 청년은 또 욕지도 천왕봉으로 건너 뛰어가 내쫓았다. 왜구들이 국도 쪽으로 도망치자 국도 산꼭대기로 건너뛰어 왜구들을 아주 몰아냈다. 그때부터 남해안 섬사람들은 청년을 설운 장군 혹은 인어 장군이라 부르며 우러렀다. 장군 덕에 섬사람들은 왜구의 침략을 받지 않고 편안히 살게 됐다. 차츰 설운 장군에 대한 소문이 퍼져 나갔다. 풍문들 중에는 설운 장군을 음해하는 이야기들도 있었다. 반인반어인 괴물이 남해바다를 휩쓸고 다니며 어선들을 괴롭혀 어부들이 고기잡이를 할 수 없다는 헛소문이 사실처럼 퍼졌다.

소문은 궁궐 담까지 넘어갔다. 왕은 수우도를 관할하는 호주판관湖州判官에게 그 괴물을 체포하라는 명령을 내렸다. 호주는 지금의 욕지로 추정된다. 호주판관은 관군을 이끌고 설운 장군을 잡으려 했지만 잡을 수가 없었다. 설운 장군은 물속에서 보름씩 꼼짝 않고 숨어 있기도 하고,

수우도나 욕지도, 국도 같은 섬으로 번개같이 사라져버리니 어찌 잡을 수가 있겠는가. 조정에서는 지원군까지 보냈지만 도리가 없었다. 설운 장군은 오히려 관아로 쳐들어가 호주판관의 부인을 납치해 국도에 숨겨두고 아내로 삼아버렸다. 부인은 임신을 하고 아이까지 출산했다.

아이가 생겼어도 부인은 틈만 나면 탈출할 기회를 노렸다. 그러던 어느 날 장군이 잠든 틈을 타 아이를 통나무 속에 띄워 보내며 관군에게 연락을 했다. 관군이 들이닥쳐 장군을 생포했다. 설운 장군은 한번 잠이 들면 며칠씩 계속 자는 버릇이 있었기 때문에 부인은 그 기회를 노렸던 것이다. 장군은 잠든 채 꼼짝없이 잡히고 말았다. 압송 도중 장군은 잠에서 깼다. 당황한 관군이 장군의 목을 잘라 죽이려 했으나 목이 떨어지면 다시 붙고 목이 떨어지면 다시 붙어서 죽일 수가 없었다. 그때 판관 부인이 잘린 목에다 메밀가루를 뿌리니 더 이상 목이 붙지 않았다. 설운 장군은 마침내 영원한 죽음을 맞이했다. 특별한 재능을 타고난 사람은 살려두지 않던 사회. 어쩌면 설운 장군이 호주판관의 부인을 납치해서 제 부인으로 삼았다는 이야기는 모함일지도 모르겠다. 섬 주민들을 위해서 살았던 민중의 영웅을 죽이기 위해서는 그를 부도덕한 인물로 매도해야만 하지 않았겠는가.

설운 장군이 숨을 거두자 다시 왜구들의 노략질이 시작됐다. 장군을 죽인 관군들은 왜구를 막아내지 못했다. 그래서 섬사람들은 수우도에 제각(祭閣)을 짓고 장군의 위패를 모셨다. 장군의 영혼이 왜구를 물리쳐주기를 바라며 정성껏 제를 올렸다. 보통 다른 섬들이 정월에 당제를 지내는 것과 달리 수우도에서는 시월 보름에 당제를 모신다. 장군이 죽임을 당한 날이 음력 시월 보름날이기 때문이다. 오랜 세월 수우도 사람들은 장군의 제사를 잘 모시면 마을이 태평하고 풍어가 든다고 믿는다.

– 한국 해양수산부, 『한국의 해양문화』v3, 「동남해역」下, 해양수산부, 2002, pp.521-522.

9. 거문도 신지끼

전라남도 여수시 삼산면 거문리의 거문도 사람들은 매일 새벽 1시에서 3시경 사이에 주로 신지께여 부근으로 삼치 미기리(줄 낚시)를 나갔다고 한다. 그런데 흐린 날은 틀림없이 조금 먼 곳에서 보면 물개 같은 형상이고, 가까운 곳에서 볼 때는 분명히 머리카락을 풀어헤치고 팔과 가슴이 여실한 여인이 나타났다고 한다. 하체는 물고기 모양이었지만 상체는 사람 모양을 한 하얀 인어가 분명했다고 한다. 특히, 달빛 아래서의 모습은 말로 형언할 수 없을 만큼 아름다웠다고 한다. 섬사람들은 그 인어를 신지께, 신지끼 혹은 흔지끼라고 불렀다. 신지께는 전라남도 여수시 삼산면의 거문도, 동도, 서도 세 섬으로 둘러싸인 내해에서는 나타난 적이 없고, 녹사이 같은 섬 밖에서만 출현했다고 한다.

– 『디지털 여수문화대전』, 「구비전승, 설화편」, '신지께'편, 『삼산면지』, 삼산면지편찬위원회, 1998.

10. 부산 황옥 공주

먼 옛날 인어의 나라 미란다에는 아름다운 황옥 공주가 살았는데, 황옥 공주가 자라자 어머니는 머나먼 무궁국의 은혜 왕에게 황옥 공주를 시집보낸다. 인어에서 인간의 모습으로 변한 황옥 공주는 은혜 왕의 왕비로 살아가지만, 고향과 가족 생각에 그리움이 쌓여간다. 이를 안타깝게 바라보던 은혜 왕은 황옥 공주에게 말한다. "그대의 할머니가 주신 황옥을 달빛에 비추면 그대의 나라가 보일 것이오." 황옥 공주는 매일 달에 황옥을 비춰보며 인어로 변해 동백섬 근처를 헤엄쳤다고 한다. 황옥 공주가 김수로왕과 결혼한 허황옥 왕비라는 설도 있다.

－『두산동아백과사전』, 「황옥공주 인어상」

11. 인천 장봉도 인어

장봉도는 옛날부터 어장으로 유명한 곳이다. 우리나라 삼대 어장의 하나로 손꼽던 곳이다. 옛날 어느 때인지는 잘 알 수는 없어도 장봉도 날가지 어정에서 어느 어민이 그물을 낚으니 인어 한 마리가 그물에 걸려 나왔다. 그들은 말로만 전해 들었던 인어가 나오자 깜짝 놀라 자세히 보니 상체는 여자와 같이 모발이 길고 하체는 고기와 흡사하다. 뱃사람들은 그 인어를 측은히 여기고 산채로 바다에 다시 넣어주었다 한다. 그 뱃사람들은 수삼 일 후 그곳에서 그물을 낚으니 연 삼일 동안이나 많은 고기가 잡혀 이는 그 인어를 살려준 보은으로 고기를 많이 잡게 된 것이라 여기고 감사하였다고 전한다.

－「인천 장봉도 인어상 비문 전문」

12. 제주도 굼둘애기 인어

옛날 귀덕 앞바다에는 전설의 아름다운 인어人魚가 살고 있었다. 인어는 낮에는 마을 사람들 눈을 피해 바닷속에서 헤엄치며 놀다가 해가 지고 어둠이 짙게 깔리면 마을 앞 방파제 역할을 하는 '여(물속에 잠겨 있는 바위)'에 올라와 지친 심신을 풀었다. 마을 사람들은 이런 인어의 존재를 알고 있었지만 피해를 준 적이 없었기 때문에 눈에 띄더라도 보지 못한 척하며 평화로운 관계를 유지하였다.

그러던 어느 날, 늘 그랬던 것처럼 바닷속에서 여유롭게 헤엄치며 놀던 인어에게 시련이 닥쳤다. 자신보다 몸집이 큰 물고기들의 갑작스런 습격을 받게 된 것이다. 가까스로 근처의 '여'로 몸을 피했지만, 살펴보니 온몸이 상처투성이었다. 아직은 날이 밝아 마을 사람들의 눈에 띄면 어쩌나 싶었지만 그대로 두면 상처가 더 깊어질까 걱정되었다.

인어는 마을 앞에 흐르는 깨끗한 용천수로 가서 상처를 얼른 씻고 오기로 결심했다. 아픈 몸을 이끌고 현재의 굼둘애기물에 도착한 인어는 주위를 둘러보지도 못한 채 급하게 용천수에 몸을 던지고 목욕을 하며 상처를 씻는 데 열중했다. 마침 용천수 주변에서 빨래를 하던 마을 사람들은 상처를 씻는 인어를 보고 깜짝 놀랐지만 여느 때와 마찬가지로 모른 척 해주었다.

상처를 모두 씻고 바다로 다시 돌아가려고 몸을 돌릴 때에서야 주변에 마을 사람들이 있었다는 사실을 안 인어는 자신을 보고도 보지 못한 척 해 준 마을 사람들의 따뜻한 마음과 배려를 느끼고 그들을 향해 고맙다는 인사를 올리고 바닷속으로 사라졌다.

그 후로 신기하게도 이 용천수에 몸을 씻은 사람들은 잔병이 없어졌다고 한다. 그때부터 사람들은 물오리가 고기를 잡기 위해 바닷속으로 재빠르게 들어간다는 뜻의 '굼둘애기'를 상처를 씻고 바다로 사라진 인어의 모습과 흡사하다고 하여 이 용천수를 '굼둘애기물'이라고 부르기 시작했다고 한다.

- 제주발전연구원, 『제주여성 문화유적 100』, 「인어의 전설과 물오리 자맥질,

귀덕 2리 굼둘애기물」, 제주특별자치도, 2009, pp.330-333.

13. 은혜 갚은 도초도 인어

옛날 도초도에 명씨 한 사람이 있었는데 오십이 넘도록 장가를 못 들고 짚신을 팔며 혼자 살았다. 어느 날 부둣가를 걸어가는데, 사람들이 인어 한 마리를 잡아서는 잡아먹으려 하고 있었다. 눈물을 흘리는 인어를 보고 측은한 마음이 든 명씨가 열닷 냥에 인어를 사서는 바다에 띄워주었다.

5, 6년 후 인어가 나와 명씨에게 옥동자를 주고 갔다. 명씨가 아이를 잘 키우던 어느 날, 권세 있고 돈 많은 사람들이 명씨 조상의 묘 위에 토장을 하는 것이었다. 힘없고 가난한 명씨가 말을 못하고 끙끙대자, 아이가 이유를 묻더니 곧바로 그 사람들에게 달려가 따졌다. 그래도 말을 듣지 않자, 아이가 주문을 외웠는데 그 사람들의 처소가 풍비박산이 났다. 아이가 그 사람들을 혼내어 쫓았다. 그 아이는 이후 도승지까지 올랐다. 지금도 명씨의 후손을 인어의 후손이라고 한다.

- 한국정신문화연구원, 『한국구비문학대계』 6-6, pp.793-796.

14. 평양의 낭간

어느 날 이진수라고 하는 어부가 바다에서 미인에게 이끌려 간 용궁에서 하루를 보내고 돌아올 때, 먹으면 불로장수한다는 토산土産(이것을 인삼이 아닌 인어라고 부름)을 받았다. 의심스러웠던 이진수는 그것을 그대로 두었으나 딸인 낭간이 그것을 먹어버린다. 그녀는 비길 데 없이 빼어난 변하지 않는 미모를 얻었지만 수백 년을 주체하다 못해 300살을 넘어 산을 방황하다 행방불명이 되었다고 한다.

- 박영준,『한국의 민화와 전설韓國の民話と傳說』고구려, 백제편,「낭간 전설浪好ものがたり」, 한국도서문화출판사, 1972, pp.134-137.

15. 춘도의 인어

울산에 있는 춘도는 원래 고기의 눈처럼 동그랗게 생겼다 해서 목도目島였다.

옛날, 방도리 해변의 어장漁場에서 머슴살이하는 젊은 어부가 고기를 잡으려고 바다에 그물을 쳤다가 거둬 올리니 까만 눈동자의 인어人魚가 걸려 있었다. 그가 구슬 같은 눈물을 흘리므로 이 머슴 어부는 애처로이 여겨 놓아주려 하였다. 이때 극력 반대하는 다른 어부들과 난투극을 벌여 차례로 때려눕히고는 재빨리 인어를 안아 내려 바다에 놓아주었다.

육지로 돌아온 어부는 동네 사람들의 몰매를 맞게 되자 갑자기 번개가 번쩍이며 장대 같은 소나기가 쏟아지니 마을 사람들이 혼비백산하여 도망치고 말았다. 반죽음이 되어 바닷가에 버려져 있던 그는 "바다로 나와요"하는 소리에 몸을 일으켜 노를 저어 바다로 나가, 용왕의 사자라는 큰 거북이를 타고 용궁으로 들어갔다.

그 인어아가씨는 용왕의 공주였고 그는 공주와 혼인하여 부마駙馬가 되었다. 용왕은 "부마가 공주를 살려 준 은인이기는 하나, 속세의 사람이라 이 용궁에서 살 수 없으므로 부득이 공주와 함께 인간 세상에 나가 살다가 적절한 시기에 과인이 부르거든 용궁에서 살도록 하라"고 분부했다.

공주는 "우리 부부가 살 땅이 없습니다."하고 아뢰니 부왕이 살 땅을 마련해 주었다. 공주 부부가 속세로 나오자마자 "펑"하는 소리와 함께 큰 물기둥이 하늘 높이 치솟고 난 뒤 작은 섬 하나가 생겼는데 이것이 오늘날의 춘도라고 한다.

- 한국정신문화연구원, 『한국구비문학대계』 8-12, pp.161-164.

16. 울산시 온산읍 목도 전설

옛날 방도리 해변에 한 젊은이가 어장의 머슴살이를 하고 있었다. 하루는 이 젊은이가 다른 어부들과 배를 타고 고기잡이 나가 그물을 올리는데, 그물 속에 고기들과 함께 한 아름다운 아가씨가 올라왔다. 어부들이 살펴보니 인어인지라 모두들 내다 팔자고 하는데, 이 젊은이는 눈물을 흘리는 인어가 너무 불쌍하여 어부들의 만류를 뿌리치고 인어를 도로 바다로 돌려보냈다. 그 뒤 배가 포구에 닿자 다른 어부들이 이 젊은이를 묶어 인어 포획의 횡재를 물거품으로 만든 데 대한 앙갚음으로 몰매를 치자, 그때 갑자기 마른하늘에서 날벼락이 치고 장대비가 쏟아지므로 사람들은 겁에 질려 다들 도망을 갔다. 젊은이는 매를 맞고 갯가에 쓰러져 있는데, 비몽사몽간에 용왕이 나타나 배를 타고 바다로 나오라는 부름을 들었다. 그는 깨어나 주변에 있던 배를 타고 노를 저어 저만큼 자기가 구해준 인어 즉 용왕의 공주를 만났다. 그들은 여기서 혼인을 했으나 속세의 사람이 오래 머무를 수 없었으므로 육지로 나와야 했는데, 그들이 살 만한 땅이 없었던지라 용왕은 용왕국의 물줄기를 뿜어 올려 한 섬을 만들어 살게 했으니 이 섬이 바로 목도라는 섬이다.

- 한국 해양수산부, 『한국의 해양문화』v3, 「동남해역」 下. 해양수산부, 2002, p.526.

중국

1. 능어 이야기

능어는 사람의 얼굴에 팔다리가 있고 몸뚱이는 물고기인데 바다 한가운데에 산다.

陵魚人面, 手足魚身, 在海中.

- 정재서 역주, 『산해경』, 민음사, 1993, p.278.

2. 저인 이야기

저인국이 건목의 서쪽에 있는데 그들은 사람의 얼굴에 물고기의 몸을 했으며 발이 없다.

氐人國在建木西, 其爲人, 人面而魚身, 無足.

- 정재서 역주, 『산해경』, 민음사, 1993, p.262.

3. 역어 이야기

역어는 바닷속 인어이다. 눈썹, 귀, 입, 코, 손톱, 머리가 모두 갖추어져 있고, 피부와 살이 옥과 같이 희다. 비늘이 없고 가느다란 털이 오색을 띠며, 머리카락은 말꼬리 같고 길이가 대여섯 자에 이른다. 몸체의 길이도 대여섯 자 정도이다.

魚+役魚卽海中人魚, 眉耳口鼻手爪頭皆具, 皮肉白如玉. 無鱗有細毛, 伍色髮如馬尾, 長伍六尺. 體亦長伍六尺.

- 장자열, 『정자통』. 「어부魚部」

4. 해인어 이야기

해인어는 동해에 있는데, 큰 것은 길이가 5, 6척이나 된다. 해인어는 사람처럼 생겼는데, 눈썹과 눈, 입과 코, 손과 손톱, 머리가 모두 미인이 되기에 부족함이 없다. 피부는 옥처럼 희고 비늘이 없으며 가는 털이 나 있다. 털은 오색 빛깔을 띠고 가볍고 부드러우며 길이는 1, 2촌쯤 된다. 머리카락은 말꼬리 같은데 길이는 5, 6척이다. 음부가 남자나 여자의 것과 다르지 않아서 바닷가에 사는 홀아비와 과부들이 대부분 잡아다 연못에서 키운다. 교접할 때도 사람과 다르지 않으며 또한 사람을 다치게도 하지 않는다.

海人魚, 東海有之, 大者長伍六尺, 狀如人, 眉目口鼻手爪頭, 皆爲美麗女子, 無不具足. 皮肉白如玉, 無鱗, 有細毛, 伍色輕軟, 長一二寸. 髮如馬尾, 長伍六尺. 陰形與丈夫女子無異, 臨海鰥寡多取得, 養之于池沼. 交合之際, 與人無異, 亦不傷人.

- 이방 엮음, 김장환 외 역주, 『태평광기』 권464, 「수족水族」, 학고방, 2004, pp.433-434.

5. 교인 이야기

남해 밖에 교인이 있는데 물고기처럼 물에 산다. 늘 비단을 짰는데, 울면 눈에서 진주가 나왔다.

南海之外, 有鮫人, 水居如魚, 不廢織績, 其眼泣, 則能出珠.

- 간보 저, 임대근·서윤정·안영은 옮김, 『수신기』 권12, 동아일보사, 2016, p.328.

6. 비단 짜는 교인

교인蛟人은 천선泉先이다. 또한 천객이라고도 불린다. 남해에는 교인이 짜는 비단이 나오며 천선이 잠수하여 비단을 짜니 이름하여 용사龍紗라고 한다. 그 값은 백여 금에 달하는데, 물에 빠져도 젖지 않는다. 남해에 용사궁이 있는데 천선이 비단을 짜는 곳이다. 비단은 서리처럼 하얗다.

蛟人即泉先也, 又名泉客. 南海出蛟綃紗, 泉先潛織织, 一名龍紗. 其价百餘金, 以爲入水不濡. 南海有龍紗宮, 泉先織綃之處, 綃有白之如霜者.

- 『술이기』 上

7. 구슬 눈물 흘리는 인어

남해 물속에 사는 교인이 비단을 잘 짰는데, 물 밖으로 나와 인가에 머물면서 매일 비단을 팔았다. 작별할 무렵에 눈물을 흘려서 구슬을 만들어 주인에게 주었다.

鮫人從水出, 寓人家, 積日賣絹. 將去, 從主人索一器, 泣而成珠滿盤, 以與主人.

- 장화 저, 임동석 옮김, 『박물지』, 고즈윈, 2004.

8. 인어 기름으로 만든 초

9월에 시황제를 여산에 묻었다. 시황제가 즉위한 직후부터 공사가 시작되었고, 천하를 통일한 후에는 70만 명에 달하는 사람들을 시켜 지하수가 세 번 나올 정도로 땅을 깊게 파게 하고 구리를 부어 밖을 만들었다. 궁궐, 관리들과 함께 진기한 보화를 함께 묻었다. 장인에게 특별히 쇠뇌를 만들게 하여 능에 접근하는 자를 쏘게 하였다. 수은으로 하천,

강, 바다를 만들고 기계로 수은을 채웠다. 위로는 하늘의 모습을, 아래로는 땅의 모습을 갖추었다. 인어의 기름으로 초를 만들어, 영원히 꺼지지 않도록 하였다.

九月, 葬始皇酈山. 始皇初即位, 穿治酈山. 及幷天下, 天下徒送詣七十餘萬人, 穿三泉, 下銅而致椁, 宮觀百官奇器珍怪徙臧滿之. 令匠作機弩矢, 有所穿近者輒射之. 以水銀爲百川江河大海, 機相灌輸, 上具天文, 下具地理, 以人魚膏爲燭, 度不滅者久之.

- 사마천, 『사기』 권6, 「진시황본기秦始皇本紀」

9. 용후산의 인어

또 동북쪽으로 이백 리를 가면 용후산이 있는데, 초목이 자라지 않고 금과 옥이 많이 난다. 결결수가 여기에서 나와 동쪽으로 황하에 흘러든다. 그 속에는 인어人魚가 많은데 생김새는 제어 같으나 네 개의 발이 있고 소리는 어린아이 같다. 이것을 먹으면 어리석음증이 없어진다.

又東北二百里, 曰龍侯之山, 無草木, 多金玉, 決決之水出焉, 東流注于河, 其中多人魚, 其狀如䱱魚, 四足, 其音如嬰兒, 食之無癡疾.

- 정재서 역주, 『산해경』, 민음사, 1993, p.127.

10. 적유

영수가 여기에서 나와 남쪽으로 즉익택에 흘러든다. 그 속에는 적유가 많이 사는데 생김새는 물고기 같으나 사람의 얼굴을 하고 있고 소리는 원앙새와 같다. 이것을 먹으면 옴이 오르지 않는다.

英水出焉, 南流注于卽翼之澤. 其中多赤鱬, 其狀如魚而人面, 其音如鴛鴦,食之不疥.

   - 정재서 역주, 『산해경』, 민음사, 1993, p.57.

11. 어부 魚婦

반쪽은 사람인 물고기가 있는데, 이름을 어부라고 한다. 전욱이 죽었다가 금방 다시 살아난 것이다. 바람이 북쪽으로부터 불어오면 하늘은 샘물을 넘치게 하고 뱀이 물고기로 변하는데 이것이 어부이다.

有魚偏枯, 名曰魚婦. 顓頊死即復蘇. 風道北來, 天乃大水泉, 蛇乃化爲魚, 是謂魚婦.

   - 정재서 역주, 『산해경』, 민음사, 1993, pp.315-316.

12. 노당의 교어

노당이라는 연못에 교어가 살았는데, 하루에 다섯 번씩 변화하면서 아름다운 여인이나 남자가 되기도 하였는데, 변괴를 일으키는 일이 특히 많았다. 그 마을 사람들은 서로 주의를 주면서 감히 그것을 해칠 마음을 먹지 않았고, 교어 역시 어찌할 수 없었다. 나중에 교어가 벼락에 맞아 죽자 그 연못은 결국 말라 버렸다.

盧塘有鮫魚, 一日伍化, 或为美異婦人, 或爲男子, 至於變亂尤多. 郡人相戒, 故不敢有害心, 鮫亦不能爲計. 後爲雷電殺之, 此塘遂涸.

   - 조충지, 『술이기』

13. 경생과 교인

천경茜涇 지역의 경생景生이 3년 만에 항해를 끝내고 돌아왔는데, 해안가에서 표류당한 교인을 만난다. 이 교인은 수정궁 용왕의 셋째 딸의 비단옷을 만들다가 실수를 한 죄로 인간 세상으로 쫓겨나 의지할 곳이 없었다.

경생은 교인을 집에 데려갔는데, 교인은 별 재주가 없는 것 같았다. 어느 날 경생이 아름다운 아가씨를 보고 사랑에 빠져, 그녀를 아내로 맞이하고자 하였으나 아가씨의 어머니가 만 개의 진주를 요구하였다. 경생은 실의에 빠져 상사병이 들어 죽음만을 기다리고 있었다.

교인이 이를 듣고 병상에서 통곡하자 눈물이 바닥을 모두 적셨는데, 모두 반짝 반짝 빛나는 진주였다. 하지만 그 수가 만 개가 되지 않았다.

자초지종을 안 교인이 누각에 올라갈 곳 없는 자신의 신세를 슬퍼하며 통곡하자 진주가 더 쏟아져 나왔다. 경생은 옥쟁반을 가져다 진주를 담았고, 눈물을 멈춘 교인은 몸을 훌쩍 날려 바다로 사라졌다.

芮涇景生, 喜闒三載, 後航海而歸. 見沙岸上一人僵臥, 碧眼蜷須, 黑身似鬼, 呼而問之. 對曰, "僕鮫人也, 爲水晶宮瓊華三姑子織紫綃嫁衣, 誤斷其九龍雙脊梭, 是以見放. 今漂泊無依, 倘蒙收錄, 恩銜沒齒." 生正苦無僕, 挈之歸里. 其人無所好, 亦無所能. 飯後赴池塘一浴, 即蹲伏暗隈, 不言不笑. 生以其窮海孤身, 亦不忍時加驅遣. 浴佛日, 生隨喜曇花講寺. 見老婦引韶齡女子, 拜禱慈雲座下. 白蓮合掌, 細柳低腰, 弄影流光, 皎若輕雲吐月. 拜罷, 隨老婦竟去. 跡之, 入於隘巷. 訪諸鄰右, 知女鳴人, 姓陶氏, 小字萬珠, 幼失父, 爲里黨所欺, 三年前, 隨母僦居於此. 生以孀貧可啖, 登門求聘, 許以多金, 卒不允. 生曰, "阿母居奇不售, 將使令千金以丫角老耶?" 老婦笑曰, "藍田雙璧, 索聘何嫌? 且女名萬珠, 必得萬顆明珠, 方能應命, 否則, 千絲結網, 亦笑越客徒勞耳!" 生失望而回, 私念明珠萬顆, 縱傾家破產, 亦勢難粹辦, 日則書空,夜則感夢,忽忽經旬,伏牀不起.延醫診視,皆曰,"雜症可醫,相思疾未可藥也."瘦骨支牀,懨懨待斃.鮫人入而問疾.生曰,"瑯玡王伯輿,終當為情死.但汝海角相依,迄今半載,設一旦予先朝露,汝安適歸?"鮫人聞其言,撫牀大哭,淚流滿地.俯視之,晶光跳擲,粒粒盤中如意珠也.生蹶然而起,曰,"愈矣!"鮫人訝其故.生曰,"予所以病且殆者,為少汝一副急淚耳!"遂備陳顚末.鮫人喜,拾而數之,未滿其額.轉歎曰,"主人亦寒乞相,得寶驟作喜色,何不少緩須臾,為君盡情一哭也."生曰,"再試可乎?"鮫人曰,"我輩笑啼,由中而發,不似世途上機械者流,動以假面向人.無已,明日攜樽酒,登望海樓,為主人籌之."生如其言,侵晨,挈鮫人登樓望海,見煙波汨沒,浮天無岸.鮫人引杯取醉,作旋波宮魚龍曼衍之舞.南眺朱崖,北顧天壚,之罘碣石,盡在滄波明滅中.喟然曰,"滿目蒼涼,故家何在?"奮袖激昂,慨焉作思歸之想,撫膺一慟,淚珠迸落.生取玉盤盛之,曰,"可矣."鮫人曰,"憂從中來,不可斷絶."放聲一號,淚盡乃止.生大喜,邀之同歸.鮫人忽東指笑曰,"赤城霞起矣.蜃樓十二座,近跨鼉梁,瓊華三姑子今夕下嫁珊瑚島釣鼇仙史.僕災限已滿,請從此逝!"聳身一躍,赴海而沒,生悵然獨反.越日,出明珠,登堂納聘.老婦笑曰,"君真癡於情者.我不過以此相試,豈真賣閨中女,腼顏求活計哉?"卻其珠,以女歸生.後誕一子,名夢鮫,志不忘作合之緣也.

- 심기봉,『해탁諧鐸』, 상해고적출판사古籍出版社, 1909.

14. 요씨와 해인

동주 정해군 사람 요씨는 무리를 이끌고 바닷고기를 잡아 그것으로 그 해의 공물을 충당하려 했다. 날은 저물어 가는데, 잡은 물고기가 너무 적어 걱정하고 있던 차에 그물에 홀연 어떤 사람이 걸렸는데, 그 사람은 살이 검고 온몸에 긴 털이 나 있었다. 그 사람은 두 손을 맞잡고 서 있으면서 묻는 말에 아무런 대답도 하지 않았다. 뱃사람이 말했다.

"저것은 이른바 해인海人이라는 것입니다. 저것을 보게 되면 반드시 재앙이 있다고 하니 어서 죽여 그 화를 막으십시오."

요씨가 말했다.

"저것은 신물神物이니 죽이면 길하지 않을 것이다."

그리고는 그것을 풀어주며 이렇게 기원했다.

"네가 나에게 고기 떼를 몰아다 주어 직분을 다하지 못하는 죄를 면하게 해 줄 수 있다면 네가 신이라는 것을 믿을 것이다."

털 난 사람은 물 위에서 뒷걸음질로 걸어가더니 수십 걸음 가서 사라졌다. 이튿날 요씨 일행은 평년의 몇 배에 달하는 아주 많은 양의 물고기를 잡았다.

東州靜海軍姚氏率其徒捕海魚, 以充歲貢. 時已將晚, 而得魚殊少, 方憂之, 忽網中獲一人, 黑色, 舉身長毛. 拱手而立, 問之不應. 海師曰, "此所謂海人, 見必有災, 請殺之, 以塞其咎." 姚曰, "此神物也, 殺之不祥." 乃釋而祝之曰, "爾能爲我致羣魚, 以免關職之罪, 信爲神矣." 毛人却行水上, 數十步而沒. 明日, 魚乃大獲, 倍於常歲矣.

- 이방 엮음, 김장환 외 역주, 『태평광기』권464, 「수족水族」, 학고방, 2004, pp.533-534.

일본

1. 벳부의 인어

이세국(현재의 미에 현) 벳부라는 곳에 전 형부刑部 차관 다다모리忠盛가 내려갔을 때의 일이다. 어부가 세 마리의 큰 물고기, 머리는 사람 같은데 이는 자잘한 것이 물고기 같고 입은 튀어나와 원숭이 같은 것 세 마리를 그물로 잡았다. 둘이 지고 옮겨도 꼬리가 땅에 끌릴 정도의 크기였다. 사람이 가까이 다가가면 높이 외치는 소리가 마치 사람이 외치는 것 같았다. 또 눈물을 흘리는 것도 사람과 다르지 않은 모습이었다. 두 마리를 다다노리에게 헌상했으나 다다노리는 두려워하여 어부에게 돌려줬다. 어부들은 그것을 먹어버렸지만 별 이상은 없었고 그 맛은 각별히 좋았다. 인어란 이와 같은 것을 이르는 것일까.

- 『고금저문집古今著聞集』, 쿠가시라 미카즈오九頭見和夫, 『일본의 인어상日本の人魚像』, 일본 화천서원和泉書院, 2012, p.172 재인용.

2. 팔백비구니 설화

와카사 현의 한 어부가 어느 날 아주 기이하게 생긴 물고기를 잡았는데 평생 처음 보는 것이었다. 그는 그 고기를 친구들과 시식하려고 친구들을 집으로 초대했다. 친구 중 하나가 주방을 들여다보게 되었는데 잘린 생선 대가리가 사람의 얼굴을 하고 있어서 깜짝 놀랐다. 그 잘려 나간 사람 머리는 친구에게 말을 했는데 자기 살을 먹지 말라는 것이었다.

그 사람은 주인이 생선을 굽는 사이에 몰래 이 사실을 다른 친구들에게 알렸다. 예의상 음식을 안 먹어줘도 실례임으로 친구들은 먹는 체하며 고기를 종이에 싸서 품에 감추었다. 돌아가는 길에 버리려고 그랬다.

한 어부가 괴상한 물고기를 시식하자고 친구들을 초청하였으나 친구들 중 한 사람은 술이 너무 취해서 귀가 중에 그 고기 버리는 일을 잊어먹었다. 그는 어린 딸 하나가 있었는데 딸이 선물을 주겠다고 약속해 놓고 왜 안 주느냐고 아버지를 보챘다. 취한 아버지는 종이에 싼 생선구이를 선물이라고 딸에게 주고 말았다.

술이 깬 아버지는 화들짝 놀라 딸을 찾았지만 이미 늦었다. 딸은 생선구이를 먹어버린 것이다. 아버지는 생선에 독이 들어있으리라고 믿었는데 장시간 관찰해 보아도 딸에게 별다른 이상 현상이 나타나지 않았다. 아버지는 안심하고 이 일을 잊었다.

어부의 딸은 성장하여 시집을 갔다. 그런데 딸은 세월이 흘러도 시집 갔을 때의 젊음에서 조금도 늙지 않았다. 남편이 늙어 죽어도 그녀는 젊을 때 몸 그대로였다. 그녀는 또 시집을 갔고 다시 과부가 되기를 반복했다.

그녀는 고민 끝에 비구니승이 되어 전국을 돌아다니며 선행을 베풀다가 고향으로 돌아왔는데 그때 그녀의 나이는 800살이었다. 그녀는 고향에 돌아와 어느 바위굴 속으로 사라졌다.

- 요괴사전제작위원회妖怪事典制作委員會, 『모에모에 요괴사전萌え萌え妖怪事典』, 일본 이글버블리イーグルパブリシング, 2009, pp.112-126.

3. 시로비구니

나의 돌아가신 아버지가 일찍이 말씀하셨다.

와카사노국에 시로비구니라 불리는 사람이 있다고 들었다. 그 여자의 아버지가 어느 날 산에 들어가 이인異人을 만났다. 함께 한곳에 다다랐는데 그곳은 별세계였다. 그 사람이 물건 하나를 주면서 말하기를, "이것은 인어다. 이것을 먹으면 오래 살고 늙지 않는다." 아버지는 그것을 가지고 집으로 돌아왔다. 그 딸이 아버지를 기쁘게 맞이했다. 아버지가 옷을 갈아입는데 그 옷소매에서 나온 인어를 받아 곧바로 먹었다. 여자의 수명이 사백여 살, 소위 시로비구니란 이를 이른다.

내가 어렸을 때 이 이야기를 들었는데 잊히지 않는다.

- 히야시 라잔林羅山, 『본조신사고本朝神社考』, 구가시라미 카즈오九頭見和夫, 『일본의 인어상日本の人魚像』, 일본 화천서원和泉書院, 2012, p.173 재인용.

4. 섭진국의 인어

섭진국의 어부가 굴강에 깊이 그물을 던져 무언가를 건졌는데, 그 모양이 아이와 같아 물고기도 아니고 사람도 아니었다.

- 『일본서기日本書紀』22, 「추고천황推古天皇 27년 7월」.

5. 젊어진 아내

부부와 아이가 바닷가에 밀려온 물고기를 주워 생활하고 있었다. 어느 날, 아이가 물고기를 주워 와서 셋이서 먹으려고 세 토막으로 잘라 구웠는데 아내가 냄새에 이끌려 세 토막 모두 먹어버린다. 그러자 아내는 17, 8의 아가씨같이 젊어졌고 남편에게 혼이 나서 가출해버린다. 그로부터 몇백 년이 지나 아지가사와의 사람이 센다이의 이시마키 항에서 한 비구니를 만나 이 비구니가 가출한 아내라는 얘기를 들었다. 이 물고기는 인어였고 이것을 먹었기 때문에 장수한 것이다.

- 구가시라미 카즈오九頭見和夫, 『일본의 인어상日本の人魚像』, 일본 화천서원和泉書院, 2012, p.172.

6. 선물로 받은 인어고기

구로베 계곡의 바둑을 좋아하는 여덟 명의 남자에게 한 노인이 다가왔다. 남자들이 노인이 따라오라는 대로 따라가니 산속 폭포에 당도했다. 폭포를 통과하여 붉게 칠한 어전에서 음식을 대접받았는데 연회는 3일간 계속됐다. 남자들은 선물로 인어 고기를 받았는데 왠지 무서워서 폭포를 빠져나와 돌아갈 때 강에 흘려보내고 돌아오니 3년의 세월이 흘러 있었다. 남자들은 다시 폭포를 찾으러 갔지만 찾을 수 없었다. 인어 고기를 가지고 돌아간 그중 한 남자의 딸이 그것을 먹고 삼백 살까지 살았다.

- 구가시라미 카즈오九頭見和夫, 『일본의 인어상日本の人魚像』, 일본 화천서원和泉書院, 2012, pp.173-174.

인도

1. 마츠야

마츠야Matsya는 산스크리트어로 물고기fish라는 뜻인데 힌두신 비슈누의 화신으로서 물고기 또는 반인반어의 형상을 가진다. 비슈누의 첫 번째 화신이다.

힌두 문화에서 마누Manu는 인간의 시조에 해당하는 존재에게 부여

비슈누의 첫 번째 화신 마츠야

하는 별호이다. 태양신 비바스반Vivasvan의 아들 바이바스바타Vaivasvata, 본명은 Satyavrata는 일곱 번째 마누였다. 바이바스바타 마누는 세상 최초의 왕이며 대홍수에서 인간을 구했다. 이 이야기는 기독교의 "노아의 홍수"와 아주 유사하다. 지금 세상의 인간은 모두 마누의 후손이다.

마누 왕이 강물에 손을 씻을 때 아주 작은 잉어가 손에 잡혔다. 잉어는 "저를 살려주세요. 안전한 곳에 보호해 주세요."라고 간청했다. 마음 착한 마누는 잉어를 물 단지에 보관했는데 잉어가 커질 때마다 더 큰 단지로 옮기다가 너무 커지자 우물에 넣었다. 그래도 잉어가 계속 커져

마누는 산 같은 크기의 물 탱크를 만들어 주기에 이르렀다. 이것도 모자라게 되자 잉어를 강물에 넣었다. 다시 이것도 비좁게 되자 잉어를 바다에 넣었다. 잉어는 바다를 가득 채울 정도로 커졌다.

그때가 되어서야 잉어는 자기가 비슈누 신의 화신인 물고기 신 마츠야Matsya라고 바이바스바타 마누 왕에게 말해주고 곧 대재앙의 홍수가 닥칠 것이니 준비를 서두르라고 일렀다.

바이바스바타 마누 왕은 그의 식구들을 모두 태울 수 있는 큰 배를 만들고 9가지 씨앗과 동물들을 준비했다. 홍수가 지나간 뒤에 다시 세상에 번식시키기 위함이었다. 홍수가 일어나자 비슈누의 인어 아바타 마츠야는 뿔 달린 물고기 모습으로, 뱀 아바타인 쉐샤Shesha는 밧줄 모습으로 나타났다.

바이바스바타 마누 왕은 쉐샤 밧줄을 마츠야의 뿔에 걸어 배에 묶었다. 홍수가 끝나자 일곱 마누들이 탄 배는 말라야 산Malaya Mountains 꼭대기에 올라타 있었다. 지금의 히말라야 산이다. 홍수가 끝나 물이 줄어들자 마츠야는 배를 물가로 끌어가 물에 띄웠다. 마누 일행은 구원을 받은 것이다. 이 이야기는 버전에 따라 다소 내용에 차이가 있다.

- 류경희,『인도 힌두신화와 문화』, 서울대학교 출판문화원, 2016, pp.111-112.

2. 수판마차

토카산은 프라 람이 바다에 랑카로 가는 길을 만드는 중이라는 소식을 듣게 된다. 이에 물고기에서 태어난 자신의 딸 나앙 수판마차를 보내 그녀가 모든 물고기들을 모아 바다에 길을 내기 위해 공사 중인 도

하누만과 수판마차

로의 돌들을 모두 치우고 공사 중인 도로를 모조리 부셔버리라고 한다. 그녀는 아버지의 명령을 충실히 이행한다. 수그립과 하누만은 갑자기 공사 중인 도로의 바위와 돌들이 순식간에 없어지는 것을 목격한다. 이에 하누만은 물속으로 들어가 그 이유를 살펴보니, 거대한 물고기 떼가 바위들을 나르고 있었다. 그는 즉시 이 물고기 떼에게 달려들어 마구 치며 쫓아내버렸다. 그리고 나앙 수판마차를 발견하고는 그녀를 붙잡았다. 나앙 수판마차는 하누만을 보고 두려움에 떨며 모든 것을 자백하고 용서를 구하였다.

하누만은 그녀의 달콤한 목소리를 듣고 그녀의 아름다운 얼굴과 아름다운 얼굴빛을 보고는 사랑에 빠져 그녀를 아내 삼고 싶어했다. 하누만은 그녀에게 물고기들이 돌을 제자리로 갖다 놓게 하라 요청한다. 이리하여 하누만의 네 번째 부인이 된 나앙 수판마차는 나중에 임신하게 된다. 그러자 그녀는 하누만에게 이 사실을 감추려 몸을 숨긴다.

임신이 된 나앙 수판마차는 아버지 토카산에게 혼날 것을 우려해 그녀의 아들을 입에서 꺼내 해변가에 내려놓았다. 아기는 완전히 하얀 얼굴색에 몸은 원숭이의 몸을 하고 물고기의 꼬리를 하고 있었다. 수판마차는 아기에게 마차누라 이름 붙였다.

하누만과 나앙 수판마차 사이에 태어난 마차누는 악마 마야랍에게 발견된다. 마야랍은 아기를 데려다 자기 자식처럼 돌보았다.

- 『라마키엔』. Scribner Vaughn저, 카와부치코川副 智子 외 역, 『도설 인어의 문화사圖說 人魚の文化史』(日本 原書房, 2021) 재인용.

바빌로니아

1. 오안네스 Oannes

아카드어로는 아프칼루Apkallu, 수메르어로는 아브갈Abgal이라 불리는 반신반인이자 현자 중 하나로, 인간의 머리와 팔다리에 물고기의 몸을 하고 있는 존재인데, 페르시아 만에서부터 나타나 낮에는 육지에 머물러 수메르인들에게 문명과 수많은 유용한 지식을 전해주고 밤에는 자신들의 은신처인 바다로 돌아갔다고 한다. 오안네스에게는 자신들만의 언

오안네스의 모습

어와 문명을 가지고 있다고 한다.

- 출처 : 나무위키(https://namu.wiki)

2. 다곤 dagon

원래는 서셈 족(특히 아모리인)의 신이었던 듯하며, 함무라비 법전에서 '우리의 아버지'로 부르고 있다. 바빌로니아에서는 흔히 물의 신 에아와 동일시되는데, 따라서 어류 dag 의 신이라 보고 있으나, 헤브라이와 페니키아에서는 곡물 dagan 의 신으로 보았다.

블레셋 사람들은 반인반어의 모습으로 표현하여 이를 숭상하였고, 아슈도드와 가자에 그 신전이 있었다. 구약성서의 『사사기(판관기)』 중 삼손과 데릴라의 이야기에서 삼손이 죽은 곳이 바로 가자의 다곤 신전이다. 또한 그리스인들은 바다의 신 포세이돈과 동일시하였다.

다곤

바알 신의 아버지라는 설도 있다.

- 출처 : 나무위키(https://namu.wiki)

아시리아

1. 아타르가티스 Atargatis

최초의 여자 인어 이미지는 기원전 1000년경 아시리아 문명에서 출현한다. 아시리아의 여왕 세미라미스 Semiramis의 어머니인 여신 아타르가티스 Atargatis = Derceto는 생식의 여신, 땅과 물의 풍요의 여신, 위대한 어머니 신이며 북시리아 지방의 여신 중 최상위의 여신이었다.

아타르가티스에 대한 숭배는 그리스와 로마인 그리고 그 이후까지도

아타르가티스

이어진다.

 하늘에서 알 하나가 유프라테스 강으로 떨어졌는데 물고기가 점프해 알을 땅으로 던졌고 비둘기가 날아와 이 알을 품어 부화시켰는데 여기서 나온 것이 아타르가티스이다.

 그녀는 사람들에게 사회를 이루는 방법과 종교의 형식을 가르쳤고 많은 발명품을 선사해 인간의 삶을 편하게 만들었다. 그녀는 천문학과 점성술에 능했다.

 아타르가티스에 관한 흥미 있는 두 가지 설화가 있는데 그 하나는 이렇다. 아타르가티스가 유한 생명을 가진 양치기 인간을 사랑했는데 실수로 양치기를 살해하고 말았다. 그것은 의도하지 않았던 사고였다. 아타르가티스는 죄책감을 느껴 물고기로 변신해 숨어 살려고 바다에 투신했다. 그러나 해신은 그녀의 미모가 워낙 뛰어나서 전신을 물고기로 만들기가 아까워 반인반어의 인어로 만들었다.

두 번째 이야기는 아타르가티스는 젊은 양치기 청년과 몰래 정을 나누었는데 임신을 하고 말았다. 사생아 아기를 낳은 후 그녀는 너무 창피해서 물고기로 변신해 숨어 살려고 아스칼론Ascalon 호수로 투신했는데 몸만 물고기가 되고 머리는 그대로였다.

인간인 남자와의 사이에서 태어난 그 아기가 후에 세미라미스Semiramis 여왕이 되었다.

- Skye Alexander, 『Mermaids』, USA adams media, 2012.

페르시아

1. 어부 압둘라와 인어 압둘라(940-946일 밤)

옛날 이슬람 나라에 이름이 압둘라인 가난한 어부가 있었다. 아내와 아홉 명의 자식을 거느리고 있었다. 알라 신은 그에게 식량을 주지 않은 것은 아니었다. 고기를 조금 잡은 날은 판 돈으로 아이들 먹이고 나면 남는 것이 없었고 많이 잡은 날은 진수성찬에 과일까지 사 먹었으니 또 남는 돈이 없었다.

그러다가 부인이 열 번째 아기를 출산했다. 압둘라는 하루 종일 투망했어도 송사리 하나 잡지 못했다. 보통 고민이 아니었다. 힘없이 돌아오는데 빵 가게 주인이 물었다. "자네가 돈이 없는 걸 내 다 아네. 창피하게 생각하지 말고 말하게. 얼마나 줄까?" "우리 가족이 하루 먹을 만큼만 주세요. 그 대신 내 그물을 저당 잡히고 갈게요." "이 사람아! 그물을 맡기면 고기는 어떻게 잡나? 이게 당신 밑천인데."

빵 가게 주인은 돈을 주면서 나중에 갚으라고 했다. 혹시 내일도 고기를 잡지 못하면 또 돈을 주겠다고 했다. 그렇게 고기를 못 잡은 여러 날 동안 빵가게 주인은 어부 압둘라에게 돈을 주었다.

어느 날 어부가 던진 그물이 너무 무거워 땅으로 끌기조차 힘들었다. 압둘라가 무거운 그물을 끌어 당겨보니 그 안에 알몸의 남자가 들어 있었다. 압둘라는 분명 이건 진Jinn; 이슬람 전설의 마신이라고 생각하여 도망가려 했다. 그러자 그물 안의 발가벗은 남자가 큰 소리로 말했다. "어부여, 도망가지 마시오, 나는 당신과 똑같은 인간입니다. 나를 풀어주면 알라 신의 이름을 걸고 보상을 해 주겠습니다!"

압둘라는 되돌아와 물었다. "당신은 진Jinn이 아니요?" 알몸의 남자가 말했다. "나는 유한 생명을 가진 바다의 자식이며 지나가다가 당신 그물에 걸린 겁니다. 우리도 알라 신을 믿으며 알라의 계명을 따르고 있습니다. 나를 살려주고 나와 친구가 됩시다. 내가 매일 이 자리에 나타날 테니까 당신은 육지의 과일들을 바구니에 담아와 나에게 주시오. 나는 당신 바구니에 진주 산호 에메랄드 루비 보석을 가득 채워 주겠소." "만약 여기서 내가 보이지 않으면 '압둘라 씨! 압둘라 인어 씨!' 하고 바다에 소리치면 내가 듣고 나올 것입니다."

압둘라가 남자를 풀어주고 이름을 물었다. "내 이름은 압둘라라고 합니다! 인어 압둘라입니다." 인어 압둘라가 되물었다. "어부 씨, 이름은 뭐요?" "내 이름도 압둘라입니다." 인어 압둘라가 말했다. "그것 참 묘하네요. 이름이 같다니, 이젠 형제라고 해도 되겠습니다."

이리하여 압둘라는 첫 번째 보석 담은 주머니를 받아 집으로 가는 길에 빵 가게를 먼저 들러 보석으로 빚을 갚았다. 빵가게 주인은 휘황찬란한 보석을 보자 눈이 휘둥그레졌다.

어부 압둘라가 집으로 돌아와 아내에게 이 이야기를 하자, 압둘라의 아내는 이 사실을 아무에게도 말하지 말라고 했다.

다음날부터 압둘라는 과일 바구니를 들고 바다에 나가 과일을 주고 인어 압둘라가 준 보석을 바구니에 가득 받아왔다. 압둘라는 보석을 팔려고 샤이흐Shaykh: 이슬람 장로가 운영하는 보석 가게에 가 보석을 보여주었다. 샤이흐가 물었다. "이것들 말고 더 있느냐?" "예, 집에 한 바구니 가득 있습니다." 샤이흐는 압둘라의 집을 묻고 대답을 듣더니, 아랫사람들에게 말했다. "이 자를 체포하시오. 술탄의 부인이신 여왕의 보석을 훔친 도둑입니다." 샤이흐 사람들은 압둘라에게 발바닥을 때리는 태형을 가했다. 그러나 압둘라는 아무 것도 말하지 않았다. 샤이흐는 압둘라를 왕 앞에 데려갔다. "여왕의 목걸이를 훔친 자가 이 놈입니다."

왕은 환관에게 보석을 여왕에게 보여주고 답을 받아오라 명했다. 여왕은 "내 목걸이는 궁 안에서 다시 찾았다. 도둑 맞은 게 아니었다. 그리고 나에게 보여준 보석들은 내 것보다 훨씬 더 아름답다. 그 사람을 핍박하지 말라. 그 사람이 보석을 팔 의향이 있으면 그것을 사서 목걸이를 만들어 공주가 시집갈 때 주고 싶다."라고 말했다.

왕은 억울한 사람을 잡아온 샤이흐를 크게 나무라고 궁 밖으로 내쫓았다. 왕은 압둘라에게 보석을 어떻게 구하게 되었는지 말하라고 하자, 압둘라는 어쩔 수 없이 인어 압둘라와의 관계를 다 말하고 매일 과일 바구니를 가져가면 그만큼의 보석을 받기로 일종의 계약을 맺었다고 말했다.

왕이 제안을 했다.

"부는 권력이 없으면 지킬 수 없는 것이다. 내 딸과 결혼하여 나의 사위가 되어주면 나중에 왕위를 너에게 물려 줄 것이니 가장 안전하게 부를 지키는 방법이 된다. 나는 아들이 없다."

신하들은 당장 압둘라를 목욕시키고 왕족의 옷을 입혀 광나게 만들었다. 압둘라의 본처와 10명의 자식(모두 남자)도 자동적으로 왕의 며느리와 손자들이 되었다. 공주와 압둘라의 결혼식 날은 온 나라의 축제였다.

결혼식 다음 날 아침에 왕이 정원 쪽을 보니 사위가 과일을 듬뿍 담은 바구니를 머리에 이고 어디론가 가고 있었다. 왕이 물으니 그는 "친구 인어 압둘라를 만나러 갑니다."라고 대답했다. 압둘라는 매일 인어 압둘라를 만나 과일을 주고 보석을 받아왔다.

그런데 어느 날 보니 빵 가게가 닫혀있었다. 열흘일 동안 보아도 가게가 닫혀있자 압둘라는 이웃에게 빵 가게 주인집을 물어 찾아갔다.

빵 가게 주인을 어렵게 만나니 그는 압둘라를 껴안고 울었다. 그가 말했다. "어떤 자가 당신을 도둑이라고 신고해서 왕에게 잡혀갔다는 말을 듣고 나도 공범으로 몰려 온전할 것 같지 않아 숨어버린 것이오. 이게 도대체 어찌 된 일이오?" 압둘라는 그런 일이 있었던 것은 사실이며 무죄가 밝혀져 고발한 사람들이 왕에게 혼났으며 왕이 자기를 사위로 삼은 과정을 소상히 설명해 주었다. 압둘라는 이제 숨어 살지 않아도 된다고 말하고 바구니의 보석을 모두 그에게 주고 돌아왔다.

왕이 물었다. "왜 빈 바구니로 왔느냐, 오늘 인어 친구에게 가지 않았느냐?" 압둘라는 빵 가게 주인을 만나 보석을 다 주고 왔다고 아뢴 다음 빵 가게 주인이 자기가 어려웠을 때 너무 많이 자기를 도와주었고 너무너무 착한 사람이라고 설명했다.

왕이 물었다. "그 친구의 이름은 무엇인고?" "빵쟁이 압둘라입니다, 저는 대지의 압둘라, 바다 친구는 인어 압둘라이지요." 왕이 말했다. "내 이름도 압둘라이니라. 압둘라는 모두 알라의 종이며 형제들인 것이다." 왕은 사위 압둘라를 높은 벼슬에, 빵쟁이 압둘라를 그보다 약간 낮은 벼슬에 앉혔다

어부 압둘라와 인어 압둘라는 꼬박 1년 동안 매일 만나 과일과 보석을 교환했다. 과일이 없는 철에는 건포도, 아몬드, 개암, 호두, 무화과 같은 말린 열매를 주었다. 그러던 어느 날 두 사람은 오랫동안 이야기를 나누게 되었다. 어부 압둘라는 물가에 앉았고 인어 압둘라는 바로 앞 얕은 물에 앉았다.

화제가 무덤에 관한 소재로 바뀌었다. 인어 압둘라가 물었다. "예언자(마호메트)의 무덤이 당신이 사는 육지에 있다고 하는데 이에 대해 알고 있습니까?" "네. 야트리브Yathrib라는 도시에 있습니다." "사람들이 무덤을 방문하나요?" "그럼요." "육지 사람들은 무덤을 방문하는 기쁨의 복을 받았네요. 형제도 무덤을 방문하나요?"

어부 압둘라가 말했다. "나는 그동안 너무 가난해서 예언자의 무덤을 방문하지 못했습니다. 이제 형제가 나에게 생활의 여유를 선물했으니 무덤을 찾아가야겠습니다. 그러나 알라의 성전을 먼저 순례하기도 해야 하고, 매일 당신을 만나야 하기도 한데 어떻게 시간을 내야 할지 모르겠습

니다."

인어 압둘라가 말했다. "나 때문에 예언자 무덤을 못 찾아간다는 것은 말이 안 되오. 내가 허락할 테니 다녀오시오. 단, 조건이 있습니다. 예언자 무덤 앞에서 나를 대신해 내 이름으로도 경배를 해달라는 것입니다. 그렇게 하려면 나의 위임 증표를 갖고 가야 하니 물속 세계도 구경할 겸 위임 증표를 가지러 우리 집으로 갑시다."

어부 압둘라가 말했다. "형제여, 당신은 물에서 태어났으므로 땅으로 올라가 살 수 없는 몸 아니오?" 인어가 대답했다. "그렇소. 땅에서는 말라 죽을 것이오." 어부가 말했다. "반대로 나는 땅에서 태어나서 물에 들어가면 질식해 죽을 것입니다."

인어 압둘라는 물속으로 사라졌다가 다시 나오더니 어부 압둘라에게 연고를 주었다. 이 연고를 몸에 바르면 물속에서 숨 쉬는 것은 물론 안전하게 여행할 수 있다는 것이었다.

어부 압둘라는 땅속에 자기 옷을 파묻고 머리에서 발 끝까지 연고를 바른 다음 물속으로 들어갔다. 과연 아무런 불편이 느껴지지 않았다.

압둘라는 바다를 한참 구경한 후 인어 압둘라의 집에서 증표 하나를 받았다. 어부 압둘라는 주머니 안에 무엇이 들었는지 확인하지 않고 받아 쥐었다.

두 압둘라는 육지를 향해 출발했다. 가는 도중에 즐거운 노랫소리가 들려 가까이 가보니 결혼식인 것처럼 즐거운 큰 축제판이었다. "결혼식을 하는 겁니까?" 어부가 묻자 인어가 대답했다. "아니오, 그들 중 하나가 죽은 것입니다. 장례식이죠. 우리는 사람이 죽으면 기뻐서 노래하고 잔치를 벌입니다. 육지에서는 어떻게 합니까?"

어부 압둘라가 말했다. "육지에서는 사람이 죽으면 매우 슬퍼하고 웁니다. 죽은 자를 향해 모두 애도하지요. 아내들은 앞가슴을 치며 통곡을 합니다."

이 말이 끝나기가 무섭게 인어 압둘라의 표정이 일그러지더니 "그 증표를 돌려 주시오!"라고 말했다. 어부는 증표를 주머니를 돌려주었고 둘은 말없이 물가에 도착했다. 어부가 땅에 올라서자 인어가 말했다.

"지금 이 순간부터 당신과 나 사이의 인연은 없었던 것으로 합니다. 나를 찾지도 말고 내가 나오지도 않을 것입니다!" "아니, 갑자기 왜 그러시오?"

"땅의 당신에게 말하오. 알라 신이 맡겨 놓은 것을 알라가 다시 가져가는데 그게 그렇게 슬프고 억울합니까? 그렇게 슬프다고 생각하는 사람이 내 증표를 예언자의 무덤에 되돌려 줄 것인지 내가 어떻게 믿을 수 있습니까?" 인어 압둘라는 물속으로 사라졌다.

어부 압둘라는 땅에 묻어둔 옷을 꺼내 입고 보석을 지닌 채 왕을 만나러 갔다. 왕이 반갑게 맞이하며 "한동안 안 보이던데 무슨 일이 있었던 거냐?" 물었다. 사위는 왕에게 그동안 물속 나라에서 경험한 신비한 이야기들을 들려주고 마지막에 인어 압둘라가 한 말도 아뢰었다. 왕이 말했다. "땅의 죽음에 관해서 그 말을 하지 말았으면 좋았을 것을. 아깝구나!"

그 후 어부 출신 압둘라가 여러 날 바다에 나가 인어 압둘라를 불러 보았지만 그는 나타나지 않았다.

- 앙투안 갈랑 저, 임호경 역, 『천일야화』, 현대지성, 2019.
본 내용을 바탕으로 필자가 요약함.

유럽의 인어 이야기

스페인

1. 콜롬버스와 세이렌

1492년에 첫 항해를 시작한 크리스토퍼 콜럼버스는 다음 해인 1493년 어느 날 카리브 해의 히스파니올라 제도(현재의 아이티와 도미니카 공화국)로 접근하고 있었다. 당시 카리브 해는 바다동물이 아주 많은 곳으로 유럽에 알려져 있었다.

한 포구로 들어섰을 때 저 멀리서 세 마리의 여자 인어mermaid가 수면 위로 머리를 볼록볼록 내밀면서 배 쪽으로 헤엄쳐오는 것이 보였다. 콜럼버스는 인류가 오랫동안 상상해왔던 인어가 드디어 발견되는 극적인 순간이라고 흥분했다.

콜럼버스는 항해일지에 "나는 세 세이렌siren을 보았다"고 적었다. 세 이렌들이 수면 위로 머리를 내미는 동작도 자세히 묘사했다. 콜럼버스는 뱃전 가까이 온 세이렌들을 뚫어지게 살펴보았다. 그러나 크게 실망했다. 그는 다시 이렇게 적었다. "예상과는 전혀 반대로 예쁘지 않았고 사람과는 전혀 다른 얼굴이었다."

- Skye Alexander, 『Mermaids』, USA adams media, 2012.

그리스

1. 오디세우스와 세이렌

오디세우스는 항해 중에 바람의 신 아이올루스를 만나 도움을 받는다. 아이올루스는 가죽 가방 하나를 오디세우스에게 선물했는데 이 안에는 서풍만 빼고 모든 바람이 들어있었다. 이것만 지니고 있으면 포세이돈의 저주와 관계없이 순풍의 힘으로 고향에 도착할 수 있었다.

그러나 오디세우스가 잠든 사이에 탐욕스러운 부하들이 그 안에 황금이 들어있는 줄 알고 가방을 열어보고 말았다. 그 순간 바람이 다 빠져나가고 폭풍이 불더니 배는 왔던 길을 되돌아가고 있었다. 안타깝게도 고향 이타카가 멀리 시야에 보이고 있을 때였다. 오디세우스는 자기가 탄 배를 제외하고 나머지 배들을 모두 폭풍 속에 잃어버린다.

오디세우스는 마녀 신 키르케를 찾아가기로 했는데 키르케는 인간을 동물로 바꾸는 마법을 부리며 아주 미인이다. 키르케의 섬에 오른 오디세우스 정찰대가 키르케의 저택에 도착해보니 문 앞에 있는 사자와 늑대들이 달려들려고 하였다. 이 동물들도 키르케가 사람을 저주시켜 만든 것들이었다. 키르케는 환대하며 일행을 맞아들인 다음 약 탄 술을 먹이고 지팡이로 쳐서 오디세우스의 부하들을 모두 돼지로 만들어버렸다.

배에 있던 오디세우스가 부하들을 구하려고 나설 때 여행 중에 친하게 된 신 헤르메스가 나타나 경고를 하면서 키르케의 마법에 걸리지 않는 약초 몰리를 오디세우스에게 주었다. 약을 탄 술을 먹여도 마법이 안 먹히자 키르케는 놀랐다. 이 과정에서 키르케는 오디세우스를 사랑하게 되었고 오디세우스 일행은 1년간 이 섬에서 머물 수 있었다. 물론 부하들도 돼지에서 인간으로 돌아왔다. 이 기간에 키르케와 오디세우스 사이에서 텔레고노스라는 아들이 태어난다.

키르케는 떠나겠다는 오디세우스를 막지 못하고 나머지 여행길에 대해 조언을 해 준다. 세이렌들의 섬을 지나가게 될 것이라고 일러 주면서 주의할 점을 말해 준다. 세이렌들은 지나가는 배를 향해 매혹적인 노래를 부르며 이 노래를 들은 뱃사람들은 소리가 들려오는 쪽으로 배의 방향을 돌리게 되어 있으며 그쪽으로 가다 보면 암초가 있어서 부딪혀 침몰하게 된다고 했다.

키르케는 세이렌의 암초를 무사히 지나가려면 모든 선원이 밀랍으로 귀를 막아 노랫소리를 듣지 않으면 된다고 일러 주면서 만약 오디세우스가 노래의 내용이 무언지 듣고 싶다면 스스로 행동을 못 하도록 손과 발과 몸을 돛대 기둥에 꽁꽁 묶으면 된다고 말했다.

오디세우스 일행은 키르케가 시킨 대로 귀를 막고 세이렌들의 암초섬을 지나가고 있었다. 새의 날개가 달린 세이렌들이 날아와 유혹의 노래를 불러대는데 세이렌들은 트로이 전쟁에 대해 다 알고 있으며 사이렌의 노랫말을 다 들으면 매우 유식해져 돌아갈 수 있으며 노래를 듣지 않으면 이곳을 지나갈 수 없다고 오디세우스를 위협했다. (이 세이렌의 모습은 훗날 반인반어의 인어의 모습으로 변화되어 전해진다.)

오디세우스는 도저히 참을 수 없어 부하들에게 자기를 풀어달라고 명령한다. 그러나 충성스러운 부하 두 명이 오디세우스를 더욱 단단하게 묶었다. 이리하여 오디세우스 일행은 세이렌의 위험 해역을 무사히 통과했다.

- 이윤기, 『그리스로마신화』, 웅진지식하우스, 2004.

본 내용을 바탕으로 필자가 요약함.

2. 글라우쿠스와 스킬라

글라우쿠스는 보이오티아Boeotian의 안테돈Anthedon이란 항구에 살던 젊고 잘생긴 어부였다. 어느 날 여러 시간 그물질을 하고 물고기를 추리기 위해 외딴 섬에 올라갔다. 이 섬은 무인도이며 가축이 들어와 본 적도 없는 알려지지 않은 작은 섬이었다. 잡은 고기를 풀밭에 쏟았다. 잡힌 지 시간이 많이 지난 물고기들이라 다 죽어 있어야 했는데 물고기들이 갑자기 되살아나더니 물로 다 도망가 버렸다. 글라우쿠스는 자기가 헛것을 본 것이 아닌가 하여 깜짝 놀랐다.

그는 물고기를 쏟았던 땅바닥을 자세히 살펴보았다. 머리가 총명했던 글라우쿠스는 처음 보는 이상한 약초 같은 풀을 발견하고 하나를 뽑아서 그것을 씹어 보았다. 그 즉시 그에게는 급히 물로 뛰어 들어가고 싶은 충동이 일어났고 이를 참을 수가 없었다. 그는 쏜살같이 물로 달려가 텀벙 뛰어들었다.

그러자 그의 금발 머리는 해초의 녹색으로 변했고 원래 넓었던 어깨는 더 넓어지고 다리에 비늘이 생기기 시작하더니 물고기 꼬리로 변했다. 손은 지느러미로 변했다. 그의 운명이 바다에서 살도록 순식간에 바뀌어버린 것이다. 그는 변한 자신의 모습이 징그러울 정도로 싫었다. 그러나 어쩔 수 없이 바닷속으로 들어갈 수밖에 없었다.

바닷속에 들어가 여러 바다의 신들을 만났으나 텃세가 심했다. 다행히 대양의 신인 오케아누스와 그의 아내인 테티스가 그를 새 식구로 환영해 주어서 바다의 여러 다른 신들로부터 괄시를 당하지 않고 잘 어울릴 수 있게 되었다. 그와 친구가 된 바다의 신들은 글라우쿠스의 몸에서 유한 생명의 지문을 지워버려야 한다며 이를 실행할 절차의 지배자인 오케아누스와 테티스에게 요청하여 허락을 받았다.

100개의 강물이 오케아누스 위로 쏟아졌고 그는 의식을 잃었다. 다시 깨어나보니 땅에서 있었던 그의 본능과 기억과 사고방식이 모두 사라지고 자신의 몸에 대해서도 만족스러움을 느꼈다. 이제 그는 영생의 생명을 가진 신이 되었다. 그는 동료 신들로부터 앞을 내다보는 방법(예언)도 배우고 물고기들과 달리기 시합을 하면서 즐거운 나날을 보냈다.

그러던 어느 날 글라우쿠스는 물의 요정 스킬라Scylla를 보게 되었다. 스킬라는 물의 요정 중에서 가장 예쁜 것으로 알려져 있었으니 글라우쿠스가 한눈에 반하지 않을 수 없었다. 스킬라는 산책을 좋아했으며 아늑하고 조용한 곳을 발견하면 맑은 물에 들어가 목욕을 했다. 글라우쿠스는 숨어서 스킬라을 보며 자기의 여자로 만들고 싶은 욕망에 불탔다. 그는 수면 위로 몸을 드러내고 스킬라에게 말을 걸었다.

그러나 스킬라는 글라우쿠스를 보자마자 질겁을 하고 놀라 도망갔다. 그녀는 좀 높은 바위 꼭대기로 도망가서 바다에 있는 글라우쿠스를 내려다보았다. 스킬라가 볼 때 글라우쿠스는 아주 괴상하게 생겼고 색깔

(녹색)도 흉측했다.

글라우쿠스는 수면 위로 나와 있는 작은 바위에 몸을 괴고 스킬라를 향해 말했다. "아가씨, 나는 괴물도 동물도 아니라오. 나는 신입니다. 프로테우스Proteus나 트리톤Triton 보다도 더 높은 계급의 신입니다. 나는 유한 생명으로 태어나 먹고 살기 위해 바다에 다니다가 지금은 완전히 바다의 일원이 되었습니다."

글라우쿠스는 절망한 나머지 여자 마법사 키르케Circe를 찾아갔다. 글라우쿠스와 키르케는 이미 오래전부터 아는 사이였고 글라우쿠스는 키르케를 친구로 생각했지만 반대로 키르케는 글라우쿠스를 짝사랑하고 있었다.

글라우쿠스가 애원했다. "당신이라면 내 고통을 해결해 줄 수 있다고 믿습니다. 마법의 약초가 얼마나 효험이 좋은지 알지요. 나도 그 약초 덕에 신으로 변했으니까요. 나는 스킬라를 죽도록 사랑한다오. 창피한 말이지만 사랑을 고백했다가 무참히 거절당했습니다. 거절 정도가 아니라 아예 비웃더군요. 제발 마술을 걸든지 마법의 약초를 쓰든지 도와주시오!"

자기가 흠모하는 남자가 다른 어여쁜 아가씨를 죽도록 사랑한다니 키르케는 속이 뒤집혔다. 키르케가 말했다.

"당신은 여자가 좋아할 수 있는 매력을 갖고 있습니다. 너무 주눅 들지 말고 자신감을 가져요. 스킬라가 당신을 무시한다면 당신도 스킬라를 무시해버려요. 당신 같은 멋진 남자를 거들떠보지도 않다니 그 여자가 웃기는 겁니다. 뭣 하러 싫다는 여자한테 매달립니까? 당신을 마음에 들어 하는 여자도 있을 텐데요."

키르케가 타이르자 글라우쿠스는 이렇게 대답했다. "바닷속에서 나무가 자라고 산꼭대기에서 해초가 자라는 일이 일어난다면 그때 스킬라를 포기할 겁니다."

키르케는 화가 머리 꼭대기까지 치밀어 올랐으나 사랑하는 글라우쿠스를 혼내줄 수도 없었다. 그 대신 노여움이 스킬라에게 향했다. 그녀는 강력한 독초를 가지고 수많은 동물들이 뛰어다니는 숲을 지나 스킬라가 살고 있는 시실리 섬으로 달려갔다.

시시리 섬에는 스킬라가 태양 아래서 바다의 공기를 마시며 목욕을 자주 하는 한 작은 포구가 있었다. 키르케는 이 물에 독약을 쏟아붓고 강력한 주문을 외었다. 이 사실을 모르는 스킬라는 보통 때와 마찬가지로 허리가 물에 찰 때까지 걸어 들어갔다.

그때 그녀는 갑자기 모양이 똑같은 여섯 마리의 개 머리들에게 둘러싸였는데 개들의 몸은 큰 뱀이었다. 개의 머리들은 그녀를 향해 큰 입으로 짖어댔다. 스킬라는 혼비백산하여 도망을 갔지만 그 괴물들은 그림자 따라오듯 그녀와 똑같이 이동했다. 그녀의 허리 아래가 서펜트들로 변해 있었고 다리는 12개였다.

그 이후 스킬라의 여섯 개 머리 서펜트들은 지나가는 배의 선원들을 즐겨 잡아먹는 악마로 변했다. 스킬라 자신은 몸의 일부인 서펜트들의 행동을 전혀 통제할 수 없었다.

스킬라는 메시나 해협 골짜기에 숨어서 긴 뱀의 몸에 달린 개의 입 범위에 배가 들어오면 선원들을 무자비하게 잡아먹었다. 최후에 스킬라는 바위로 변했으며 선박 항해의 큰 위험물로 존속해 오고 있다.

- 헤시오도스·오비디우스·토머스 불핀치 저, 김성진 편역, 『그리스로마신

화』, 린, 2022.

본 내용을 바탕으로 필자가 요약함.

3. 트리톤

트리톤Triton은 그리스 신의 하나로 바다의 신 포세이돈Poseidon 또는 넵튠/Neptune과 역시 바다의 여신인 암피트리테Amphitrite 사이에서 태어난 아들이다. 트리톤은 아버지 포세이돈의 전령이다. 트리톤은 몸이 인어로, 상체는 인간 모습이고 하체는 물고기 모양이다.

트리톤은 포세이돈처럼 삼지창도 들고 있고, 나선형으로 꼬인 나팔고둥을 들고 다닌다. 트리톤은 포세이돈의 명령을 받아 나팔고둥을 불어 바다에 폭풍을 일으키거나 폭풍을 잠재운다. 나팔고둥 소리는 귀에 매우 거슬리는 소리인데 소리를 크게 내면 바다 속 거대 괴물이 요동을 쳐서 거센 풍랑이 일어난다.

트리톤은 해저의 황금 궁전에서 부모와 함께 살았다. 트리톤은 팔라스Pallas의 아버지이며 아테나Athena 여신의 양부모였다. 아들 팔라스는 아테나와 싸움을 하다가 사고로 아테나에게 맞아 죽었다.

아르고 호가 지금의 리비아 해변에 좌초되었을 때 선원들은 배를 "트리톤의 호수"로 끌어갔다. 리비아의 통치자가 트리톤이었고 트리톤은 아르고 호 선원들을 환영해 주었으며 아르고 호가 사막에서 지중해 바다로 되돌아가는 일을 도와주었다.

- 헤시오도스·오비디우스·토머스 불핀치 저, 김성진 편역, 『그리스로마신화』, 린, 2022.

본 내용을 바탕으로 필자가 요약함.

스코틀랜드

1. 셀키

"셀키Selkie의 전설"은 스코틀랜드 북부와 페로 제도Faroe Islands, 그 인근의 셰트랜드 제도Shetland Islands와 오크니 제도Orkney Islands, 더 멀리는 아일랜드와 아이슬란드, 스웨덴 지방에서 전해 오는 전설이다.

셀키는 남자형과 여자형이 다 있다. 남자 셀키는 여자들에게 성적 매력이 넘친다. 이 남자 셀키들은 바다에 오래 동안 나가 있는 어부의 아내들을 유혹했다. 오랫동안 남편이 나가 있는 사이 성적 욕구를 견디지 못한 유부녀가 바다에 눈물 일곱 방울만 떨어뜨리면 남자 셀키가 나타난다.

오르크니 섬에 사는 잘생긴 처녀 우르실라Ursilla는 시집을 갔으나 남편이 성 불구자였다. 남편이 해결해 주지 못하는 욕구를 다른 남자에게서 해결하려고 했지만 섬의 어느 남자도 그녀에게 끌려오지 않았다. 그녀는 울고만 있는 나약한 성격이 아니었다.

그녀는 셀키를 만나 해결하기로 했다. 그녀는 바닷물이 차오르는 이른 아침 만조 시간에 갯바위에 앉아 눈물 일곱 방울을 바닷물에 흘렸다. 남자 셀키를 만나려면 이렇게 해야 한다는 것을 섬 사람들은 다 알고 있었다.

그러자 새벽의 회색빛 바다 위에서 셀키 한 마리가 우르실라 쪽으로 헤엄쳐오는 것이 보였다. 그녀 앞에 이른 셀키는 아주 잘생긴 남자의 얼굴을 가죽 사이로 내보였다. 셀키는 주저함이 없는 노골적인 말로 우르실라의 요구가 무엇인지 물었고 그녀는 신이 나서 할 말을 다 했다.

셀키는 다음 한사리(밀물이 가장 높을 때)에 그곳에서 다시 만나자고 약속한 다음 사라졌다. 약속한 날이 와서 우르실라가 갯바위에 나가보니 잘생긴 남자가 기다리고 있었다. 두 남녀는 서로 팔짱을 끼고 절벽 아래에서 걸으며 데이트를 즐겼다. 셀키 남자는 맑은 우물 같은 두 눈으로 여자의 눈을 응시했다. 우르실라의 응어리졌던 마음이 눈 녹듯이 녹아내렸다.

그들은 오랫동안 주기적으로 만나서 데이트를 했으며 여러 명의 아이를 낳았는데 자식들의 손과 발이 모두 물갈퀴 모양으로 태어났다. 산파는 아기가 태어날 때마다 가위로 긴 물갈퀴 뼈를 잘라냈다. 그러나 아이들은 그 후 발바닥과 손바닥에 딱딱한 뼈 성질의 각질이 두껍게 덮여서 손발이 기형이 되었다. 바다로 돌아간 셀키 아내는 다시는 돌아오지 않지만, 다시 나타나 자식들과 함께 바다에서 물놀이를 즐기는 경우도 있다.

셀키의 전설 중 가장 유명한 버전은 페로 제도 칼소이 섬 Kalsoy island의 미클라달우르 Mikladalur 마을의 코파코난 Kopakonan 전설이다. 코파코난은 원주민어로 물개 여인 seal woman이란 뜻이다. 이 이야기는 두 가지가 있다.

한 젊은 어부가 해변에서 셀키들이 춤추는 광경을 발견한다. 어부는 그 중 가장 예쁜 셀키의 가죽옷을 감추어버렸다. 어부는 보통 여자 옷을 들고 다시 바다에 나타나 혼자 울고 있는 셀키 여인을 만났다. 어부는 셀키에게 옷을 입히고 집으로 데려가 아내로 삼았다. 셀키는 선택의 여지가 없이 어부의 아내가 될 수밖에 없었다.

어부는 셀키의 가죽을 궤짝에 감추고 자물쇠로 잠근 다음 낮이나 밤이나 항상 열쇠를 몸에 지니고 있었다. 어느 날 고기를 잡으러 바다에 나갔는데 열쇠를 집에 놓고 나온 것을 깨달았다. 집에 돌아와보니 셀키 아내는 낳은 자식들을 집에 놔두고 바다로 도망간 뒤였다.

얼마 후 어부는 바다에 나갔다가 도망간 아내의 셀키 남편과 2명의 셀키 자식들을 발견하고 그 남편과 2명의 자식을 모두 죽여버렸다. 그러자 어부의 아내였던 셀키는 미클라달우르에 사는 남자들에게 복수할 것을 맹세하였다. 사람들이 익사하거나 절벽이나 비탈에서 떨어져 죽거나 하는 사고가 끊이지 않고 발생하였는데 죽은 사람들의 팔을 다 이어놓는다면 칼소이 섬을 한 바퀴 두를 정도였다.

- 김인영, 「바다이야기」
(http://fishillust.com/Legend_of_Mermaid_8_8)[39]

2. 돌아간 셀키

위 이야기의 또 다른 버전은 어부(또는 농부일 수도 있다)가 궤짝에 물개 옷을 감춘 상황은 동일하지만 그 뒤가 다르다. 어부는 셀키를 위압하여 아내로 만들지는 않았고 셀키 아내는 남편과 아이들과 행복하게 살고 있어서 바다가 머릿속에서 지워진 지 오래되었다.

어부는 정장을 차려 입고 외출할 일이 있어서 평상 옷 주머니에 있던 열쇠를 베갯잇에 감추고 나갔다. 아내는 감춘 열쇠를 우연히 발견하고 궤짝을 열었다가 물개 가죽을 보게 되었던 것이고 그 순간 본능이 되살아났던 것이다. 그녀는 아이들과 헤어지는 것을 무척 고민하다가 바다 본능에 압도되어 바다로 걸어갔다.

물가에 서자 그녀는 바다에 살 때 낳았던 여러 명의 자식들이 기억에 떠올랐다. '나는 어디로 가야 하는 거지? 땅에도 일곱 자식이 있고 바다에도 일곱 자식이 있으니 어찌한단 말인가?' 결국 그녀는 바다로 들어가고 말았다.

그 후 아내를 잃은 어부는 슬프게 살았다. 그가 고기잡이를 나가면 가끔 물개 한 마리가 그의 배 주위를 돌며 헤엄을 쳤는데 물개의 눈에서 눈물이 흘렀다. 그리고 이 물개가 나타난 날은 물고기가 많이 잡혔다. 그 물개는 도망간 어부의 아내였던 것이다.

어부의 아이들이 해변을 거닐며 놀 때는 해변 가까이 물개 한 마리가 나타나 아이들이 걸어가는 방향으로 따라다니는 모습이 발견되곤 했다. 물개는 물고기나 예쁜 조개를 아이들에게 던져주었다. 그러나 아이들 품으로 되돌아오지는 않았다.

— 김인영, 「바다이야기」

3. 두건 뺏긴 인어

스코틀랜드 북쪽 끝 서덜랜드 주의 성주가 어느 날 성 아래 해변에서 아름다운 인어가 물가 근처를 헤엄쳐 다니는 것을 보았다. 어느 날 성주는 바위 위 인어의 붉은 두건을 빼앗아 인어를 성으로 끌고 들어갔다. 두건을 빼앗긴 인어는 바다로 돌아가지 못하고 울며 겨자 먹기로 성주의 아내가 됐다.

몇 년이 지난 어느 날, 성주가 없는 동안 하인이 헛간 안쪽에서 예의 붉은 두건을 발견하고 부인에게 보여주었다. 그것을 본 인어는 옛 바다의 추억에 화살도 방패도 못 이겨, 아이들을 남겨둔 채 바다로 뛰어들어 다시는 돌아오지 않았다. 그러나 아이들을 향한 그리움에 물가 근처까지 헤엄쳐 오곤 하다가 자기 아이가 아님을 한탄하여 울기만 했다. 이 후손들은 대대로 수영을 잘하고 물에는 결코 빠지지 않는다고 한다.

- 다나베오田辺悪, 『인어人魚』, 일본 법정대학출판부法政大學出版社, 2008, pp.131-132.

아일랜드

1. 그물에 잡힌 셀키

아일랜드에는 어부의 그물에 잡힌 셀키 이야기가 있다. 그물을 배 위로 건져보니 그 안에 사람 비슷한 것이 들어있었는데 꺼내 보니 알몸의 젊은 여자였고 어부가 인공호흡을 시켜 살려냈다. 여인은 자기 집이 어딘지 어디서 왔는지 기억하지 못했고 갈 곳이 없다고 하였다.

어부는 자기 집에 데려가 방을 주고 묵게 했다. 어부는 여인에게 병든 어머니의 간호와 어린 딸을 보살피도록 부탁했다. 이상한 것은 어부가 여인을 태우고 바다로 나갔을 때 여인이 노래를 부르니까 물고기와 바닷가재가 많이 잡히는 것이었다.

어부는 바다에 나갈 때마다 여인을 태우고 나갔으며 계속 행운을 얻었다. 옛날이야기에 심취해 있는 어부의 딸은 이 여인이 셀키일 것이라고 믿었다. 사람으로 살려고 가죽옷을 벗었는데 그 옷을 어디에 놓고 왔는지 잊어버린 것이라고 믿었다.

셰틀랜드Shetland(스코틀랜드 북동쪽 군도)의 셀키는 한여름 철이면 사랑에 굶주린 남자들을 바닷속으로 유인하였으며 이 남자들이 다시 육지로 나온 사례는 없다.

- Skye Alexander, 『Mermaids』, USA adams media, 2012.

2. 셀키를 다시 살린 어부의 행복한 여생

먼 옛날 펜틀랜드 해협 바닷가 오두막집에 사는 한 어부가 있었다. 그는 아내와 아이들을 춥고 위험한 바다에 의존하여 먹여 살리고 있었다. 그는 고기를 잡는 한편 바닷가재와 게를 잡는 덫을 놓았고 수시로 찬물에 발을 담그고 들어가 조개를 주워 식량을 해결했다.

그는 셀키 사냥도 했다. 스코틀랜드 북부에서는 물개를 셀키Selkie라고 부른다. 그는 셀키의 가죽을 벗겨 시장에 내다 팔았는데 좋은 값을 받을 수 있었다. 그러나 해변 사람들은 셀키를 경외시하며 죽이지 않는 관습을 갖고 있었다. 셀키는 바다에 빠져 죽은 사람들의 영혼이라고 믿었다.

또한 셀키는 어떤 조수 시간대에 맞춰 가죽을 스스로 벗고 사람으로 변신한다고 믿었으므로 매우 조심해야 한다는 것이 이 지방 사람들의 생각이었다. 그러나 어부는 전설일 뿐이라며 이웃 사람들의 충고를 웃어버렸다.

어느 날씨 좋은 날 아침 어부는 이날은 셀키를 잡기로 하고 셀키들이 누워 햇볕을 쬐고 있는 바위로 내려갔다. 몇 마리의 셀키들이 있었는데 그 중에 큰 수컷이 한 마리 있었고 이 수컷은 은회색 빛깔의 고급스러운 코트(외피)를 입고 있었다. 어부는 이 수컷을 잡으면 돈 꽤나 받을 것 같아 총력을 기울여 사냥하기로 마음을 다졌다.

어부는 바위에 납작 엎드려 셀키들이 있는 쪽으로 기어갔다. 셀키들은 이를 모르고 따뜻한 햇빛에 졸고 있었다. 어부는 덩치 큰 수컷 셀키에게 점점 더 가까이 다가갔다. 어부는 허리에 찬 칼을 뺐다. 어부의 거리가 지척에 이르렀을 때 수컷 셀키는 뒤늦게 알아차리고 벌떡 일어났다. 셀키가 물로 뛰어들기 직전 어부는 온 힘을 다해 셀키의 옆구리에 칼을 박았다. 옆구리가 칼로 찢기자 셀키는 비명을 지르며 물로 떨어졌다. 셀키는 시뻘건 피를 바닷물에 흘리며 서서히 헤엄쳐 가다가 사라졌다.

어부는 큰 셀키를 놓쳤을 뿐 아니라 칼까지 잃어버려 무거운 마음으로 집에 돌아왔다. 셀키의 몸에 박힌 칼은 아주 깊이 들어가 있으므로 여전히 몸에 박혀있으리라고 생각되었다. 셀키는 결국 죽을 것이고 그 사체가 해변으로 표류되면 칼도 찾고 사냥감도 회수해 값진 가죽도 팔 수 있으리라고 기대했다.

그날 오후 해가 질 무렵 누군가가 어부의 집 문을 급하게 노크했다. 문을 열어보니 키가 크고 옷을 잘 입은 미남이 서 있었다.

"당신이 셀키 어부입니까?" 방문객이 물었다. "예, 그런데요?" 방문객이 말했다. "당신과 거래할 일이 있어서 왔습니다. 시간이 매우 급합니다. 생각이 있으시면 나와 함께 가시죠."

어부는 잠시 고민 후 낯선 방문객을 따라갔다. 남자는 어부를 말에 태워 높은 절벽 끝으로 가서 두 팔로 어부를 껴안고 절벽 아래로 뛰어내렸다. 얼굴에 부딪치는 세찬 바람을 느끼며 '죽었구나' 싶어 두려움에 정신을 잃고 말았다.

두 사람은 큰 물보라를 일으키며 바다로 떨어졌고 물속으로 계속 내려가고 있었다. 어부는 공포에 떨며 질식해 죽을 것 같아 발버둥쳤다. 그러나 이상하게도 숨이 막히지 않고 땅에서와 같이 정상적으로 호흡이 되고 있었다. 두 사람은 절벽에서 떨어질 때의 속도로 물속으로 계속 내려갔다.

바닥이 가까워지자 아래쪽에 거대한 대문이 보이기 시작했다. 대문은 두 사람이 들어가도록 열리고 있었다. 대문 안으로 들어가자 수많은 셀키들이 가득 모인 큰 홀이 있었고 셀키들은 세상의 종말이 온 것처럼 눈물을 흘리며 통곡하고 있었다.

방문객 남자가 "이 광경이 무엇을 의미하는지 알겠소?" 말하는 소리에 어부가 뒤를 돌아다보았더니 그 잘생긴 남자는 보이지 않았다. 뒤에 서서 그를 노려보고 있는 것은 키 큰 셀키였다. 어부는 또 한 번 겁에 질렸다. 그는 울고 있는 셀키들 사이로 홀을 가로질러 걸어갔다. 옛날이야기에 나오는 셀키족들인 게 분명했다.

벽에 큰 거울이 있어 거울을 바라본 순간 이상한 생각이 들었다. 거울에는 어부의 얼굴이 보이지 않고 대신 셀키의 얼굴이 보였다. 그는 놀라서 자신의 손을 보았다. 사람의 손이 아니고 긴 발톱이 달린 셀키의 지느러미였다.

키가 큰 젊은 셀키가 앞으로 걸어 나가더니 칼을 내어 보이며 "이 칼을 알아보겠습니까?" 하고 물었다. 그 칼은 그가 셀키를 찔렀던 칼이었으므로 그는 오금이 저려왔다. 그는 고개를 떨구고 "예, 그건 제 칼입니다." 거의 들리지 않는 목소리로 대답했다. 그러나 젊은 셀키는 뜻밖의 말을 했다. "우리를 겁내지 마시오. 당신에게 위해를 가할 생각도, 악감정도 갖고 있지 않습니다. 당신이 오늘 아침 칼로 찌른 셀키는 저의 아버지입니다. 저의 아버지를 살려낼 수 있는 자는 당신밖에 없습니다. 왜냐하면 상처를 낸 사람의 손이 닿아야만 치료가 되기 때문입니다. 아버지의 상처를 씻어주고 만져주면 됩니다. 저를 도와주시오."

"그러나 저는 치료사가 아닙니다." 어부가 대답했다. 젊은 셀키는 "당신은 아버지를 치료할 충분한 자격이 있습니다."라고 말하면서 어부를 다른 방으로 데려갔다. 그곳에는 옆구리가 찢어진 채 누워있는 늙은 셀키가 있었다. 늙은 셀키는 숨을 가쁘게 쉬며 고통에 시달리고 있었다. 젊은 셀키는 몸짓으로 대야를 가리켰다. 어부는 대야의 물로 상처를 말끔히 씻어냈다.

젊은 셀키는 벌어진 상처를 양쪽에서 밀어서 서로 닿게 하라고 말했다. 어부는 시키는 대로 했다. 상처의 양쪽이 서로 닿자마자 상처의 양쪽 살이 녹으면서 서로 붙어버렸고 상처는 말끔히 치료가 되었다. 늙은 셀키는 일어나 앉았고 상처는 흔적도 보이지 않았다.

홀에 있는 모든 셀키족들이 환성을 지르며 그에게 달려와 껴안았다. 모두들 기뻐했다. 그러나 어부는 기쁠 수가 없었다. 너무 많은 셀키를 죽인 그는 이제 벌을 받아 바닷속에서 버림받은 채 평생을 셀키의 모습으로 살아야 될 것이라고 생각했다. 아내와 자식들과 친구들을 만날 수 없게 되었다고 좌절했다.

젊은 셀키가 그에게 다가와 말했다. "협조해 주어서 고맙습니다. 이제 당신을 가족이 있는 집으로 데려다 주겠습니다. 그러나 한 가지 중요한 조건이 있습니다. 당신은 많은 우리 동족을 죽였으나 가족을 먹여 살리기 위해 죄의식 없이 한 행동임으로 용서합니다. 그러나 앞으로는 절대로 셀키를 사냥하지 않겠다고 서약을 하십시오. 만약 셀키를 또 죽인다면 당신에게 지독한 불행이 올 것입니다. 서약을 하겠습니까?"

어부가 맹세를 하자 젊은 셀키는 그를 데리고 홀 밖으로 나가 위로 올라가기 시작했는데 그 속도가 내려올 때의 속도와 같았다. 둘은 처음에 물로 떨어졌던 그 절벽 아래에 있었고 그 다음에는 활에 당겨진 화살같이 절벽 위로 날아갔다.

그곳에는 그들이 타고 왔던 큰 말이 충실하게 그대로 기다리고 있었다. 어부가 또 놀란 것은 그의 몸이 여전히 셀키였기 때문이다. 그를 데리고 온 젊은 셀키는 다시 미남으로 변해 있었다. 어부가 셀키 모습으로 어떻게 집에 갈 수 있나 고민하고 있을 때 젊은 셀키가 허리를 구부려 셀키 형상으로 변한 어부에게 따뜻한 입 바람을 불었더니 어부의 셀키 털이 없어지고 원래의 사람 모습으로 되돌아왔다. 두 사람은 말에 올라 바람처럼 달려 어부의 집에 도착했다.

말이 어부의 집에 도착하여 그가 말에서 내렸을 때 젊은 셀키가 말했다. "당신은 앞으로 어떤 셀키에게도 위해를 가하거나 죽이지 않겠다고 맹세한 사실을 잊어서는 안 됩니다. 아시겠습니까?" 어부는 "예, 알겠습니다. 남자의 신의로 그 약속을 충실히 지키겠습니다."라고 말했다. 그러자 젊은 셀키는 웃으며 "잘한 생각이오. 자, 이것을 받으시오. 그리고 셀키족이 착한 어부의 생계 수단을 보상 없이 빼앗아 갔다는 말이 나오게 하지는 마시오." 하면서 큰 가방 하나를 주었다.

가방에는 어부가 가족과 함께 걱정 없이 여생을 보낼 수 있는 충분한 금화가 들어있었다. 가방을 내려놓은 젊은 셀키는 말을 타고 홀연히 사라졌고 다시 나타나지 않았다. 그 이후 어부는 죽을 때까지 셀키를 괴롭히거나 죽이지 않았다. 그는 가끔 해안 바위에 내려가 셀키들이 햇볕을 쬐거나 헤엄치는 모습을 구경하면서 셀키들이 달밤에 가죽을 벗고 사람이 되어 춤을 춘다는 옛 이야기를 근거 없는 낭설이라고 일축하지 않았다.

- Skye Alexander, 『Mermaids』, USA adams media, 2012.

3. 리반

558년 북부 아일랜드 벨파스트 호에서 잡힌 인어의 이야기이다. 그녀는 몇 년 동안 모습을 보이며 수면 아래에서 노랫소리를 들려주었다. 어부들은 배를 띄워 그물로 그녀를 잡았는데, 남자들은 그녀의 황홀한 아름다움에 매료되고 말았다. 더욱이 그들이 놀란 것은 이 인어가 일찍이 홍수로 죽은 한 가족 중 한 명인 리반이라는 작은 소녀였다는 것이다. 그녀는 바다에 삼킨 후에도 계속 살아오면서 서서히 인어의 모습으로 변해갔다. 남자들은 이 소녀를 마겐이라고 이름 짓고 누구나 볼 수 있도록 수조에 넣었다. 그 후 수많은 기적이 그녀의 주위에 일어났고 그녀가 죽은 후에 성 마겐이라고 불리게 되었다.

- 다나베오田辺惡, 『인어人魚』, 일본 법정대학출판부法政大學出版社, 2008, pp.126-127.

4. 인어와 결혼한 여자

18세기 팬트리 근처에 온몸이 비늘로 뒤덮인 여성이 있었다고 한다. 그녀는 인어와의 결혼의 결과라고 알려져 있었다. 가끔 인어는 바다에서 나와 뿔이 없는 작은 소의 모습으로 해안을 산책한다. 이들은 본래의 모습으로 있을 때에는 털로 뒤덮인 빨간 모자를 쓰고 있다. 만약 이 모자를 도둑맞는다면 그녀들은 다시는 파도 아래로 돌아갈 수 없다.

- 다나베오田辺惡, 『인어人魚』, 일본 법정대학출판부法政大學出版社, 2008,

pp.125-126.

5. 리비앙

젊은 여성 리비앙은 기원전 90년 대홍수로 익사했다. 그러다 그 후 수달로 변신해 베트의 개를 데리고 오백 년 동안 아일랜드 해안주변을 헤엄쳐 다녔다. 그러나 인어는 고독한 해수면 아래 생활에 지쳐 성자 코티가알에게 도움을 청했더니 천국에 가는 것이 허락되는 축복을 받았다. 리비앙은 천국에서 영광스러운 성녀들의 자리를 차지했다.

- 다나베오田辺悪, 『인어人魚』, 일본 법정대학출판부法政大學出版社, 2008, pp.127-128.

6. 새년 강의 인어

새년 강에 한 마리 새가 있었다. 만약 햇빛 아래에서 인어가 바위 위에 앉아 있는 것이 보인다면 어딘가 근처에서 재앙이 일어난다고 한다. 그녀들은 불행을 고하기 위한 것 외에는 나타나지 않았다. 그녀들은 인간들에게 원한을 가지고 있고 우리의 불행을 기뻐한다. 어느 날 한 젊은 어부가 이 성으로 향하는 물길에 휘말렸다. 그는 인어들이 앉아 있는 바위밭을 향해 돗자리를 깔려고 했다. 그러나 어부는 빙글빙글 소용돌이에 휘말려 갑자기 파도 아래로 가라앉아버렸다.

그는 정신을 차리고 주위를 둘러보았다. 키가 큰 식물이 무성한 곳이었다. 거기에 인어가 와서 달콤하게 노래하며 와인을 마시라고 권했다. 하지만 그는 그것을 마시지 않았다. 그것이 피 같은 색을 하고 있었기 때문이다. 아래를 보니 놀랍게도 목이 잘린 한 병사가 핏덩이 속에 바닥에 누워 있었다. 폭풍 속에서 떠돌던 보트에서 의식을 되찾을 때까지 그는 아무것도 기억하지 못했다. 그는 바위에 부딪혔고 그곳에서 그를 찾던 친구들에게 발견되어 집으로 돌아갔다. 집으로 돌아온 그는 기묘한 이야기를 들었다. 막사에서 탈영한 병사가 스스로 목을 가르며 다리에서 강물 속으로 뛰어들었다는 것이다. 바로 그가 인어나라에서 본 그 시체 같았다. 그는 겁에 질려 목사에게 세례를 받고서야 겨우 안심할 수 있었다.

그 후 바위 위의 무서운 삶이 그를 괴롭히지는 않았다. 그러나 인어들은 지금도 새년 강 안의 작은 섬에 있으면서 안타까운 희생자들의 죽음을 바라며 기다리고 있다고 한다.

- 다나베오田辺悪, 『인어人魚』, 일본 법정대학출판부法政大學出版社, 2008, pp.129-130.

네덜란드

1. 베스트프리스란트의 인어

1403년 지금은 네덜란드 땅인 베스트프리스란트 지역에 인어 한 마리가 표류해 왔다. 마을 여자들은 인어의 몸에 붙은 바다 이끼를 떼어주며 다정하게 대했다고 한다. 인어는 끝내 말을 배우지 못했지만 15년 동안 살다가 죽어 교회 묘지에 묻혔다.

- Skye Alexander, 『Mermaids』, USA adams media, 2012.

독일

1. 로렐라이

로렐라이는 이 바위의 이름인 동시에 아름다운 요정의 이름이기도 하다. 작가 브렌타노Clemens Brentano, 1778~1842의 설화시說話詩에서 이 바위를 소재로 다루었는데 라인 강을 항해하는 뱃사람들이 요정의 아름다운 노랫소리에 도취되어 넋을 잃고 그녀의 모습을 바라보고 있는 동안에 배가 물결에 휩쓸려서 암초에 부딪쳐 난파한다는 줄거리인데 그리스 신화의 세이렌 이야기와 흡사하다.

브렌타노의 설화시 내용은 간추리면 다음과 같다. 라인 강변 바하라흐Bacharach라는 곳에 한 아름다운 여인이 살고 있었는데 애인이 배신하고 떠나버렸다. 그 후 그녀를 사랑하는 남자들은 모두 패가망신하여 살아남은 자가 없었다.

그녀는 살인죄로 피의자가 되어 성직자인 주교 앞에 소환되었다. 주교가 보니 사형시키기에는 너무 아름다운 여인이었다. "로렐라이야, 어쩌다가 이런 나쁜 마술에 걸렸단 말이냐?" "저를 죽게 해주세요, 어떤 남자든지 제 눈을 한번 바라보기만 하면 멸망의 길로 들어서는 걸 어찌합니까? 저도 사는 데 지쳤습니다!"

로렐라이는 자기의 눈은 두 개의 불꽃이며 팔은 마술 막대기임으로 화형을 시키거나 팔을 잘라버려야 한다고 간청했다. 그러나 주교도 그녀의 아름다움에 끌려 사형은 시키지 못하고 수녀원에 갇혀 살도록 하는 벌을 내렸다.

세 명의 기사가 호송하여 수도원으로 가는 길에 바위 절벽을 지나가게 되었는데 그녀는 바위 위에 한번 올라갔다 오게 해달라고 기사들에게 사정하였다. 높은 데 올라가 그녀의 애인이 살고 있는 성을 마지막으로 바라보고 싶다는 것이었다.

로렐라이는 가파른 절벽을 끝까지 기어 올라갔다. 세 명의 기사도 말을 매어놓고서 뒤따라 기어 올라갔다. 로렐라이는 절벽 꼭대기에서 라인강으로 투신해 자살한다. 세 명의 기사도 죽어야 했다. 절벽을 내려가는 것이 불가능했던 것이다.

그녀는 세이렌siren으로 변하였으며 사람을 홀리는 아름다운 노래로 지나가는 배의 선원들을 유인하여 난파시키고 살해했다. 그녀의 메아리 치는 노래 소리도 로렐라이, 바위도 로렐라이, 그녀의 이름도 로렐라이가 된 것이다.

- 최민숙·이온화 외 저, 『물의 요정을 찾아서』, 이화여자대학교 출판부, 2005, pp.98-101.

2. 황금빛 인어

옛날 아주 강력한 왕은 수많은 보물 가운데 해마다 황금빛 사과가 열리는 놀라운 나무 한 그루를 정원에 두고 있었다. 그러나 왕은 그 보물을 한 번도 가질 수 없었는데, 그 이유는 그가 그 나무를 지켜보면서 아무리 경계를 강화해도 과일이 익을 때쯤이면 언제나 도둑을 맞았기 때문이었다. 마침내 절망에 빠진 그는 세 아들을 불러들여 그 중 위로 두 아들에게 말했다.

"너희들은 여행을 떠날 준비를 해라. 금과 은은 물론 고귀한 왕자의 품위에 걸맞게 대규모의 수행원과 함께 세상에 나가 내 황금빛 사과를 훔쳐간 녀석을 찾아내어 그에게 합당한 처벌을 할 수 있도록 어떻게든 잡아 오거라."

오랫동안 세상에 나가 새로운 것들을 보고 싶어 했던 아들들은 이런 제안을 받자 몹시 기뻐하면서 서둘러 여행 준비를 마치고 아버지에게 작별 인사를 하고는 도시를 떠났다.

막내왕자는 형들과 함께 여행을 떠나지 못한 것에 크게 실망했지만 아버지는 평소 그를 가족 중에서 가장 어리석다고 생각하고 있었기 때문에 혹시 그에게 나쁜 일이 일어날까 하는 노파심으로 그의 청은 들을 생각도 하지 않았다. 그러나 그가 아주 긴 시간을 끈질기게 조르자, 아버지도 마침내 그가 떠나는 것을 허락하고는 그에게도 형들과 마찬가지로 금과 은을 여비로 주었다. 하지만 왕은 그에게는 마구간에서 가장 형편없는 말을 내어 주었는데, 그것은 바보 같은 막내가 그보다 더 좋은 말을 요구하지 않았기 때문이었다. 어쨌든 그도 온 궁정과 도시 사람들의 조롱과 비웃음을 받으며 도둑을 잡기 위한 여행길에 올랐다.

그는 길을 가다가 첫 번째로 숲을 통과하게 되었는데, 얼마쯤 가던 그는 자기의 접근을 아랑곳하지 않고 그대로 서 있는 비쩍 마른 늑대를 한 마리 만나게 되었다. 왕자는 늑대에게 혹시 배가 고프냐고 물었는데, 늑대가 그렇다고 말하자 그는 말에서 내리며 말했다. "네 말대로 그리고 네 비쩍 마른 모습이 보여주듯이 그렇게 배가 많이 고픈 상태라면, 내 말을 잡아먹어도 된다."

늑대는 그 제의에 망설임 없이 즉시 실행했고, 순식간에 가엾은 짐승을 잡아먹었다. 먹이를 다 먹고 난 후 늑대의 모습이 놀랍도록 달라진 것을 확인한 그가 말했다. "이보게 친구, 자네가 내 말을 다 먹어 치웠는데, 난 아직도 걷기에는 너무 먼 길을 가야 한다네. 그러니 자네가 말 대신에 나를 자네의 등에다 태워주면 어떻겠나?"

"기꺼이 그렇게 하지."라고 말하면서 왕자를 등에 오르도록 한 다음 흥겹게 숲 속을 달려갔다.

늑대는 사실 변신한 마법사였는데, 왕자와 더불어 각종 모험을 한 후 왕자에게 도움을 주려 한다. 왕자는 모험에 실패하여 황금빛 인어를 갖고 오면 목숨을 살려주겠다는 조건을 받는다. 늑대는 황금빛 인어를 데려오게 되었는데, 막상 인어를 데려온 왕자에게 황제는 사과하고 큰 잔치를 베풀어주었다. 황금사과, 황금새를 갖고 오라는 다른 황제들의 조건도 다 이룬 왕자를 보며 늑대는 작별할 때가 다 되었다고 하며 떠나간다.

왕자는 모든 것에 성공하여 아버지가 있는 궁궐로 돌아오는데, 이를 시기한 형들이 동생을 죽일 음모를 꾸몄다. 그들은 왕자가 궁전으로 가는 숲 길목에 숨어 있다가 그곳에서 동생을 습격했고, 그를 때려서 죽인 후 황금빛 말과 황금빛 새를 가지고 돌아갔다. 하지만 온갖 노력에도 불구하고 그들은 황금빛 인어를 데려가는 데는 실패했는데, 그들은 그녀를 그야말로 한 걸음도 떼어놓게 할 수가 없었다.

여러 주일 동안 가엾은 인어는 그 자리에 그대로 앉아 애인의 시신만을 바라보면서 그를 잃은 상실감으로 그저 눈물만 뚝뚝 흘리고 있었다. 그런데 어느 날 그들의 오랜 친구인 늑대가 갑자기 나타나 다음과 같이 말했다. "숲에서 구할 수 있는 모든 잎과 꽃으로 왕자의 몸을 덮어요." 시킨 대로 인어가 하자, 늑대는 꽃 무덤에다가 숨결을 불어넣었다. 그러자 "오, 보아라!" 왕자가 그곳에서 마치 어린아이처럼 평화롭게 자고 있는 것이 아닌가. "자, 이젠 그를 깨워도 돼요." 늑대가 말했다. 그 말을 듣고 인어는 허리를 굽혀 형들이 그에게 입힌 이마에 난 상처에 부드럽게 입맞춤을 했다. 그러자 왕자는 잠에서 깨어나게 되었는데, 그는 아름다운 인어가 옆에 있는 것을 보자 말할 수 없이 기뻤다. 하지만 그는 황금빛 말과 황금빛 새를 잃은 생각에 다소 우울해했다. 왕자를 가까이서 바라보던 늑대는 그가 집으로 계속 여행할 것을 조언했다. 그렇게 해서 왕자와 그의 사랑스러운 신부는 다시 한 번 충직한 늑대의 등에 올라타게 되었다.

왕은 오랜 시간 절망 속에서 기다린 막내아들이 돌아오자, 그를 껴안고 기쁨을 나누었다. 그는 늑대와 아름다운 황금빛 인어 역시 진심으로 환영했다. 왕자는 그에게 그동안 있었던 일들에 관해 처음부터 끝까지 자세하게 말해 주었다. 늙은 왕은 두 형들이 그에게 했던 수치스러운 행동을 듣고는 몹시 슬퍼하며 그들을 불러들였다. 그들은 자신들이 살해했다고 믿었던 동생이 건강하게 살아 있는 모습을 보자 죽은 사람처럼 얼굴이 하얗게 질렸다. 아버지의 분노는 극에 달했고 그들을 당장 추방해 버리라는 명령을 내렸다. 하지만 그는 막내에겐 엄청난 영예를 주었다. 마침내 왕자와 아름다운 인어의 결혼식이 화려하고 웅장하게 진행되었다. 결혼식이 끝나자 늑대는 그들 모두에게 작별을 고했고, 다시 숲 속의 삶으로 되돌아갔다. 그것을 늙은 왕과 젊은 왕자 그리고 그의 아내는 매우 아쉬워했다.

이렇게 해서 왕자와 그의 친구인 늑대의 모험은 끝이 났다.

- 앤드류 랭 엮음, 백윤기 옮김, 『앤드류 랭의 요정이야기』, 경문사, 2010, pp.403-414.

본 내용을 바탕으로 필자가 요약함. (앤드류 랭은 독일의 그림형제 민담집에서 발췌했다고 밝힘)

영국

1. 젠노르 마을의 인어 여인

매튜 트리웰라Mathew Trewhella라는 젊은 농부는 젠노르 교구에서 가장 잘 생긴 총각이었다. 그의 노래가 천사의 목소리처럼 아름다웠다.

어느 봄날 일요일, 매우 아름답고 옷을 잘 차려입은 낯선 여자가 매튜의 노래를 듣기 위해 교회에 왔다. 그녀의 아름다움과 신비로움에 끌려 매튜는 그녀를 알아보기로 했다. 어느 일요일 예배가 끝난 후, 그는 바다가 보이는 절벽으로 그녀를 따라갔다. 그후 둘은 돌아오지 않았다.

몇 년 후, 한 배의 선장이 젠노르 근처에 닻을 올리고 곧 한 인어가 그녀의 매력적인 목소리로 그를 맞았다. 인어는 어부에게 예의 바른 말로 부탁했다. 닻이 그녀의 집 지붕 위에 놓여 있으니 올려달라는 것이었다. 어부는 즉시 인어의 부탁을 해결해 주고 황급히 항구로 돌아왔다.

바다의 왕 리아Llyr의 딸인 모베런Morveren이라는 이름의 인어는 매튜의 노래를 듣기 위해 육지로 온 아름다운 여성이었던 것이다. 젠노르의 어부들은 아직도 파도 위에서 치솟는 매튜의 목소리를 듣는다. 그가 높은 곳에서 노래하면 바다는 평탄하지만 낮은 곳에서 노래하면 험난할 것이라고 말한다.

- Skye Alexander, 『Mermaids』, USA adams media, 2012.

폴란드

1. 바르샤바의 유래

옛날 옛적에 폴란드에 도시도 없고, 시골도 없을 때였습니다. 나라를 덮는 아주 큰 숲만 있었고, 거기엔 야생 동물들이 많았습니다. 어딘가엔 사람들이 사는 곳도 있었습니다.

그곳 맨 가운데, 마조비에츠Mazowieckie라는 지방에 비스와Wisla강 근처에 바르스Wars라는 어부가 살고 있었습니다. 그 사람은 아주 용감하고 부지런했습니다. 혼자서 배를 만들었고 혼자서 배도 저었습니다. 그리고 뱃줄을 인내심있게 매었습니다. 물고기를 잡을 때 좋은 일들이 많이 있어서, 집으로 돌아올 때마다, 물고기가 가득했습니다. 바르스는 물에서 보내는 것을 매우 좋아했습니다. 그때 강은 조용하고, 밤 달이 비스와 강에 빛을 주고, 숲에서는 수수께끼 같은 소리가 들렸습니다.

어느 날 바르스가 배를 강가로 밀었습니다. 그물을 던지고 인내심 있게 기다리고, 커다란 갈대 숲속에 숨었습니다. 그 순간 비스와 강에 파도가 쳤습니다. 그리고 소용돌이치는 물속에서 예쁜 여자가 나왔습니다. 어린 어부는 너무 좋았습니다.

그런데 이상했습니다. 그 여자는 긴, 밝은 머리카락과 깊은 바닷속 눈을 가졌는데, 몸의 반은 물고기 꼬리였습니다. 바르스는 눈을 비비고 다시 한 번 봤습니다. 한 번도 이런 사람을 못 봤으니까요. 그녀는 인어공주였습니다. 인어공주는 그것도 모르고, 가까이 헤엄쳐 와서 노래를 불렀습니다. 그 예쁜 목소리 때문에 어린 어부의 심장이 두근거렸습니다. 어부는 첫눈에 사랑에 빠졌습니다. 이제부턴 밤마다 거기에 가서 숨었습니다. 기다리면서 그 다음엔 그녀의 노래를 들었습니다. 저녁이 다 되어갔습니다. 바르스는 인어공주한테 자기 느낌을 말하려고 했습니다. 풀이 흔들리자, 인어공주는 노래를 그쳤습니다. 인어공주는 바르스한테 헤엄쳐 왔습니다. "왜 나를 훔쳐보고 듣고 있지요? 내가 노래하는 것을?" 인어공주는 화내면서 물었습니다. "나는 어부야, 인어공주야." 바르스가 자신 없이 말했습니다. "난 잘 알아, 네가 누군지. 몇 번 너를 비스와 강변에서 봤단다. 난 너가 없이는 살 수가 없어. 난 널 사랑해. 인어공주야!" 바르스가 조용히 말했습니다.

"난 너에게 관심이 없어. 너와 나는 이렇게 다르잖아. 나는 인어공주고 너는 사람이잖아. 넌 나와 강에서 살 수 없잖아. 내가 네 집에 산다면, 내가 살 수 있겠니?"

"난 널 사랑해, 인어공주야. 이게 제일 중요해." 바르스가 말했습니다.

인어공주가 강 이쪽까지 헤엄쳐 왔습니다. 바르스는 그녀를 세게 안았습니다. 그런 후 물에서 꺼냈습니다. "내 아내가 되어 줄 거지?" 바르스가 물었습니다.

"그래." 인어공주가 대답했습니다. 행복한 바르스는 인어공주에게 키스했습니다. 그 순간 인어공주 물고기 꼬리가 변해서 사람 다리가 되었습니다.

"인어공주야, 너는 소녀로구나." 바르스가 놀랐습니다. 인어공주는 사람이 인어공주를 사랑하게 되면, 인어공주는 그 사람의 아내가 된다고 했습니다. 그리고 그땐 꼬리가 다리로 변한다고 말했습니다.

"내 이름은 샤바Sawa예요." 얼마 후 강 옆에서 큰 결혼식 파티가 열렸습니다. 바르스와 샤바는 오랫동안 행복하게 살았습니다.

몇 년이 지나서 그 부부 집을 둘러싸고 어부들의 마을이 생겼습니다. 그리고 그 부부를 기념하여 바르샤바Warszawa라고 마을 이름을 붙였습니다. 지금 바르샤바는 큰 도시로, 폴란드의 수도가 되었습니다.

- 바르샤바 정보 사이트(www.infowarszawa.pl/strony.php?id=106)
- 바르샤바 대학 박폴란 번역

2. 시레나

시레나는 바르샤바 구시가지와 비스와 강가에 칼과 방패를 든 용감하면서도 조금은 낯선 모습으로 서 있는데, 여기에는 다음과 같은 전설이 있다. 바르샤바의 인어 시레나는 아름다운 노래로 어부들의 고기잡이를 방해했다. 어느 날 한 장사꾼이 사람들에게 구경거리로 삼을 생각으로 인어를 잡았다. 인어가 살려달라고 애원하자, 어부의 아들 중 스타쉑이라는 젊은 청년이 불쌍히 여겨 인어를 놓아주었다. 이후로 인어는 사람들에게 은혜를 갚기 위해 오늘날까지 무장한 채로 바르샤바를 지키고 있다.

- 오경근·김지향 엮음, 『세계민담전집10, 폴란드·유고편』, 민음사, 2003, pp.162-172.

3. 바다의 여신 지엘레니카

오래된 전설에 따르면 바다의 여신 지엘레니카Zielenica는 트샨사츠Trzeża 해변의 큰 바위에서 햇볕을 쬐곤 했다. 때로는 그녀가 아름다운 호박색 머리카락을 빗는 모습을 볼 수 있었으며, 그녀의 아름다운 소리는 파도에 의해 멀리까지 전해졌다. 그녀는 무릎 대신 무지개 색상의 긴

지엘레니카

물고기 꼬리를 가졌으며, 그녀의 몸은 바다 거품과 같이 하얗고 아름다웠다.

어느 날 아름다운 소녀는 실수로 어부의 그물에 걸려 바닷속으로 빠졌다. 어부들이 그녀를 구출하자 지엘레니카는 울면서 자신의 이야기를 전했다. 그녀를 자유롭게 놔둘 것을 결정한 어부들에게 이를 반대한 트셰살치Trzęsacz의 교회 목사는 이 종교 개종자로 바꾸어야 한다는 의견을 냈다. 그래서 지엘레니카는 거대한 오크 나무통에 바닷물로 가득 채워진 채로 교회로 옮겨졌으며, 목사는 그녀에게 기독교의 기도, 계명 및 노래를 가르쳤다. 다음주 일요일에 세례를 받을 준비가 되어야 했다. 지엘레니카는 소피아라는 이름을 받았다.

세례식 후 지엘레니카는 쓰러졌다. 모인 신자들은 새로운 믿음을 받은 것에 감동했다고 생각했다. 그러나 교황은 자유를 잃은 소녀가 바다를 그리워하고 죽음을 맞이하고 있다는 것을 빨리 알아차렸다. 감동 받은 어부들은 그녀를 바다로 돌려보내려 했지만, 고집 센 목사는 기독교인으로서 그녀를 교회 묘지에 묻어야 한다는 입장을 유지했다.

장례식 날, 불쌍한 소녀의 시체가 묻히기 시작하자, 바다가 울고 천둥소리가 울리며 거세게 바람이 불기 시작했다. 그러나 고집 센 목사는 장례식을 중단하지 않았다. 곧 폭풍우가 일어났고, 파도가 비열하게 땅을 치며 강력한 바람이 마을을 무참히 파괴했다. 바다왕은 그의 딸을 다시 찾아왔다. 그때부터 매년 바다는 점점 더 깊이 땅속으로 침투했다. 결국 묘지까지 이르러서 불행한 지엘레니카의 시신을 떠냈다. 그녀는 죽음 이후에야 집으로 돌아갈 수 있었다.

- 바르샤바 대학 박폴란 번역(http://polskatajemnicza.wordpress.com/2012/06/17/legenda-o-zielenicy/)

4. 인어와 스타시

옛날에, 아무도 이렇게 소란스럽고 큰 바르샤바 도시가 생겨날 것이라고는 꿈에도 생각지 못하던 그 때에, 비수와 강변에 숲으로 둘러싸인 작은 어부 촌이 있었습니다. 멀지 않은 곳에 작은 강이 있었고, 그 곳에 인어가 살고 있었습니다. 달이 뜨는 날 밤이면 인어는 주위에 살고 있는 주민들에게, 누구도 그 마력magic을 거부할 수 없는 아름다운 노래를 불러 주었습니다. 하지만 인어는 물고기처럼 아주 날렵했기 때문에, 아무도 그녀를 본 사람이 없었습니다. 아주 작은 풀잎 스치는 소리도 그녀를 매우 놀라게 했고, 누구든 그녀에게 다가가려고 할 때, 눈 깜짝할 순간에 깊은 강물 속으로 사라져 버렸습니다. 엄청나게 운 좋은 사람들만이 단지 인어의 은빛 꼬리를 보는 큰 행운을 얻었습니다.

어느 날, 스와보미르Slawomir와 지에므비트Ziemowit라는 두 명의 어부가 인어를 잡고자 했습니다. 어떻게 해야 할지 몰라서, 우선 보이치어흐Wojciech라는 수도사(은둔자)를 찾아가서 조언을 구했습니다. 수도사는 모든 사람이 존경하는 아주 지혜로운 백발 노인이었습니다. 인어를 잡기 위한 방법을 생각해 내는 데 그리 오랜 시간이 필요하지 않았습니다. 보름달이 하늘에서 환하게 비추는 날 밤에 어부들에게 말했습니다.

"강으로 가라! 반드시 꽃이 만발한 린덴linden 나뭇가지로 몸을 숨겨야만 해. 린덴 꽃 향기는 강해서 인어가 사람이 가까이 오는 것을 느끼지 못할 거야. 덤불 속에서 기다렸다가 인어가 밖으로 나오면, 성수를 뿌려둔 버드나무 가지로 만든 그물을 던지자. 이런 그물은 어떤 마력에도 걸려들지 않게 돼. 인어를 묶어 그녀를 체르섹Czersek 영주에게 데리고 가서 노래하게 하자. 그녀를 노예로 만들기 위해서는, 그녀의 노랫소리를 듣지 않도록, 우리 귀를 왁스로 꽉 막아버려야만 해."

그들은 그대로 했습니다. 첫 보름달이 뜨던 날 밤에, 그들은 덤불 속에 숨어서 인어를 기다렸습니다. 갑자기 물에서 신비로운 형상이 드러났습니다. 반은 여자, 반은 물고기……. 예쁜 얼굴과 길고 까만 머리카락을 가진……. 그리고, 그 다음에 아주 아름다운 노래를 부르기 시작했습니다. 그런데, 두 사람의 어부와 수도사는 그 노래 소리가 들리지 않았습니다. 그래서 인어 노래의 마력에 걸려들지 않을 수 있었습니다. 그들은 덤불에서 뛰어나와 그물을 던져, 인어를 강 언덕으로 끌어 올렸습니다.

아침이 되면 영주에게 데리고 가고자 결정했습니다. 마을로 데리고 가고 싶지 않아서, 그녀를 감시할 사람을 찾아야 했습니다. 지에므비트 Ziemowit는 시골로 가서 스타시Stas라는 목동을 데리고 왔습니다. 그는 아침까지 인어를 똑바로 지키고 있어야 했습니다.

스타시는 인어와 남았고 그녀를 돌보았는데, 인어가 무척 딱하게 보였습니다. 얼마 동안 그녀는 매우 조용했습니다. 그런데 인어가 갑자기 크고 슬픈 눈으로 목동을 바라보았습니다. 그리고 노래하기 시작했습니다. 스타시는 마술에 딱 걸렸습니다. 그리고 그녀의 부탁에 따라 그녀를 그물에서 풀어서 놓아 주었습니다. 인어는 습한 풀숲을 지나 물속으로 쏙 들어갔습니다. 그녀가 충분히 안전한 거리로 멀어졌을 때, 돌아보며 소리쳤습니다.

"너를 사랑했었어, 비수와강 언덕아. 당신들을 사랑했었어요, 선하고 단순한 사람들. 당신들의 삶이 달콤하도록 당신들을 위해 노래를 했습니다. 그런데, 당신들은 나를 잡아서 영주를 위해 노래를 부르도록 하려고 했습니다. 하지만, 난 노예가 되어 명령에 따라 노래하지 않을 것입니다. 차라리 비수와 강 물결에 뛰어들겠습니다. 그리고 난 오직 강물 소리로만 당신들에게 기억이 될 것입니다."

이렇게 말하고 인어는 비수와강 깊은 곳으로 사라졌습니다. 스타시는 오직 떠오르는 햇빛 속에서 은빛 인어꼬리만 봤을 뿐입니다. 수년 후에, 그곳 어부 마을에는 지금까지도 인어를 존중하고 아끼는 도시가 생기게 되었습니다.

- 폴란드 초등학교 3학년 2학기 교과서 『JA-TY-MY』, 「Podrecznik-czesc 2, klasa trzecia」, DIDASKO, 2010.

러시아

1. 삿코

옛날에 노프고로드Novgorod: 러시아 상트페테르부르크 남쪽 이리메니 호수 북방의 도시에 아직 소년기를 벗어나지 않은 한 젊은이가 살았다.

그의 이름은 삿코sadko이며 그의 아버지는 부자 상인이었었으나 쫄딱 망해서 죽었고 따라서 그는 무일푼으로 가난했다. 그는 춤추는 사람들을 위해 덜시머dulcimer를 연주해 받는 동전으로 겨우 연명했다.

그는 푸른 눈에 웨이브가 있는 머리를 가졌고 힘이 셌으며 늘 명랑했다. 그러나 남들을 위해 춤곡을 연주하는 일은 따분했다. 그는 결혼할 돈이 없어서 여자와 춤도 추지 않았다. 거지 취급을 받아 내쫓기고 싶지 않았다.

노프고로드의 여자들은 미남인 삿코를 거들떠보지도 않았다. 여자들은 춤 파트너에게만 화사한 눈빛으로 미소를 지었을 뿐 춤곡을 연주해 주는 그에게 말조차 걸어온 일이 없었다. 그에게 말을 걸어오는 일이 있다면 연주를 계속해 달라거나 템포를 빠르게 하라는 쌀쌀한 지시였을 뿐이다.

실망한 삿코는 남들을 위해 연주해 주는 돈벌이를 포기하고 혼자 덜시머만 치면서 마음 편하게 지냈다. 빵 한 조각으로 끼니를 때우고 그마저 없으면 빵 껍질만 먹고 참았다. 그는 장래에 대해 별로 걱정하지 않았다. 노프고로드 시의 곁을 흐르고 있는 작은 볼호프 강이나 호수의 방죽을 거닐며 덜시머를 치면서 노래를 부르면서 아침과 저녁에 햇빛에 반짝이는 수면, 그리고 물안개를 보는 것으로 만족이었다.

그는 가끔 강이나 호숫가에서 어부들을 도와주었다. 그는 팔 힘이 강해서 어부들 도와주기가 유리했는데 어부들은 그 보답으로 작은 물고기 한 마리를 주었고 그는 그것으로 저녁 끼니를 때웠다. 어느 날 저녁의 일이었다. 어부들이 잡은 고기를 노프고로드 시장에 내다 팔고 돌아올 때까지 호숫가에 놓아둔 그물을 지켜달라고 부탁하였다.

그 부탁은 어려운 일이 아니었다. 물가 바위에 앉아 덜시머를 치며 노래를 부르고 있으면 되는 일이었다. 그는 노프고로드의 작은 강과 호수가 노프고로드 시의 어떤 여자보다도 더 어여쁘다고 생각하면서 아주 감미롭게 노래를 불렀다. 그렇게 노래를 부르고 있을 때 호수의 수면에 갑자기 소용돌이가 치는 것이 보였다. 소용돌이 물결이 삿코 쪽으로 전진해 왔는데 그 가운데는 움푹 패어 들어간 구멍이 있었다.

그 물구멍 속에서 푸른 머리에 황금 왕관을 쓴 거대한 사람이 나타났다. 삿코는 그것이 바다의 황제 짜르Tzar of the Sea라는 것을 금방 알았다. 바다의 짜르는 호수의 물에서 땅으로 나와 삿코 앞으로 걸어왔는데 그의 몸 전체를 둘러싸고 작은 물결이 파동을 치고 있었다. 바다의 황제는 위엄 있게 생긴 거구였고 푸른 머리는 넓은 어깨를 넘어 허리까지 내려와 있었다. 다른 이야기 버전에서는 이 황제의 이름을 짜르 모르스코이Tsar Morskoy라고 했다.

삿코는 도망을 가야 할지 그대로 있어야 할지 몰라 쩔쩔매고 있었다. 그때 바다의 황제가 삿코를 향해 말을 했는데 폭풍 속의 바람과 파도의 굉음같이 울렸다.

바다의 황제가 말했다 "노프고로드의 삿코여, 나의 딸들이 자네의 음악을 사랑하고 나 역시 듣기에 즐겁노라. 저 그물을 끌어내서 물에 던져

보거라. 너의 노래에 대한 보수로 주는 것인데 만약 보수에 만족한다면 그것을 가지되 너는 반드시 우리가 사는 초록색 궁전에 와서 네 음악을 들려주어야 한다. 이게 약속이다."

바다의 왕은 다시 소용돌이의 물구멍으로 들어갔다. 삿코는 "그물을 물에 던져 보아도 손해날 것은 없지 않은가"라는 생각으로 그물을 물에 던져 놓았다.

그리고는 다시 바위에 앉아 노래를 계속 불렀다. 날이 어두워지고 달빛이 호수에 비쳤을 때까지 노래를 불렀다. 그는 덜시머를 내려놓고 그물의 밧줄을 잡아당기기 시작했다. 밧줄과 그물은 힘들이지 않아도 쉽게 끌려 나오면서 그물에서 떨어져 나오는 물이 달빛에 빛나고 있었다.

삿코는 바다의 황제가 나타났을 때 정신이 몽롱해서 깜빡 졸고 있었던 느낌이었다. 마치 꿈에서 깨어난 것 같은 상태에서 그물을 잡아당기고 있었다. 그물은 가볍게 끌려 나오고 있었고 아무것도 들어있는 것 같지 않았다. 그물의 마지막 끝 부분이 노출되었을 때 거기에 검은 물체가 보였다. 끝까지 끌어올려 보니 그것은 고급스럽게 만든 궤짝이었다.

상자 뚜껑을 열어보자 그 안에는 녹색이나 붉은색이 나는 보석들과 황금 그리고 다이아몬드들이 가득 차 있었고 이 모든 것들이 달빛에 반짝이고 있었다. "이거 내가 가져도 괜찮은 걸까?" "내가 지금 꿈꾸고 있는 거 아냐?" 그는 상자를 어깨에 멨는데 힘이 강한 그였지만 무게에 눌려서 허리가 구부러졌다. 그는 상자를 눈에 잘 안 띄는 구석에 갖다 놓고 제자리로 돌아와 밤새도록 그물을 지키며 악기를 타면서 노래를 불렀다. 그러나 머릿속으로는 재물의 사용 계획을 짜고 있었다.

아침이 되자 물고기를 팔러 노프고로드에 갔던 어부들이 왁자지껄 유쾌하게 떠들며 돌아와 삿코에게 작은 물고기 한 마리를 보수로 주었다. 그는 보통 때와 다름없이 호수 변에 불을 피워 물고기를 구워 먹었다.

그는 무거운 상자를 메고 노프고로드 시내를 향해 힘겹게 걸어갔다. 시 입구에서 사람들이 "저게 뭐지?"하며 수군거렸다. "덜시머 풍각쟁이 삿코이지 누구이겠습니까?" 삿코가 대답하자 사람들은 "짐꾼이 되었는가?"라고 물었다. 삿코는 "예, 아주 괜찮은 보수를 받고 짐을 지게 되었지요."라고 말하면서 시내로 들어갔다.

그는 한번에 두세 개씩의 보석만 팔았다. 그 돈으로 시장에 작은 가게를 얻어 장사를 시작했다. 그의 장사는 점점 커져서 곧 노프고로드 시에서 가장 큰 부자 상인이 되었다.

이제 삿코는 마을의 어떤 여자도 쉽게 넘볼 수 없는 존재가 되었다. 삿코는 부자가 되었다고 해서 변하지 않았다. 그는 하루 일과가 끝나면 이전과 다름없이 볼호프 강변을 거닐며 덜시머를 치고 노래를 불렀다. 그러면서 여전히 "나의 작은 강 볼호프만큼 예쁜 여자는 노프고로드 시 전체를 뒤져봐도 없다네."라는 가사로 노래했다.

그는 거상답게 먼 거리 근거리 무역을 다 했으므로 장기간 출장을 떠날 때가 자주 있었는데 돌아오면 무엇보다도 먼저 강둑을 찾아가 그의 애인인 강이 무사한지 확인했다. 그리고 반드시 애인에게 줄 선물을 사와 파도 속으로 던졌다.

그는 12년 동안 결혼을 안 하고 살았다. 매년 사업상 항해 여행을 떠나서 물건을 사고 팔고 했으며 해가 갈수록 더욱 부자가 되었다. 노프고로드의 모든 딸 가진 엄마들은 삿코를 사위로 삼는 게 소원이었다.

삿코가 상자를 메고 노프고로드 시내로 걸어 들어간 지 12년이 되던 해 어느 날 그는 장삿길에 올라 카스피 해 먼 바다를 항해하고 있었다. 여러 날 항해를 한 어느 날 삿코는 갑판에 앉아 덜시머를 치며 노래를 불렀다. 고향 노프고로드와 시의 방죽 벽 아래에 흐르고 있는 볼호프 강을 그리워하는 노래들이었다.

그때 갑자기 배가 멈추어 섰다. 육지가 보이지 않는 망망대해에서 배가 갑자기 정지해 버린 것이다. 배가 한 자리에서만 파도에 흔들리고 있었는데 무슨 거대한 손이 배를 꼼짝못하게 붙잡고 있는 것 같았다.

선원들은 "마법에 걸린 거다!"라고 떠들었다. 선장은 더 많은 돛을 올리라고 명령했다. 하얀 돛들이 위로 펼쳐지며 올라갔다. 돛들이 바람을 맞아 파동을 쳤지만 배는 나아가지 않았다.

한 나이 많은 선원이 말했다. "배에 탄 사람 중에 재수 없는 놈이 있어서 그런 것이니 제비를 뽑아서 이 사람을 찾아내 바다에 버려야 한다." 다른 선원들도 이 말에 동의했다. 삿코는 여전히 덜시머를 치면서 노래만 부르고 있었다.

선원들은 끈을 가져와 일정한 길이로 배에 탄 영혼(사람)의 수만큼 잘랐는데 그 중 하나만 반 길이로 끊었다. 이 끈들을 한 뭉치로 만든 다음 각자 한 개의 끈을 뽑기로 했다. 삿코도 자기 차례가 오자 덜시머를 내려놓고 와서 끈 하나를 뽑았다. 아! 반 토막 끈이었다.

"삿코가 마술에 걸린 재수 없는 놈이다!" 선원들이 외쳤다. 삿코가 말했다. "그런 게 아니오. 이제 생각이 났는데 나는 과거에 누군가와 약속을 한 것이 있고 그 약속을 지키라고 이런 일이 일어난 것입니다. 나는 그 약속을 지금 실행할 것이오."

그는 덜시머를 집어 들고 푸른 카스피 해 바다로 뛰어내렸다. 그러자 배가 움직였고 높은 파도도 가라앉았다. 배는 백조처럼 가볍고 빠르게 항해하여 목적지 항구에 무사히 도착하였다.

샷코는 호수에 던진 조약돌처럼 물속으로 계속 낙하했다. 드디어 바닥에 도착하였다. 거기에는 초록색 나무로 지은 궁전이 있었다. 세계 모든 바다에 침몰한 배들의 목재가 다 이 궁전에 있는 것이었고 모두 녹색이었으며 목재들이 정교하게 서로 엮어져 있었다.

샷코는 궁문으로 들어갔다. 거대한 홀로 들어갔더니 그곳에서 바다의 황제가 쉬고 있었다. 황금 왕관 밑으로 나온 파란색 긴 머리가 둥둥 떠 있었고 거대한 몸에는 비늘들이 보였다. 바다의 황제는 옆으로 누워 있었는데 그 큰 홀을 거의 다 채웠고 나머지 공간들이 마을이었다. 물고기들이 여기저기서 창문을 드나들며 헤엄쳐 다니고 있었다.

바다의 황제가 말했다. "오, 샷코 씨가 왔구먼. 자네는 바다가 준 보수를 받고 바다의 궁전에 와서 노래를 부르기로 약속했는데 오랫동안 오지 않았다. 짐은 이렇게 누워서 12년 동안 너를 기다리고 있었노라." 샷코가 대답했다. "위대하신 바다의 황제이시여, 죄송합니다. 용서하여 주십시오."

바다의 황제는 "이제 노래를 불러보거라." 말했다. 그 목소리는 거대한 파도가 때리는 것 같은 엄청 큰 소리였다. 샷코는 덜시머를 치며 노래를 부르기 시작했다. 그 노래는 늘 그가 부르는 노프고로드와 볼호프 강 칭송 노래였고 노프고로드의 어떤 여자도 볼호프 강만큼 아름다운 여자는 없다는 가사였다.

바다의 황제는 이런 신비한 음악을 처음 들어본다며 춤을 추기 시작했다.

바다의 황제가 말했다. "자네가 공연을 잘해줘서 나는 즐거웠노라. 나는 30명의 딸을 가지고 있는데 그 중에서 하나를 골라 결혼을 하거라. 그러면 왕자가 되는 것이다." 삿코가 대답했다. "나의 작은 강 볼호프보다 더 사랑할 수 있는 여자는 없습니다."

바다의 황제는 크게 웃으며 30명의 딸들을 불렀다. 딸들이 삿코 옆을 순서대로 지나가고 있었지만 스물아홉 번째 딸이 지나갈 때까지도 그는 덜시머만 치면서 그의 사랑 작은 강 볼호프 강만 노래하고 있었다.

마지막 서른 번째 막내딸이 지나갈 때 갑자기 삿코가 연주를 멈추고 외쳤다. "작은 강만큼 예쁜 아가씨가 여기 있습니다!" 막내 딸 공주가 삿코를 바라보고 웃었다. 강물에 비친 별빛처럼 눈이 빛났고 머리는 밤의 강물처럼 검었으며 웃음소리는 흐르는 강물 소리 같았다.

결혼 허락을 받은 둘은 공주의 궁전으로 갔다. 공주는 보석 상자를 삿코에게 보여주었는데 그 안에는 여러 개의 팔찌 귀걸이 반지들이 있었고 그것들은 모두 삿코가 작은 강에 던진 선물이었다. 삿코는 기뻐서 웃으며 공주를 포옹했고 공주는 삿코에게 키스를 해줬다.

이리하여 두 사람은 결혼식을 올리게 되었다. 결혼식이 끝나서 둘은 공주의 성으로 갔다. 잠자리에 들기 전에 신부가 부드러운 키스를 하면서 삿코에게 말했다. "오, 삿코, 나를 잊지 않을 거죠? 가끔 연주와 노래도 불러줄 거죠?" 삿코가 대답했다. "어찌 당신을 잊겠소, 오 내 사랑, 당신을 위해 하루 종일이라도 덜시머를 치고 노래를 불러줄 수 있소." 신부는 "아마도 그렇게 되기를 바라야겠지요."라며 말했다. 둘은 해초로 만들어진 침대에 누웠다.

삿코는 신부의 어머니인 바다의 여왕이 했던 말이 생각났다. 신부와 한번 몸을 섞으면 영원히 육지로 돌아가지 못한다는 말이었었다. 신부가 말했다. "그런데 왜 저를 품어 주지 않는 거죠?" 샷코가 대답하기를 "나의 고향에서는 첫날밤에 신부를 품지 않는 풍습이 있습니다. 오늘은 그냥 잡시다"

밤이 깊었을 때 샷코는 몸을 뒤척이다가 왼쪽 발이 공주의 몸에 닿았는데 1월의 강 얼음처럼 차가웠다. 깜짝 놀라 잠에서 깨었는데 그는 노프고로드 시의 강둑 담벼락 아래에 누워있었다. 그의 손에는 덜시머가 들려져 있었고 발 하나는 볼호프 강물에 잠겨있었다. 달이 환하게 떠 있었다. 이 이후 샷코의 뒷얘기는 설에 따라 여러 가지가 있다. 샷코는 남은 재산이 많았으므로 자신의 무역선까지 만들어 노브고로드 시의 최고 갑부 상인이 되었고 어여쁜 여자와 결혼하여 자식을 낳고 잘 살았다. 시간이 나면 여전히 강둑에 나가 노래를 불렀다.

어떤 이야기에서는 평생 혼자 살다가 죽었다는 설이 있고 공주를 찾으려고 강물 속으로 다시 뛰어들어가 다시 공주를 만나 녹색 궁전에서 살았다는 설이 있다. 바다로 다시 들어간 경우에서는 큰 폭풍의 원인이 샷코가 물속에서 덜시머를 연주를 하기 때문이라고 한다. 그 연주로 바다의 황제가 거대한 몸으로 변해 춤을 추기 때문에 바다가 뒤집힌다는 것이다.

- 김인영, 「바다 이야기」

2. 슬라브 민족과 루살카

루살카Rusalka는 슬라브 민족의 전설이다. 루살카는 서유럽의 물의 님프nymph: 물의 요정와 거의 같은 개념의 물의 정령이다.

루살카는 물에 익사하거나 물에서 자살한 처녀들의 정령과 세례를 받지 못하고 죽은 영아나 어린 아이들의 정령으로 다 물에 산다. 다뉴브 강 주변 지역에서는 루살카를 빌라vila라고 부르는데 뜻은 물의 정령으로 루살카의 뜻과 차이는 없다.

루살카들은 남자를 유혹하는데 다뉴브 강 지역의 루살카들은 남자에게 마법을 걸어 황홀지경에 빠뜨리지만 러시아 북부의 루살카들은 남자를 기습 공격해 고문하거나 죽인다.

루살카는 젊은 여인이 애인에게 버림받아 자살했거나 임신 중인 여자가 익사한 경우 그 한이 커서 이승을 떠나지 못하는 혼령으로 해석된다. 이 혼령들은 강이나 호수 근처에 살던 젊은 여인들이다. 임신 중에 익사한 아기도 정령이 되어 숲으로 나와 방황하는데 이 아기 정령들은 세례 받기를 원하는 것이다. 애인에게 복수를 하거나 세례를 받으면 평화스럽게 저승으로 떠난다.

루살카는 선행을 할 때도 있다. 일찍 사망한 여자는 재생산을 하지 못한 한이 있어서 땅의 재생산력을 도와서 곡식이 잘 자라게 해준다.

슬라브 족 전설에서 루살카는 다양한 모습으로 표현되지만 물속에 있을 때의 기본 이미지는 물고기 여인fish-women이다.

바다가 인접한 일부 지방에서는 루살카가 폭풍을 일으켜 선원들을 겁나게 하는 바다의 정령이다. 볼가강 하류 지방Astrakhan에서는 바다 루살카들이 바다 수면 위로 나와 선원들에게 "세상의 종말이 임박하지 않았나요?"라고 묻는다. 그러나 대부분의 루살카들은 호수나 강에 살고 있으며 이따금 강둑이나 호숫가 숲에 나와 머리를 빗거나 따고 있다. 물레방아에 올라타 떨어지는 물을 맞으며 빙빙 돌아가는 놀이도 즐긴다.

사람이 나타나면 다시 물로 뛰어 들어가 딴청을 부리면서 남자에게 같이 먹을 감으며 놀자고 유혹한다. 만약 남자가 물로 들어가 루살카에게 잡히면 그를 간지럽혀서 죽인다. 처녀와 아이들도 이런 식으로 유인하여 익사시킨다. 루살카들과 함께 목욕을 해도 죽지 않는 사람은 마녀뿐이다.

루살카는 금과 은과 값진 보석으로 장식된 수정으로 지어진 큰 집에 모여 살지만 이야기에 따라서는 스스로 짚과 새털을 모아서 은신처를 짓는 잘 살지 못하는 루살카들도 있다.

루살카는 머리가 건조해지면 죽으므로 물에서 멀리 떠나지 않는다. 그러나 빗만 가지고 있으면 안전하다. 빗으로 머리를 빗으면 물이 콸콸 나오기 때문이다.

어떤 지방의 루살카는 실잣기(실뽑기)를 좋아하거나 옷감 빠는 일을 좋아한다. 성령 강림절Whitsuntide 축제 때는 나무 위에 알몸으로 올라가 앉아서 사람들에게 리넨 옷을 달라고 손을 내민다. 오늘날에도 소아시아 (주로 우크라이나 지방) 사람들은 그 축제 때 헝겊이나 실타래 또는 슈미즈를 나뭇가지에 걸어놓는데 이는 루살카가 짜고 세탁한 천을 되돌려 준다는 의미이다. 백 러시아(현재의 벨로루시 공화국)의 농부들은 성령 강림절 축제 기간 일주일 중에 벌거벗은 여자나 아이들이 숲속을 돌아다니는데 만약 사람이 이들과 만나면 손수건이나 옷을 찢어서 던져주어야 한다고 말한다. 그렇게 하지 않으면 제명에 죽지 못한다는 것이다.

여자들은 바느질을 하거나 빨래를 하면 안 되고 남자는 담장을 고치면 안 된다. 이날 일을 하는 것은 루살카의 성스러움을 무시한 것이기 때문에 벌을 받아야 하며 그 벌로 가축을 모두 죽인다. 루살카가 말리려고 펴놓았던 광목(리넨)을 밟으면 몸이 아프게 된다.

루살카들은 성림절이 있는 달 6월 말까지 물에서 나와 들과 숲을 돌아다니는데 이들이 돌아다니는 부스럭 소리와 한숨 쉬는 소리, 또는 흐르는 물에서 발로 물을 차며 춤추는 소리가 미풍을 타고 들려온다. 농부의 처녀 딸들은 부자 신랑을 만나게 해 달라며 숲에 들어가 화환을 던지거나 하천에 화환을 띄워 내려 보내는데 그 흘러가는 모습으로 미래의 좋은 징조와 나쁜 징조를 점친다.

소 러시아와 갈리치아Galicia: 우크라이나 북서부에서 폴란드 남동부에 걸친 지방 지방에서는 성 베드로의 날St. Peter's day이 지난 6월 29일 밤에 풀이 무성하게 자란 들판에서 루살카들이 둥글게 돌며 춤추는 어두운 그림자가 보인다. 어떤 때는 루살카들이 목동을 유혹하여 노래 부르게 해놓고 밤새도록 춤을 춘다. 날이 샌 다음 이 자리에 가보면 목동이 박자를 맞추며 발을 구른 자국이 움푹 패여 있는데 이것이 증거라고 한다.

루살카가 몸을 비틀면서 일그러지는 몸짓을 하고 있을 때 이것을 본 사람은 자신도 모르게 그 행위를 모방하게 되며 그 후 몸이 기형이 된다고 한다.

- 김인영, 「바다 이야기」

남아메리카·오세아니아·아프리카의 인어 이야기

남아메리카 : 페루

1. 와카치나의 인어

페루에 와카치나의 샘이라는 이름으로 알려진 오아시스에 큰 샘이 있다. 이 오아시스에 한 딸이 살고 있었다. 그녀는 항상 아름다운 목소리로 노래를 불렀기 때문에 모두가 샘가에 모여들었다. 누구나 그녀의 목소리를 좋아했다.

어느 날 그녀는 평소와 마찬가지로 머리를 빗으며 노래를 부르고 있는데 손거울에 뒤에서 아름다운 젊은이가 다가오는 모습이 비쳐 그녀는 황급히 샘 속으로 숨어버렸다.

그 이후 이 샘 속에서 아름다운 노랫소리가 들려왔기 때문에 사람들은 그녀는 인어가 되어 계속 노래하고 있다고 믿는다.

- 다나베오田辺悪, 『인어人魚』, 일본 법정대학출판부法政大學出版社, 2008,

pp.140-141.

남아메리카 : 브라질

1. 엔칸타도

 엔칸타도는 낮에는 보통 돌고래처럼 강에서 놀다가 필요할 때에 밤에 미남 청년으로 변신하며 해가 뜨기 전에 다시 물로 돌아와 돌고래 모습으로 변신해야 한다.
 엔칸타도가 사람인 경우, 이 사람은 피부가 희고 밝은색의 고전적 의상을 입으며 우아하다. 그러나 100%로 인간 모습이 되지는 못한다. 머리 꼭대기 정수리 부분이 대머리인데 여기에 돌고래의 숨구멍이 남아있다. 이를 감추기 위해 항상 모자를 쓰는데 챙이 넓은 밀짚모자를 애용한다. 또한 변신이 반밖에 성공 못하는 실패한 변신도 있는데 이때는 손과 발이 돌고래의 지느러미 모양을 그대로 갖고 있거나 더 심한 실패는 머리까지 돌고래이고 목에서부터 발목까지, 손목까지만 사람이다.
 인간으로 변해 나타날 때는 밤이다. 축제에 끼어들었다가 도망가는 엔칸타도들이 자주 발견되는데 뒤를 쫓아가보면 강물에 뛰어들어 돌고래로 변하더란 것이다.
 엔칸타도들은 인간으로 변신을 하는 것만이 아니라 마법을 부리기도 하는데 폭풍을 다스릴 수 있으며 사람으로 하여금 그의 의지대로 행동하게 해주며 사람을 엔칸타도가 될 수 있게도 해준다. 또한 병을 주고 정신이 미치게 만들며 죽음에 이르게도 한다. 엔칸타도가 카누를 단순히 뒤따라갔거나 건드렸을 뿐인데 카누에 탄 사람이 미쳐버렸다는 이야기도 있다.

밤 파티에서 엔칸타도의 마법에 걸린 여자는 빨리 치료를 하면 마법에서 풀려나게 할 수 있다. 이 조치를 취하지 않으면 여자는 강으로 물로 뛰어들어 엔칸타도를 찾아가게 된다.

엔칸타도의 마법에 걸린 사람을 치료하려면 무당이나 성스러운 사람이 주술을 써보게 되며 약초를 다루는 사람이나 아는 게 많은 할머니는 카사바 가루와 고춧가루를 혼합한 것을 엔칸타도가 나타나는 물이라고 알려진 곳에 뿌린다.

이 혼합 가루는 효험이 있어서 엔칸타도를 도망가게 만들며 엔칸타도가 희생자에게 주었을 비싼 옷이나 보석은 원래의 모습으로 돌아가는데 예를 들면 썩은 가랑잎이나 강의 쓰레기로 변한다.

엔칸타도들은 여자를 납치하여 사랑을 맺고 아이가 태어나게 하는가 하면 아마존 강변에 있는 사람과 사귀었다가 납치해 엔칸테 유토피아로 데려가기도 한다. 아마존 유역에 사는 사람들은 어른이나 아이나 할 것 없이 저녁때나 새벽에는 강이나 물이 있는 곳에 가지 않는 풍습이 있다.

엔칸타도가 여자를 홀리는 위력은 여러 가지 이야기에서 등장한다. 제시라는 이름의 남자가 파티에서 춤을 추고 있을 때 하얀 옷을 입고 잘생긴 낯선 남자 두 명이 춤판에 나타났다. 남자 두 명은 순식간에 파티의 여자들을 사로잡았다.

춤이 계속되고 있을 때 제시의 할머니가 나타나 제시를 파티장 밖으로 불러내 이야기를 해 주었다. 할머니는 세상 경험이 많은 여자였는데 그녀는 제시에게 그 낯선 남자 둘은 틀림없이 사람으로 변신한 돌고래일 것이라고 말했다. 제시는 할머니의 말을 신뢰했다.

두 이방인은 동이 틀 때가 가까워졌을 때 파티에서 빠져 나왔다. 제시는 두 남자 뒤를 미행했다. 제시는 강이 먼 거리에 있으므로 그들이 해가 뜨기 전에 강에 도착할 수는 없다고 계산했다. 더군다나 술을 많이 마셔 비틀거리는 터라 더욱 그럴 것이라 생각하고 뒤를 밟았다. 그러다가 두 남자를 시야에서 잃어버렸다. 강쪽으로 난 길로 조금 걸어가다 보니 아주 작은 진흙탕 물구덩이가 있었고 여기에 두 마리 돌고래가 들어가 있었다.

돌고래들한테서는 지독한 술 냄새가 풍겼다. 그 두 남자는 틀림없이 이 두 마리 돌고래들이었던 것이다. 돌고래는 해가 뜨기 전에 강에 도착하지 못하자, 이 물구덩이로 들어가 갇힌 꼴이 된 것이다. 제시는 물구덩이에 갇혀 꼼짝못하는 돌고래를 모두 죽여버렸다.

그러나 제시는 진짜 사람을 죽인 것 같은 죄책감에 시달렸다. 그러나 그의 괴로움은 그것으로 끝난 것이 아니었다. 그의 여자 친구가 그때 나타났던 돌고래 중 하나에 반해 버려 다른 남자와 결혼할 수 없다며 평생을 혼자 살았던 것이다. 이런 전설 때문에 남미에서는 아마존의 돌고래를 죽이면 불행이 따라온다는 믿음이 있으며 돌고래와 시선을 마주쳐도 평생 악몽에 시달린다는 생각들이 존재한다.

- 김인영, 「바다 이야기」

오세아니아 : 뉴질랜드

1. 마오리족의 파니아

멀고 먼 옛날 파니아라고 불리는 아름다운 인어 아가씨가 뉴질랜드 북섬 동해안에 살고 있었다. 그녀는 매일 해가 지면만으로 흘러드는 강을 따라 헤엄쳐 올라가 후카레레 절벽 아래에 있는 샘물 옆 아마flax, 亞麻 숲에서 쉬며 시간을 보내다가 날이 밝기 전에 바다 속 자기 종족이 사는 동네로 돌아갔다.

마오리족 추장의 아들 카리토키Karitoki는 미남 청년이었다. 그는 매일 저녁 파니아가 숨어있는 곳의 샘물을 마시러 왔는데 이 물이 가장 맛이 좋았기 때문이다. 파니아는 여러 주일 카리토키가 물 마시는 모습을 지켜보고 있었으나 카리토키는 이 사실을 모르고 있었다. 어느 날 밤 파니아는 카리토키에게 조용히 속삭이듯 주문을 외웠고 카리토키가 소리가 들리는 쪽을 바라보자 그녀는 아마 숲에서 몸을 드러냈다.

카리토키는 파니아처럼 아름다운 여인을 본 적이 없었다. 그는 한눈에 반해버렸고 파니아도 카리토키를 사랑했다. 둘은 백년가약을 맹세하고 비밀리에 혼인을 한 다음 카리토키의 집으로 갔다. 때는 밤이어서 두 사람이 집으로 들어가는 것을 본 사람은 없었다.

날이 밝아오자 파니아가 바다로 돌아갈 준비를 할 때 카리토키는 아내를 보내지 않으려 했다. 파니아는 "저는 바다 동물이며 내 동족이 아침마다 소집령을 내릴 때 참석하지 않으면 죽게 됩니다."라고 설명한 다음, 저녁에는 반드시 돌아올 것이니 걱정하지 말라고 했다. 둘의 결혼생활은 이 조건에서 한동안 지속되었다.

얼마 후 파니아는 아들을 낳았는데 몸에 털이 하나도 없는 아이였다. 그래서 이름을 마레마레Maremare; 마오리족 언어로 털 없는 사람라고 지었다. 파니아의 남편은 아기를 바다 세상 사람들에게 빼앗길 것 같아 토훈가tohunga; 뉴질랜드어로 제주-祭主, 주술사, 예언 등 여러 가지를 담당하는 마을의 성스러운 사람를 찾아가 아내와 아기가 항상 자기 곁에 있게 할 수 있는 방법이 없겠느냐고 물었다.

토훈가는 아내와 아들이 자고 있을 때 익힌 음식을 그들 몸 위에 올려놓으면 다시는 바다로 가지 않을 것이라고 일러 주었다. 그러나 무엇인가 잘못되었다. 음식이 제대로 익지 않았던 모양이었다. 파니아는 아이를 데리고 그녀의 동족에게 가더니 영구히 돌아오지 않았다.

아들 마레마레는 상어taniwha로 변해 후카레레 앞 암초 주변 물속과 아후리리Ahuriri 강 어귀에 있는 항구 입구인 란가티라Rangatira에 살면서 바다의 수호신 역할을 했다. 오늘날의 어부들은 이렇게 말한다. "조수가 낮을 때는 파니아가 바위에 엎드려 팔을 해변 쪽으로 뻗고 있는 모습이 보였다고 합니다. 머리칼도 여전히 검었고요."

그러나 마오리 전설에서는 파니아가 땅 세상에 드나드는 것이 용왕에게 발각되어 화가 난 용왕이 파니아를 바위로 만들어버린 것이라고도 한다. 그러나 파니아는 바위가 되어 영생을 얻은 결과가 되었고 바위는 낚시하기 좋은 갯바위로 변했다. 이 갯바위에서는 다양한 물고기를 낚을 수 있는데 그녀의 왼팔 겨드랑이에 해당하는 움푹 들어간 곳에서는 라와루가 잘 잡힌다. 오른팔 위치에서는 도미만 잡히며 그녀의 허벅지 다리에서는 하푸카만 잡힌다.

- 김인영, 「바다 이야기」

오세아니아 : 미크로네시아

1. 괌 섬의 셀렌

어느 곳에 셀렌이라는 소녀가 살고 있었다. 그녀는 아름답고 사랑스럽고 상냥하지만 다른 여자와는 조금 달랐다. 수영하러 나가 버려서, 어머니가 말려도 말을 듣지 않았다. 그녀는 물속에만 있으면 편안함을 느끼는 것이었다. 괌 섬에는 그녀처럼 빨리 수영하거나 물속으로 깊이 미끄러질 수 있는 사람은 없었다.

그녀와 어머니가 살고 있는 곳은 아가냐샘과 가까운 곳이었다. 거기는 매우 물살이 빠른 강이었고 깊은 곳도 있었다. 주위는 아름다운 나무와 꽃들로 가득 차 있었다. 그래서인지 셀렌은 거기서 하루 종일 강에 들어가 놀기만 했다.

어머니는 열심히 일하고 집안일을 잘하고 정원 가꾸기도 잘했다. 어머니는 셀렌이 왜 그렇게 수영하는 것을 좋아하는지 몰랐다. 어머니가 부르면 강에서 대답을 하는 경우가 있었지만, 종종 멀리 나가서 그 소리를 들을 수 없었다.

"너도 슬슬 뭔가를 배울 나이가 됐어." 어머니가 몇 번이나 셀렌에게 말했다. "셀렌, 나 좀 도와줘."

어머니는 딸에게 식사와 집안 밖 청소를 돕게 하고 요리와 옷 만드는 법도 가르치려고 했다. 하지만 셀렌은 전혀 말을 듣지 않았다. 그리고 여전히 강에서 수영하고 놀기만 했다.

그 무렵 괌 섬의 차모로인의 대부분은 크리스천이었고, 셀렌도 마찬가지였다. 그녀는 세례를 받았고 대모도 있었다. 대모 또한 셀렌을 각별히 사랑해서 셀렌이 어떤 곳을 가든 그녀의 삶과 행복을 생각했다.

그런데 어떤 날은 엄마가 셀렌을 불러도 대답이 없었다. 겨우 집으로 돌아왔을 때, 어머니는 그녀를 꾸짖었고 항상 너는 어디에 가 있느냐고 물었다.

"너는 수영하는 것을 좋아하니 차라리 물고기가 되어버렸으면 좋겠어."

어머니가 딸에게 이렇게 엄하게 말하자, 셀렌은 다리가 물고기처럼 변해버렸다.

어머니는 자신이 한 말에 놀라 대모를 찾아가 "셀렌을 도와주세요."라고 말했다. 그러나 대모는 그녀를 전혀 도울 수 없다고 했다.

셀렌은 "어머니의 말대로 반은 물고기가 되어 버렸어요. 몸의 반은 제 소원대로 제 소원대로 인간이고요."라고 말했다.

대모는 셀렌에게 "나는 너의 마음, 정신, 사고에 세례했다. 그건 너의 상체니 상체는 그대로야. 네 어머니의 소원은 하체만 바꾼 거야."라고 말했다.

- 다나베오田辺悟, 『인어人魚』, 일본 법정대학출판부法政大學出版社, 2008, pp.132-136.

2. 사이판 섬의 인어

어느 마을에 부부와 딸 하나가 살고 있었는데, 딸은 바다에서 수영만 하고 집안일 따위는 돕지 않자, 어느 날 어머니가 "그렇게 수영하는 것을 좋아한다면 차라리 물고기가 되어 버렸으면 좋겠다."고 했다.

그래도 그녀는 수영을 멈추지 않았다. 그로부터 며칠이 지나 그녀가 수영을 하고 놀고 있을 때, 몇 마리의 물고기들이 그녀의 주위를 감싸듯이 모여 함께 헤엄치고 있었기 때문에, 그녀는 물고기들에게 그 아름다운 비늘을 나누어 달라고 부탁했다. 물고기들은 기뻐하며 비늘을 벗겨 그녀의 다리에 붙여 주었다.

그러나 그녀는 다리가 생선 고리 지느러미가 되어 집에 갈 수 없게 되었다. 딸이 돌아오지 않는 것을 걱정한 부모는 늘 수영하고 놀던 곳에서 딸을 발견했지만 다리가 물고기가 되어버린 딸은 집에 가고 싶지 않다고 했다. 할 수 없이 부모는 우물을 파서 그곳에 딸이 살 수 있게 했으나 진주 때문에 딸은 병이 나 버려 바다로 돌려보냈다.

부모는 슬퍼했지만 딸은 엄마가 물고기가 되라고 해줘서 이제는 물고기 친구들과 함께이니 즐겁다며 바다에서 살았다. 지금도 가끔 인어 한 마리를 근처 바다에서 볼 수 있는데 그것이 그녀일지 모른다.

- 다나베오田辺悟, 『인어人魚』, 일본 법정대학출판부法政大學出版社, 2008, pp.137-138.

3. 인어가 된 할머니

옛날 홀리의 이윤굴이라는 곳에 한 명의 할머니가 살고 있었다. 어느 날 잠깐 목욕을 하려고 물에 들어간 할머니는 인어가 되었다. 인어가 되어버린 할머니는 강을 지나 수영하다가 마침내 바다로 나왔다. 이와야마에 가서 하루가 지나자 배가 불러 인어 아이를 낳으려고 했다. 인어는 타로 고구마의 꽃을 갖고 있고, 입 아래에 나무 열매를 붙이고 있다고 한다.

- 다나베오田辺悟, 『인어人魚』, 일본 법정대학출판부法政大學出版社, 2008, pp.143-144.

아프리카

1. 마미 와타

마미 와타

　마미 와타는 강의 여왕이다. 그녀는 인어이다. 당신이 마미 와타를 섬기기 위해서는 강으로 가야 한다. 희생제만 받아들여진다. 마미 와타는 바다를 통치하기도 한다. 그녀는 마치 요정의 어머니와 같아 사람들의 삶이 나아지는 것을 돕는다. 물에서 나오는 모든 것은 마미 와타의 것이다. 그녀는 부유하며 교역을 통제한다. 뱀을 죽이는 것은 금지되어 있다. 왜냐하면 뱀은 마미 와타의 상징이기 때문이다.
　- 장용규,『아프리카 연구』38,「크레올의 영, 마미 와타」, 한국외국어대학교

아프리카연구소, 2015, p.78 재인용.

2. 올로쿤

올로쿤

나이지리아의 요루바족과 베닌족은 바다의 소유자인 올로쿤이 위대한 종자와 함께 수중 궁전에서 살고 있다고 믿고 있다.

신은 대결하기로 결정된 날에 카멜레온을 사자로 보내어 올로쿤을 데려오도록 했다. 하지만 올로쿤은 자신의 바다 궁전에서 나타나 신의 사자가 자신과 비슷하게 화려한 옷을 입고 있는 것을 보고 깜짝 놀랐다. 올로쿤은 다시 돌아가서 더 화려한 옷을 입고 산호 구슬도 더 많이 달았다. 하지만 올로쿤이 다시 나타났을 때는 카멜레온도 똑같이 화려한 옷으로 변해 있었다. 올로쿤은 일곱 번이나 신의 사자를 이기려고 했지만, 그때마다 신의 사자는 똑같은 옷으로 맞섰다. 올로쿤은 결국 싸움을 포기했으며, 신의 사자가 그렇게 화려할 정도라면 신은 틀림없이 그보다 훨씬 화려할 것이라고 생각했다. 그 이후로 사람들이 의식에서 그에게 더 많은 경의를 표하고 있음에도, 올로쿤의 지위는 최고신에 이어 두 번째였다.

- 지오프레이 파린더 저, 심재훈 옮김, 『아프리카 신화』, 범우사, 2006, 193쪽.

미주

1. 조충지(祖沖之) 편(編), 『술이기』: "南海中有鮫人室, 水居如魚, 不廢機織, 其眼泣則出珠."
2. 이규경(李圭景), 『오주연문장전산고』, 「贗人辨證說」: "按此詩則似眞有此事. 至於入詠. 然則此又海中一種贗人也."
3. 일연(一然), 『삼국유사』, 「新羅聖德王上唐玄宗進奉表」: "元無泉客之珍, 本乏賓人之貨."
4. 이색(李穡), 『동문선』, 「答鐵船長老」: "居山和鬼句, 過海逢蛟珠."
5. 권필(權韠), 『석주집』, 「次韻南窓金玄成謝使相惠鰱魚卵」: "分明泉客淚, 初自水宮傳."
6. 이규보(李奎報), 『동국이상국집후집』제4권, 「伍月十七日, 四門生等和前詩來覛, 置酒與飮, 卽席復和二首」: "珠探鮫室穿何妙, 錦奪龍梭織轉新."
7. 정약전(丁若銓), 『자산어보』: "然水府織絹人無見者, 淵客泣珠說, 甚誕矣. 皆未有實見, 只以傳襲用之者也."
8. 권필(權韠), 『석주집』, 「奉寄車伍山吟契二十八韻」: "聚散頭如鶴, 艱危泣似鮫."
9. 신유(申濡), 『신죽당해사록』, 「淀浦月夜作」: "滄江半夜鮫人泣, 滿眼明珠落水中."
10. 한국 해양수산부, 『한국의 해양문화』v3, 「동남해역」, 해양수산부, 2002, pp.521-522.
11. 이안눌(李安訥), 『동악집』, 「題斗峯學士詩卷後十二韻」: "瓊瑰倒瀉鮫人室, 錦綺裁分織女機."
12. 이안눌(李安訥), 『동악집』, 「簡鏡城漁郎里中諸人」: "南來却望幷州處, 愧乏鮫珠謝主人."
13. 정약용(丁若鏞), 『다산시문선』, 「內閣應教」: "日暖瑤田游蜃氣, 月明銀浦剪鮫紋."
14. 장화(張華), 『박물지』: "鮫人從水出, 寓人家, 積日賣絹. 將去, 從主人索一器, 泣而成

珠滿盤, 以與主人." 『박물지』 중 일문(逸文)에 속하는 부분으로 『태평어람』에 인용되어 있다.

15. 임도춘(林道春 1583~1657)은 강호막부 초기의 일본 유학자이다. 성은 등원(藤原)이며 이름은 송국환(松菊丸)이다. 문인으로 주자학을 연구하였으며 덕천가강(德川家康, 도쿠가와 이에야스)에게 등용되어 덕천막부의 통치를 공고하게 하는 데 기여하였다. 등원숙의 제자로 그의 학설은 후에 관학(官學)이 되었다. 어려서부터 재주가 빼어났으며 사고(四庫)의 서적을 두루 읽어 스물두 살에 이미 440여 부의 책을 읽었다고 한다. 분필과 학문으로 좨주(祭酒)가 되었고, 자손 대대로 세습했다고 한다. 문집으로 『나부산집』이 있다.

16. 용의 북에서 빼앗았다는 것은 진(晉)나라 도간(陶侃)의 고사에 관한 이야기이다. 도간이 어릴 적 뇌택(雷澤)에서 그물로 고기를 잡다가 북을 하나 건졌다. 그 북을 벽에 걸어놓았더니, 잠시 후 천둥치고 비가 내리면서 그 북이 저절로 용으로 변하여 날아갔다는 고사가 전해진다. 이 시에서는 살아서 하늘로 오를 듯 생동감 있는 글솜씨를 비유한 것이다.

17. 이항복(李恒福), 『백사집』, 「寄題龍潭快閣十景」: "固應詩力發天慳, 倒瀉蛟宮珠錯落"

18. 김종직(金宗直), 『점필재집』, 「龍山落帽月課」: "箇箇鮫人淚, 豈惟四座驚"

19. 최립(崔岦), 『간이집』, 「次韻藥老料理朴淵一賞往復之作通十餘之會遊在十年前而藥老未遊也」中 1首: "玉女洗膚明洞壑, 鮫人揮淚濺松杉"

20. 이식(李植), 『택당집』, 「海翁亭八景」: "誰傾泉客珠, 瀉此銅仙掌"

21. 최명길(崔鳴吉), 『지천집』, 「朴頲來致家書 聞聖候新愈 且客使入京 自上有憐救兩臣之語 都民亦齊訴西郊云」: "臣罪固應甘斧鉞 聖恩終始出尋常 自然感激垂鮫淚 那復從容近御床"

22. 조경(趙絅), 『동사록』, 「題義成受賜關白障子後」: "古邑蛟綃照眼明, 禪門寶偈價連城"

23. 서거정(徐居正), 『사가집』, 「洗姑嘆」: "織成纖縞裁爲衣, 細於鮫綃輕越紗"

24. 목현허(木玄虛), 「海賦」: "天琛水怪, 鮫人之室

25. 이식(李植), 『택당집』, 「望海」: "鮫宮貝闕伍雲中, 赤岸銀河一派通"

26. 두보(杜甫), 「戲題王宰山水圖歌」: "赤岸水與銀河通 中有雲氣隨飛龍"

27. 김상헌(金尙憲), 『청음집』, 「燕都八景」: "水簾正對芙蓉殿, 鮫室疑通織女宮"
28. 송희경(宋希璟), 『일본행록』, 「發㪍比向都毛梁」: "蛟室雲開山隱隱, 蜃樓烟鎖水遙遙."
29. 황호(黃㦿), 『만랑집』, 「今絶河」: "鮫宮深莫測, 海水中蕩潏"
30. 최연(崔演), 『간재집』, 「道中見陽氣」: "依然鮫室窟, 怳若蜃樓攢"
31. 『논어』, 「述而篇」: "子不語怪力亂神"
32. 한치윤(韓致奫), 『해동역사』 제40권, 『交聘志』 8권, 「海道」: "待制查徒, 奉使高麗, 晚泊一山而止. 望見沙中, 有一婦人, 紅裳雙袒, 髻鬟紛亂. 肘後微有紅鬣, 查命水工, 以篙投於水中, 勿令傷. 婦人得水, 偃仰復身, 望查拜手, 感戀而投. 水工曰, "某在海上, 未見此何物." 查曰, "此人魚也. 能與人姦, 處水族人性也.""
33. 유몽인 지음, 신익철·이형대·조용희·노영미 옮김, 『어우야담』, 돌베개, 2009, pp.764-765.
34. 이옥(李鈺), 실시학사 고전문학연구회 옮기고 엮음, 『완역 이옥전집』, 「백운필(白雲筆)」, 휴머니스트, 2009, pp.101-104: "世以魚之似人者, 爲鮫人, 鮫人者, 魜魚也, 魜魚者, 人魚也, 亦名魚役…… 余家西湖時, 隣有南翁言: '嘗舟下巨野, 匯見有立於水上者, 背船十許步而立, 髮甚澤而不辮, 肌甚潔而不被, 自腰以下, 不出水, 拱手彈肩而立, 可十二三歲 美兒女也. 南翁素不信怪, 以爲是漂屍之激浪而堅者. 舟人大驚懼戒勿言, 撒光念呪而拜. 舟漸近, 卽縮入水中, 舟過其所, 又十許步, 則又拱手披髮而立, 於所西向者, 東向而又背人矣.' 南翁於是亦信其爲生物, 而疑其鮫人也. 言於余頗詳. 鮫人之稱, 自左思之賦, 郭璞之贊, 始見於書, 而正字通言眉耳口鼻手爪頭, 皆具. 皮肉白如玉, 無鱗, 有細毛伍色, 髮如馬尾長伍六尺, 體亦長伍六尺. 其言形狀與南翁之見相類, 可知我國海中亦有鮫人矣. 又嘗聞, 仁有客海西者, 見空室中閉美女及數嬰兒, 皆白而倮. 意其人冶, 逼而交之, 擧止情態皆人也, 但不言如羞澁狀. 及夕, 主人至自野, 欲烹而饋之, 驚問之曰: '魚也.' 請於主人, 携至海而送之, 臨去三回顧, 若感恩而戀私者然."
35. 오경근, 김지향 엮음, 『세계민담전집10, 폴란드·유고편』, 민음사, 2003, pp.162-172.
36. 폴란드 초등학교 3학년 2학기 교과서 『JA-TY-MY』, 「Podrecznik-czesc 2,

미주 241

klasa trzecia」(DIDASKO, 2010). 박폴란(바르샤바 대학)의 번역 도움을 받아 전문을 실었다.
37. 이들 인어의 구체적인 행위는 「세계의 인어 이야기 자료」를 참고하기 바란다.
38. 곽헌(郭憲) 찬(撰), 『별국동명기』(藝文印書館, 충남대학교 도서관본, 1965) : "味勒國, 在日南, 其人乘象, 入海底取寶, 宿于鮫人之宮, 得漏珠, 則鮫人所泣之珠也, 亦曰泣珠."
39. 김인영 님은 세계 여러 나라의 인어 전설을 「바다 이야기」 사이트에 정리하였다. 3장에 실은 외국의 인어 전설과 신화는 이곳에서 도움을 많이 받았다. 귀한 자료를 제공해주신 김인영 님께 감사드린다.

참고문헌

1. 1차 자료

〈국내〉

권필(權韠), 『石洲集』, 한국고전번역원 한국고전종합 DB.
김상헌(金尙憲), 『淸陰集』, 한국고전번역원 한국고전종합 DB.
김종직(金宗直), 『佔畢齋集』, 한국고전번역원 한국고전종합 DB.
이규경(李圭景), 『伍洲衍文長箋散稿』, 한국고전번역원 한국고전종합 DB.
이식(李植), 『澤堂集』, 한국고전번역원 한국고전종합 DB.
이항복(李恒福), 『白沙集』, 한국고전번역원 한국고전종합 DB.
서거정(徐居正), 『四佳集』, 한국고전번역원 한국고전종합 DB.
송희경(宋希璟), 『日本行錄』, 한국고전번역원 한국고전종합 DB.
신유(申濡), 『申竹堂海槎錄』, 한국고전번역원 한국고전종합 DB.
안정복(安鼎福), 『東史綱目』, 한국고전번역원 한국고전종합 DB.
일연(一然), 『三國遺事』, 이회문화사, 2003.
정약전(丁若銓), 『玆山漁譜』, 한국고전번역원 한국고전종합 DB.
조경(趙絅), 『東槎錄』, 한국고전번역원 한국고전종합 DB.
최립(崔岦), 『簡易集』, 한국고전번역원 한국고전종합 DB.
최명길(崔鳴吉), 『遲川集』, 한국고전번역원 한국고전종합 DB.
최연(崔演), 『艮齋集』, 한국고전번역원 한국고전종합 DB.
한치윤(韓致奫), 『海東繹史』, 한국고전번역원 한국고전종합 DB.
황호(黃㦿), 『漫浪集』, 한국고전번역원 한국고전종합 DB.
『조선왕조실록(朝鮮王朝實錄)』, 한국고전번역원 한국고전종합 DB.
『한국구비문학대계』, 1~85, 한국정신문화연구원, 1980~1992.

〈중국〉

곽헌(郭憲),『別國洞冥記』, 湖北 崇文書局, 국립중앙도서관.

장자열(張自烈),『正字通』, 中國工人出版社, 1996.

2. 연구서

〈국내서〉

간보 지음, 임대근·서윤정·안영은 옮김,『수신기』, 동아일보사, 2016.

강민경,『조선 중기 유선문학과 환상의 전통』, 한국학술정보, 2007.

강민경,『인어소년』, 휴먼어린이, 2017.

강민호, 김만원 외,『두보전집』, 서울대학교출판문화원, 2020.

강심호,『디지털 에듀테인먼트 스토리텔링』, 살림, 2005.

강희정 엮음,『해상 실크로드와 문명의 교류』, 사회평론아카데미, 2019.

고운기,『스토리텔링 삼국유사』, 현암사, 2016.

구미래,『한국인의 상징세계』, 교보, 1982.

그림형제 지음, 김경연 옮김,『그림형제 민담집』, 현암사, 2012.

김열규,『한국의 신화』, 일조각, 1998.

김의숙 외,『한국신화와 스토리텔링』, 북스힐, 2008.

김재용·이종주,『왜 우리 신화인가』, 동아시아, 1999.

김태곤 외,『한국의 신화』, 시인사, 1988.

김헌선,『한국의 창세신화-무가로 보는 우리의 신화』, 길벗, 1994.

나경수,『한국의 신화-역사와 예술 그리고 사유의 근원』, 한얼미디어, 2005.

로버트 페페렐 지음, 이선주 역,『포스트 휴먼의 조건 : 뇌를 넘어선 의식』, 아카넷, 2017.

류경희,『인도 힌두신화와 문화』, 서울대학교 출판문화원, 2016.

박기수,『문화콘텐츠 스토리텔링 구조와 전략』, 논형, 2015.

박영준,『한국의 민화와 전설(韓國の民話と傳說)』, 한국도서문화출판사, 1972.

빅 드 동테르 지음, 김병욱 옮김, 『세이렌의 노래』, 시공사, 2002.
사마천, 한사람역사문화연구소 사기연구실 역, 『신주사기』, 한사람역사문화연구소, 2020.
서대석, 『우리 고전캐릭터의 모든 것』 1~5, 휴머니스트, 2008.
송효섭, 『탈신화 시대의 신화들』, 기파랑, 2005.
앙투안 갈랑 저, 임호경 역, 『천일야화』, 현대지성, 2019.
오경근, 김지향 엮음, 『세계민담전집10, 폴란드·유고편』, 민음사, 2003.
오세정, 『한국 신화의 생성과 소통 원리』, 한국학술정보, 2005.
袁珂 저, 전인초·김선자 옮김, 『중국신화전설』, 민음사, 1998.
유몽인 저, 신익철·이형대·조용희·노영미 옮김, 『어우야담』, 돌베개, 2009.
이근우 역주, 『역주 일본서기』, 동북아역사재단, 2013.
이방 엮음, 김장환 외 역주, 『태평광기』, 학고방, 2004.
이승수, 『600년 문명의 통로, 연행로를 걷다』, 한양대학교 출판부, 2022.
이옥, 실시학사 고전문학연구회 옮기고 엮음, 『완역 이옥전집』, 휴머니스트, 2009.
이유경, 『원형과 신화』, 이끌리오, 2004.
이윤기, 『그리스 로마신화』, 웅진지식하우스, 2004.
장미영 외, 『문화콘텐츠와 스토리텔링』, 신아출판사, 2006.
장주근, 『한국 신화의 민속학적 연구』, 집문당, 1995.
장화(張華) 지음, 임동석 옮김, 『박물지』, 고즈윈, 2004.
정민, 『초월의 상상』, 휴머니스트, 2002.
정민, 『한시미학산책』, 휴머니스트, 2010.
정재서 역주, 『산해경』, 민음사, 1993.
정재서, 『이야기 동양신화 중국편』, 김영사, 2010.
정재서, 『사라진 신들의 귀환』, 문학동네, 2022.
정재서, 『동양적인 것의 슬픔』, 살림, 1996.
정재서, 『이야기 동양신화』 1, 2, 황금부엉이, 2004.
제주발전연구원, 『제주여성 문화유적 100』, 제주특별자치도, 2009.
조충지 지음, 김장환 역, 『술이기』, 지식을 만드는 지식, 2014.

조태남, 『문화콘텐츠와 스토리텔링』, 경남대학교 출판부, 2008.
조현설, 『우리 신화의 수수께끼』, 한겨레신문사, 2006.
조희룡 지음, 실시학사 고전문학연구회 역주, 『조희룡전집』, 한길아트, 1999.
지오프레이 파린더 지음, 심재훈 옮김, 『아프리카 신화』, 범우사, 2006.
최민숙·이온화·윤현자·김미선·송소민 지음, 『물의 요정을 찾아서』, 이화여자대학교 출판부, 2005.
최성환, 『천사섬 신안 섬사람 이야기-섬의 인문학을 위한 스토리텔링』, 크레펀, 2014.
최혜실, 『디지털 시대의 문화 읽기』, 소명, 2001.
한국 해양수산부, 『한국의 해양문화』 v3, 해양수산부, 2002.
한국정신문화연구원, 『한국구비문학대계』.
헤시오도스·오비디우스·토머스 불핀치 지음, 김성진 편역, 『그리스로마신화』, 린, 2022.

〈해외서〉
- 일본

Scribner Vaughn 지음, 川副 智子 외 역, 『圖說 人魚の文化史』, 日本 原書房, 2021.
九頭見和夫, 『日本の人魚像』, 日本 和泉書院, 2012.
妖怪事典制作委員會, 『萌え萌え妖怪事典』, 日本 イーグルパブリシング, 2009.
田辺 惡, 『人魚』, 日本 法政大學出版社, 2008.

- 중국

심기봉(沈起鳳), 『諧鐸』, 上海 錦文堂書莊, 1909.

- 미국

Cotterell, Ather. 『A Dictionary of World Mythology』, Oxford University Press, 1979.
Craig, Edward. ed., Routledge 『Encyclopedia of Philosophy』, Routledge, 1998.

Green, Thomas A. ed. 『Folklore : an Encyclopedia of Beliefs, Customs, Tales, Music, and Art』, BC-CLIO, 1997.

Hastins, Tomes. ed., 『Encyclopaedia of Religion and Ethics』, 13 vols., T.&T. Clark, 1911.

Jobes, Gertrude. 『Dictionary of Mythology, Folklore and Symbols』, Scarecrow, 1961.

Skye Alexander, 『Mermaids』, USA adams media, 2012.

3. 연구논문

강민경, 「도교적 상상력의 현대적 활용가능성 고찰-마고할미를 중심으로-」, 『도교문화연구』 28, 한국도교문화학회, 2008.

강민경, 「도교 서사의 문화콘텐츠화 가능성 고찰- 鮫人 이야기를 중심으로-」, 『한국언어문화』 41, 한국언어문화학회, 2010.

강민경, 「한국 인어 서사의 전승 양상과 그 의미 고찰」, 『도교문화연구』 37, 한국도교문화학회, 2012.

강민경, 「동아시아 인어의 이미지와 서사를 통한 문화콘텐츠로서의 가능성과 역할」, 『도교문화연구』 49, 한국도교문화학회, 2018.

강민경, 「포스트 휴먼 시대 동아시아 인어 서사의 스토리텔링 방향」, 『국어국문학』 193, 국어국문학회, 2020.

강민경, 「한국 한시에 나타난 인어 상징물 고찰」, 『동방학』 19, 한서대학교 동양고전연구소, 2010.

고운기, 「문화콘텐츠의 창작 소재와 국문학」, 『열상고전연구』 49, 열상고전연구회, 2016.

김상진, 「시조 스토리텔링의 유형 및 활용 방안」, 『시조학논총』 51, 한국시조학회, 2019.

김수연, 「도교 신화 '조군영적지'와 제주 신화 '문전본풀이'의 조왕 서사 비교」, 『고전문학연구』 57, 한국고전문학회, 2020.

김용범, 「장성군의 문화콘텐츠화 전략 -홍길동을 중심으로」, 『한국언어문화』 31, 한국언어문화학회, 2006.

김화영, 「미야자키 하야오의 벼랑 위의 포뇨론」, 『일본문화연구』 44, 동아시아일본학회, 2012.

박기수, 「신화의 문화콘텐츠화 전환 연구」, 『한국문예비평연구』 20, 한국현대문예비평학회, 2006.

박상천, 「문화콘텐츠학의 학문 영역과 연구 분야 설정에 관한 연구」, 『인문콘텐츠』 10, 인문콘텐츠학회, 2007.

박상천, 「문화콘텐츠 개념 정립을 위한 시론」, 『한국언어문화』 33, 한국언어문화학회, 2007.

서대원, 「道敎와 墨學」, 『도교문화연구』 49, 한국도교문화학회, 2018.

서신혜, 「조선 후기 선계설화의 시공간」, 『한민족문화연구』 7, 한민족문화학회, 2000.

송정화, 「인어의 상징의미와 문학적 수용-'산해경'에서 '경화연'까지」, 『중국어문학지』 57, 중국어문학회, 2016.

송정화, 「영화 '미인어' : 경전의 해체와 낯설게 하기」, 『중국어문논총』 82, 2017.

안동준, 「북방계 신화의 신격 유래와 도교신앙」, 『도교문화연구』 21, 한국도교문화학회, 2004.

오세정, 「이야기와 문화콘텐츠」, 『시학과 언어학』 11, 시학과언어학회, 2006.

오세정, 「한국 신화의 여성 주인공에게 나타나는 반인반수의 성격」, 『기호학연구』 31, 한국기호학회, 2012.

윤채근, 「글로벌 시장경제와 콘텐츠화되는 아시아-한국 전통문학을 중심으로」, 『어문논집』 59, 민족어문학회, 2009.

이도흠, 「신화와 판타지-해방의 출구인가, 억압의 장인가?」, 『문학과 경계』 봄호, 2002.

이송이, 「해양성과 여성성 : '블루 마이 마인드'에 나타난 인어 연구」, 『해항도시문화교섭학』 23, 국제해양문제연구소, 2020.

이수명, 「도시간 무한경쟁에서 살아남기-코펜하겐」, 『문화도시 문화복지』 173호, 한국문화관광연구원, 2005년, 11월.

이진오, 「동아시아에서 인어에 대한 인식 층위와 인어설화의 변화- 중국과 한국의 문헌 기록을 중심으로 -」, 『문화와 융합』 43권, 한국문화융합학회, 2021.

이진오, 「인어설화의 탄생과 신지끼 인어설화의 콘텐츠 활용 방안」, 『한국학연구』 76, 고려대학교 한국학연구소, 2021.

장용규, 「크레올의 영, 마미 와타」, 『아프리카 연구』 38, 한국외국어대학교 아프리카연구소, 2015.

장은진, 「한중 인어설화의 현대적 변용과 신화적 상상력」, 『글로벌문화콘텐츠』 31, 글로벌문화콘텐츠학회, 2017.

정민, 「한국 한시와 도교」, 『국문학과 도교』, 한국고전문학회, 1998.

정민, 「도교, 낭만적 상상 세계로의 탈출」, 『종교연구』 7, 한국종교학회, 1991.

정재서, 「중국신화에서의 파격적 상상력-곤우 신화와 저인 신화를 중심으로」, 『구비문학연구』 29, 한국구비문학회, 2009.

정혜정, 「인어 설화의 문화콘텐츠 활용 방안-신안 지역을 대상으로」, 『남도민속연구』 37, 남도민속학회, 2018.

최성희, 「인어설화의 현대적 진화 : '바다에서 온 여인'과 입센의 모더니즘」, 『영미문학페미니즘』 24, 영미문학과페미니즘학회, 2016.

최원오, 「한국신화 연구의 쟁점과 과제」, 『국문학연구』 9, 국문학회, 2003.

하경숙, 구사회, 「한국 인어 서사의 형성과 현대적 변용」, 『한국문학과 예술』 25, 숭실대학교 한국문학과 예술연구소, 2018.

홍윤희·김주희, 「중국 문헌의 인어 이야기를 통해 본 경계의 다중성」, 『중국어문학논집』 93, 중국어문학연구회, 2015.

4. 사이트

김인영, 「바다 이야기」 http://fishillust.com/Legend_of_Mermaid_8_8
디지털 여수문화대전 http://yeosu.grandculture.net/yeosu
한국고전번역원 https://www.itkc.or.kr/main.do
한국구비문학대계 https://gubi.aks.ac.kr/web/

찾아보기

㉮

가곡원류 34
가지어 26, 139
강가 29, 32, 76, 83, 84, 85, 128, 158, 166, 167, 168, 169, 174, 186, 201, 202, 203, 204, 209, 210, 211, 213, 214, 215, 216, 217, 219, 220, 221, 222, 223, 224, 228, 229, 230, 231, 232, 233, 235, 236
거문도 6, 15, 16, 17, 33, 64, 71, 76, 77, 87, 100, 150
경생 160, 161
고금저문집 164
고르곤 80
곽국 부인 55, 56
교실 7, 41, 58, 59, 60, 62, 63, 64, 78
교어 118, 160
교인 6, 19, 20, 21, 22, 23, 24, 27, 34, 35, 40, 41, 46, 52, 60, 62, 67, 68, 69, 70, 74, 76, 87, 89, 95, 115, 118, 121, 122, 124, 141, 142, 157, 158, 160, 161

교인가 20, 23
교인실 23
교인의 노래 60
교주 7, 41, 47, 63, 64, 78, 123
교초 7, 24, 36, 41, 53, 54, 55, 56, 57, 63, 64, 78, 103, 123
구로베 32, 167
굼둘애기 73, 106, 151, 152
굼둘애기물 73, 74, 106, 131, 152, 153
권문해 69
권필 34, 45, 50, 51
그림형제 민담집 208
글라우쿠스 185, 186, 187, 188
김담령 66, 67, 69, 117, 140
김상헌 62
김성일 62
김시습 58, 59
김종직 49, 54, 55

㉯

낭간 87, 153, 154
노당 160

노프고로드 216, 217, 218, 219, 220, 221
논어 65
눈물이 진주라면 35
능어 6, 19, 21, 39, 115, 121, 156

ㄷ

다곤 172, 173
다종성 109, 113
대동운부군옥 69, 115
데살로니케 80
도로시 디너스테인 86
도초도 72, 77, 131, 153
도포 61
동백섬 6, 33, 34, 71, 74, 76, 106, 119, 151
동사강목 26, 33, 89, 140
두보 56, 61
드뷔시 98, 104

ㄹ

로렐라이 80, 86, 203, 204
로버트 페페렐 110
루살카 86, 223, 224, 225, 226
리반 200
리비앙 201

ㅁ

마고 111
마누 167, 168, 169
마레마레 232
마미 와타 236, 237
마츠야 167, 168, 169
매튜 트리웰라 208
메로우 80, 81
명성옥녀 49
모에모에 요괴사전 31, 165
목도 72, 87, 124, 154, 155
목현허 58
미노타우루스 86
미란다 71, 150
미야자키 하야오 99
미인어 100, 101, 118, 127, 131, 133

ㅂ

바르스 83, 209, 210
바르샤바 5, 81, 82, 83, 86, 118, 129, 209, 211, 213
바이바스바타(본명: Satyavrata) 168, 169
박물지 17, 19, 23, 33, 40, 47, 53, 58, 115, 121, 124, 158
박제가 46

반인반수 9, 26, 86, 90, 113, 120
반인반어 27, 28, 74, 88, 89, 91, 112, 115, 119, 120, 135, 148, 167, 172, 175, 185
반인반조 74, 80
백운필 33, 69, 70, 89, 115, 118, 122, 123, 143
베스트프리스란트 202
벨파스트 호 200
벼랑 위의 포뇨 99, 100, 119, 131, 133
별국동명기 123
본조신사고 31, 166
부인 물고기 26
비슈누 167, 168, 169
비스와 83, 128, 209, 210, 211

사

사기 24, 25, 32, 89, 159
사마천 24, 25, 159
사이판 234
산해경 6, 17, 19, 21, 22, 39, 40, 58, 88, 100, 115, 116, 121, 123, 156, 159, 160
삼국유사 23
삿코 216, 217, 218, 219, 220, 221, 222, 223
상광어 27, 144

새넌 201, 202
샤를 드모 100
샤바 83, 98, 210
서거정 57
서왕모 111
설운 장군 36, 37, 38, 39, 103, 130, 148, 149
섭진국 29, 166
성금연 35
성현 23, 60
세미라미스 79, 173, 175
세이레니스 75
세이렌 5, 74, 80, 81, 86, 97, 98, 113, 118, 120, 182, 183, 184, 203, 204
셀렌 233, 234
셀키 190, 191, 192, 193, 194, 195, 196, 197, 198, 199
송희경 62
수신기 19, 22, 33, 40, 47, 53, 115, 121, 122, 157
수우도 36, 37, 38, 39, 130, 148, 149
수판마차 169, 170, 171
술이기 19, 23, 40, 46, 47, 53, 115, 121, 158, 160
쉐샤 169
스코틀랜드 79, 81, 138, 190, 193, 194, 195
스킬라 74, 75, 185, 186, 187, 188

시경 54
시레나 82, 83, 86, 98, 128, 129, 211
시로비구니 29, 31, 165, 166
신안(신안군) 76, 118, 131
신유 34, 45, 48
신유한 45, 61
신지께 여 인어 이야기 101
신지께여(신지끼여) 15, 71, 150
신지끼(신지께, 흔지끼, 흰지께) 15, 16, 17, 33, 71, 76, 77, 87, 100, 119, 150
신흠 45

아

아시리아 79, 138, 173
아이오나섬 81
아일랜드 80, 138, 190, 194, 200, 201
아타르가티스 79, 80, 173, 174, 175
안정복 26, 139, 140
안테돈 185
알렉산드로 80
압둘라 175, 176, 177, 178, 179, 180, 181
앨드헬름 74
야오비구니 17, 28, 29, 87, 123
양귀비 54, 55
어부 160
엔칸타도 86, 228, 229

어우야담 69, 101, 115, 117, 123, 141
역어 20, 22, 27, 67, 116, 118, 141, 156
연객 6, 19, 24, 27
예어 27
예인 26, 139
오디세우스 183, 184, 185
오디세이아 74
오안네스 171, 172
오주연문장전산고 21
옥붕어 27, 28, 144, 145
올로쿤 237, 238
와카사노국 31, 165
와카치나 227
용녀 125, 126
용사 22, 36, 53, 121, 123, 158
용사궁 23, 40, 53, 120, 121, 158
용어 115
용후산 116, 159
우렁각시 125
우르실라 190, 191
울릉도 26, 139
유몽인 69, 141
읍주 122
이규경 21
이규보 23, 46, 48, 52, 57
이기 20, 60
이덕무 46

이색 23
이세국 29, 164
이식 45, 49, 61
이안눌 46
이옥 33, 69, 119, 123, 143
이윤굴 235
이익 46
이항복 45, 49
인어공주 5, 6, 7, 15, 16, 17, 40, 69,
  70, 74, 76, 77, 79, 80, 81, 87, 90,
  91, 95, 96, 98, 99, 100, 102, 103,
  106, 111, 112, 113, 118, 119, 120,
  123, 127, 135, 136, 209, 210
일본서기 29, 166
일본의 인어상 29, 30, 31, 32, 164,
  166, 167
임도춘 48

자

자산어보 27, 28, 46, 68, 115, 145
장봉도 6, 17, 33, 64, 70, 74, 76, 77,
  87, 92, 106, 119, 151
장유 45
장자열 20, 156
저인 6, 19, 39, 89, 115, 156
저인국 22, 89, 121, 156
적안 61

적유 115, 159
전아 26, 139
정교보 56
정약용 46
정약전 27, 28, 46, 65, 145
정운의 7, 47
정자통 20, 22, 115, 116, 142
제어 27, 75, 115, 159
제주도 6, 76, 77, 103, 106, 151
젠노르 마을 208
조경 57
조희룡 145, 146
주서 29, 139
진화 46, 55, 56

차

차천로 50, 51
천객 19, 22, 23, 24, 49, 53, 115, 121,
  158
천선 22, 23, 53, 115, 121, 158
천일야화 181
최립 49
최명길 52
춘도 72, 76, 77, 87, 88, 124, 125,
  154, 155

㉮

코니아일랜드 98
코펜하겐 5, 97
콜롬버스 182
키르케 183, 184, 187, 188

㉲

태평광기 17, 19, 20, 22, 40, 46, 115, 157, 163
톰슨 78
트리톤 187, 189

㉴

파니아 231, 232
팔금면 76, 131
팔백비구니 164
팬트리 200
평안도 87, 89
포세이돈 172, 183, 189
포스트 휴먼 8, 18, 108, 109, 110, 111, 112, 113, 114, 119, 120, 128, 132, 135
폴란드 5, 83, 86, 98, 128, 129, 138, 209, 210, 211, 212, 213, 214, 215, 226

푸른 바다의 전설 69, 101, 103, 118, 123, 127, 131

㉵

한고 선녀 55, 56
한치윤 25, 26, 68, 144
해동역사 25, 26, 33, 68, 117, 144
해운대 6, 17, 119
해인어 6, 19, 22, 89, 116, 124, 157, 162, 163
해탁 162
허균 45
허침 54, 55
허황옥 71, 74, 151
헤시오도스 188, 189
혼종성 8, 109, 113, 115, 119, 133, 135
화구암난목 145, 146
황옥 공주 17, 33, 34, 71, 72, 92, 106, 119, 150, 151

푸른 바다의 신화, 인어의 탄생
인어의 기원부터 문화콘텐츠 스토리텔링까지

1판 1쇄 인쇄 | 2023년 4월 03일
1판 1쇄 발행 | 2023년 4월 19일

지은이 | 강민경
발행인 | 정윤희
편집 | 윤재연
표지 및 본문디자인 | 김미영
발 행 처 | PARK & JEONG
          (PARK & JEONG은 책문화네트워크(주)의 단행본 브랜드입니다.)
출판신고번호 | 제2022-000069호 (신고연월일 | 2009년 5월 4일)
주소 | 서울특별시 용산구 독서당로 46(한남동, 한남아이파크) 비106-109호
전화 | 02-313-3063
팩스 | 02-3443-3064
이메일 | prnkorea1@naver.com
홈페이지 | www.prnkorea.kr

ISBN 979-11-92663-10-4   93210
값 22,000원

● 이 책은 저작권법에 보호받는 저작물이므로 무단 전제와 무단 복제를 금합니다.
● 잘못된 책은 교환해 드립니다.